# DIDACTICA NOVA

Band 6

# Pädagogikunterricht –

ein notwendiger Beitrag zur Schulentwicklung

Herausgegeben
von
Eckehardt Knöpfel, Jürgen Langefeld
Birgit Rauch

Schneider Verlag Hohengehren GmbH

**Didactica Nova**

**Arbeiten zur Didaktik und Methodik des Pädagogikunterrichts**

herausgegeben im Auftrag

des Verbandes der Pädagogiklehrer und Pädagogiklehrerinnen (VdP) von

**Eckehardt Knöpfel**

Der Verband der Pädagogiklehrer und Pädagogiklehrerinnen (VdP) vertritt als Fachverband die Interessen der Lehrerinnen und Lehrer der Fächer *Erziehungswissenschaft, Erziehungskunde, Pädagogik, Sozialpädagogik* und *Sozialwesen* an allgemeinbildenden (Gymnasien, Realschulen, Gesamtschulen und Hauptschulen) und beruflichen Schulen (Berufsfachschulen, Fachoberschulen, Berufskolleg und Höheren Berufsfachschulen).
Interessenten wenden sich bitte an die **Geschäftsstelle des VdP, Hubertusstr. 32, 46485 Wesel**

Mail: geschaeftsstelle@vdp.org
Internet: www.vdp.org
FAX: VdP-Geschäftsstelle 0281 / 82452

**Umschlaggestaltung: Wolfgang H. Ariwald, BDG, 59519 Möhnesee**

**Gedruckt auf umweltfreundlichem Papier (chlor- und säurefrei hergestellt).**

---

Die Deutsche Bibliothek – CIP-Einheitsaufnahme

**Pädagogikunterricht** : ein notwendiger Beitrag zur Schulentwicklung / hrsg. von Eckehardt Knöpfel ... –
Baltmannsweiler : Schneider-Verl. Hohengehren
  (Didactica nova ; Bd. 6)
  ISBN 3-89676-142-0

---

Alle Rechte, insbesondere das Recht der Vervielfältigung sowie der Übersetzung, vorbehalten. Kein Teil des Werkes darf in irgendeiner Form (durch Fotokopie, Mikrofilm oder ein anderes Verfahren) ohne schriftliche Genehmigung des Verlages reproduziert werden.
© Schneider Verlag Hohengehren, 1999.
  Printed in Germany – Druck: Wilhelm Jungmann Göppingen

# Inhaltsverzeichnis

## 0 Vorworte

01  Vorwort der Herausgeber Knöpfel / Langefeld / Rauch ...... 2
02  Grußwort für die Festschrift von Ministerin Behler NRW ..... 7
03  Grußwort von Prof. Gogolin DGfE Hamburg .......... 9

## 1. Pädagogikunterricht und Schulentwicklung – Biographische Notizen

**Jürgen Langefeld**
Die Vorgeschichte des Verbands der Pädagogiklehrerinnen und
Pädagogiklehrer ................................. 12

**Engelbert Groß**
Pädagogikunterricht: Namen – Orte – Daten.
Erinnerungen an die frühen Jahre ..................... 21

**Günter Böhm**
Ein Schulfach begegnet einem Lebensweg ............... 28

**Johannes Kaiser**
Ein kleiner, auch biographisch geprägter Beitrag zu: „20 Jahre Verband der
PädagogiklehrerInnen (VdP)" ....................... 35

**Peter Laska**
Gottfried Dunkel werde ich sehr vermissen .............. 37

**Ewald Terhart**
Pädagogikunterricht 1969: Versuch einer Erinnerung .......... 41

## 2. Pädagogikunterricht und Schulentwicklung im Bereich der Sekundarstufe I

**Heike Rudolph / Ulrike Hilski**
Ein zartes Pflänzchen – Pädagogik im Wahlpflichtunterricht der
Hauptschule ................................... 44

**Heidi Unbehaun**
Das Wahlpflichtfach Sozialwesen an den Staatlichen Regelschulen
Thüringens ................................... 53

**Bernd Werdich**
„Aus drei mach' eins" – Sozialpädagogik in Rheinland-Pfalz . . . . . . .  57

**Beate Sander**
Das Fach Sozialwesen in Bayern: Aus der Werkstatt einer
Schulbuchautorin . . . . . . . . . . . . . . . . . . . . . . . . . . . . . . . 66

**Maria-Anna Feydt**
Der Diakonie-Unterricht am Evangelischen Schulzentrum Leipzig . . . .  72

**Peter Opera**
Pädagogikunterricht am Gymnasium – eine Skizze . . . . . . . . . . . .  76

**Gerlinde Koumides**
Unser Kurs ist ein Kreativhaus . . . . . . . . . . . . . . . . . . . . . .  83

## 3. Pädagogikunterricht und Schulentwicklung im Bereich der Sekundarstufe II

**Wolfgang Thiem**
„Sisyphos" oder der beschwerliche Weg, einem neuen Unterrichtsfach zum
Durchbruch zu verhelfen . . . . . . . . . . . . . . . . . . . . . . . . . 88

**Gunter Gesper**
Mathematik, Physik und Erziehungswissenschaft lehren – (k)ein
Widerspruch . . . . . . . . . . . . . . . . . . . . . . . . . . . . . . . . 95

**Annegret Eickhorst**
„Das Fach kommt vor." – Zur Situation des Pädagogikunterrichts im allgemeinbildenden Schulwesen von Bremen, Hamburg und Niedersachsen . .  98

**Rudolf Nottebaum**
Erziehungswissenschaft als Grundlagenfach für die
ErzieherInnenausbildung in NRW . . . . . . . . . . . . . . . . . . . . . 104

**Norbert Kühne**
Die Systematisierung pädagogischer Auffassungen in Unterricht und
Praktikum – ein Orientierungsmodell – . . . . . . . . . . . . . . . . . . 108

**Gernod Röken**
Schule als Lernort für erzieherisches Handeln – Erwartungen an einen
guten Pädagogikunterricht – . . . . . . . . . . . . . . . . . . . . . . . 116

## 4.  Pädagogikunterricht – didaktische Reflexionen

**Christel Adick**
Fachdidaktik Pädagogik mit internationalem und interkulturellem
Hintergrund – Eine persönliche Reminiszenz . . . . . . . . . . . . . . .  124

**Klaus Beyer**
Das dialektische Verständnis didaktischer Prinzipien . . . . . . . . . .  129

**Helmut Heiland**
Fachdidaktik im Regelkreis – Didaktik der Pädagogik zwischen
Pädagogikunterricht und Erziehungswissenschaft . . . . . . . . . . . .  136

**Manfred Rotermund**
Im Mittelpunkt steht die Aufklärung durch wissenschaftspropädeutische
Bearbeitung der Erziehungswirklichkeit . . . . . . . . . . . . . . . . .  142

**Edwin Stiller**
Auf der Suche nach gutem Pädagogikunterricht . . . . . . . . . . . . .  146

**Heinz Dorlöchter**
Guter Pädagogikunterricht – was ist das? . . . . . . . . . . . . . . . .  152

## 5.  Pädagogikunterricht – methodische Reflexionen

**Andreas Gruschka**
Mit Bildern unterrichten – Ein Vorschlg J. B. S. Chardin im
Pädagogikunterricht zu nutzen . . . . . . . . . . . . . . . . . . . . . .  160

**Christoph Storck**
Gedanken eines Schulbuchautors in einer „Schulbuchwerkstatt" . . . . .  167

**Alfred Holzbrecher**
Nachhaltiges Lernen durch Symbolisierungstechniken . . . . . . . . . .  175

**Georg Bubolz**
Kunst und Dichtung im Fachübergreifenden Pädagogikunterricht . . . .  179

**Georg Gutheil**
Bemerkungen zu den Neuen Medien . . . . . . . . . . . . . . . . . . .  184

**Udo W. Kliebisch / Karl-Heinz Basten**
Ganzheitlich Lernen lernen . . . . . . . . . . . . . . . . . . . . . . . .  193

## 6. Pädagogikunterricht – erziehungswissenschaftliche Reflexionen

**Ingrid Gogolin**
Sprachlich-kulturelle Pluralität als Herausforderung der Pädagogik . . . .  198

**Volker Ladenthin**
Pädagogik – Nadelöhr des Wissens . . . . . . . . . . . . . . . . . . . . .  201

**Michael P. Sauter**
„Pädagogisierung" des Pädagogikunterrichts? – Nein, danke! . . . . . . .  204

**Michael Gebel**
Editionskritik als Ideologiekritik im Pädagogikunterricht der
Sekundarstufe II . . . . . . . . . . . . . . . . . . . . . . . . . . . . . . .  211

**Uwe Wyschkon**
Zu einigen Aspekten des Verhaltens von Lehrenden im
Pädagogikunterricht . . . . . . . . . . . . . . . . . . . . . . . . . . . . .  218

**Eckehardt Knöpfel**
Zum Problem der Fachlichkeit im Unterrichtsfach Erziehungswissenschaft /
Pädagogik – Anmerkungen zur Pädagogiklehrerausbildung . . . . . . . .  225

**Autorinnen- und Autoren** . . . . . . . . . . . . . . . . . . . . . . . . .  232

# Vorworte

# Vorwort der Herausgeber

## 1. 20 Jahre VdP als Vertretung der pädagogischen Fächergruppe in Deutschland

Am 17. August 1979 hat der Vorstand der „Arbeitsgemeinschaft der Fachlehrer und Fachleiter für Erziehungswissenschaft" eine Satzung mit dem Ziel einer Verbandsgründung verabschiedet. Am 13. November 1979 wurde der Verband der Pädagogiklehrer (VdP) ins Vereinsregister eingetragen. Nach über 100jähriger Geschichte erreichte die pädagogische Fächer-gruppe damit erstmals eine überregionale fachverbandliche Vertretung gegenüber der Öffentlichkeit, Ministerien, Schulen und Institutionen. Die vorliegende Festschrift versucht, Ausbreitung und Bedeutung der pädagogischen Fächergruppe im berufs- und allgemeinbildenden Schulwesen darzustellen und deren didaktische Konzeptionen zu reflektieren.

Sachkompetenz – Selbstkompetenz – Sozialkompetenz: unter dieser Zielsetzung arbeiten die Kolleg/inn/en der pädagogische Fächergruppe. Die einzelnen Fächer verbindet einen der bedeutenden Bereiche unserer Gesellschaft: Erziehung und Sozialisation. Erziehungswirklichkeit als didaktische Leitkategorien lenkt den Blick auf das Individuum und seine Identität.

Im berufsbildenden Schulwesen werden in Deutschland unter verschiedensten Fächerbezeichnungen (Erziehungswissenschaft/en, Pädagogik, Sozialpädagogik, Didaktik-Methodik, Sozial- und Erziehungslehre, Pflege und Erziehung des Kindes, etc.) Schüler/innen auf pädagogische Berufsfelder vorbereitet. Die Behörden wissen um die Notwendigkeit dieser Aufgaben, unterstützen die Kolleg/inn/en aber weder curricular noch aus- und fortbildungsmäßig in der erforderlichen Weise. Von den Hochschulen ist ebensowenig an Hilfe zu erwarten. Die fehlenden fachdidaktischen Professuren sind eine weiterer Belege dafür.

Im allgemeinbildenden Schulwesen spielt Pädagogikunterricht nicht überall die gleiche Rolle. In Nordrhein-Westfalen wird das Fach in der Sekundarstufe I im Gymnasium (Erziehungswissenschaft), in Haupt-, Real- und der Gesamtschule ebenfalls im Wahlpflichtbereich II unterrichtet. Pädagogikunterricht in der gymansialen Oberstufe erscheint im Angebot in Nordrhein-Westfalen, Hamburg, Bremen, Brandenburg, Niedersachsen und in beschränktem Umfang in Bayern und Baden-Württemberg (Berufsgymnasium). An der Realschule wird das Fach in Bayern (Sozialwesen), Thüringen (Sozialwesen), Rheinlandpfalz (Sozialpädagogik) und Nordrhein-Westfalen (Sozialpädagogik) unterrichtet. Daneben wird ein fachpädagogi-scher Unterricht unter verschiedenen Bezeichnungen durchgeführt. Z. B. in Sachsen als „Sozialdiakonie" und in der Mittelschule im Profilbereich, in Hessen als „Wir über uns" und in Brandenburg im Rahmen des LER-Unterrichts. Viele Prämissen dieses Faches sind der Didatik des Pädagoikunterrichts entlehnt. Auch an Gesamtschulen wird Pädagogik im WP-II-Bereich unterrichtet.

Vorwort der Herausgeber

## 2. Pädagogikunterricht und Schulentwicklung – eine Bestandsaufnahme der pädagogischen Fächergruppe

Als Dienstherrin vieler unser Mitglieder haben wir die Bildungsministerin, Frau G. Behler, um ein Grußwort gebeten. Dass die Repräsentantin der universitären Erziehungswissenschaft, Frau Prof. Dr. Gogolin, die Mitglieder des VdP grüßt, sehen wir als Zeichen zunehmenden Vertrauens und wachsender Zuwendung. Seit 1999 ist der Verband kooperatives Mitglied in der Deutschen Gesellschaft für Erziehungswissenschaft (DGfE).

Der vorliegende Band gliedert sich in sechs Kapitel. Die Positionierung der einzelnen Beiträge darf nicht als Gewichtung missverstanden werden. Das Buch spiegelt in über 30 Beiträgen ein buntes Bild der pädagogischen Fächergruppe in Deutschland in allen Schulformen.

Das erste Kapitel stellt in Form biographischer Notizen die Verbands- und damit auch die Geschichte der pädagogischen Fächergruppe der letzten 30 Jahre dar. Unter den Autoren finden sich Prof. J. Langefeld der langjährige VdP-Vorsitzende, Prof. E. Groß ein Didaktiker und Schulbuchautor und LRSD Prof. G. Böhm, der als Fachdezernent die Entwicklung des gymnasialen Pädagogikunterrichts stets gefördert und dessen didaktische Konzeption wesentlich mit bestimmt hat.

Das Kapitel zwei ist der Sekundarstufe I gewidmet. Hier hat in den letzten Jahren die rasanteste Entwicklung statgefunden. Die Autor/inn/en kommen aus den Bundesländern Bayern, Nordrhein-Westfalen, Rheinland-Pfalz, Sachsen und Thüringen. Sie repräsentieren die Hauptschule, die Realschule, die Gesamtschule und das Gymnasium.

In der Sekundarstufe II ist der Pädagogikunterricht in Deutschland am breitesten vertreten. R. Nottebaum beschreibt die „Erziehungswissenschaft als Grundlagenfach für die Erzieher/innenausbildung in NRW" und N. Kühne stellt ein Orientierungsmodell zur Systematisierung pädagogischer Auffassungen in Unterricht und Praktikum vor. W. Thiem und G. Gesper berichten über den Pädagogikunterricht in Brandenburg, A. Eickhorst beschreibt die Situation des Pädagogikunterrichts an allgemeinbildenden Schulen von Bremen, Hamburg und Niedersachsen, während G. Röken als Gesamtschulleiter die „Schule als Lernort für erzieherisches Handeln" darstellt.

Im vierten Kapitel stellen Fachdidaktiker aus Hochschule (Ch. Adick/K. Beyer/H. Heiland /M. Rotermund) und Studienseminar (H. Dorlöchter / E. Stiller) ihre Arbeiten zur Diskussion.

Überlegungen zur medialen Gestaltung des Unterrichts stehen im Mittelpunkt der methodische Beiträge des fünften Kapitels: A. Gruscha exemplifiziert das Unterrichten mit Bildern anhand von J.B.S. Chardins Werk, Ch. Storck veröffentlicht Gedanken eines Schulbuchautors, Kunst und Dichtung im fächerübergreifenden Pädagogikunterricht zusammenzubringen, ist ein Vorschlag von G. Bubolz und G.

Gutheil macht Bemerkungen zu den Neuen Medien. A. Holzbrecher, K-H. Basten und U. Kliebisch stellen Gedanken zum Thema Lernpsychologie vor. Erziehungswissenschaftliche Reflexionen bilden den Schluss des Bandes. I. Gogolin, V. Ladenthin, M. Sauter und M. Gebel stellen fachwissenschaftliche Probleme im Kontext des Pädagogikunterrichts vor: U. Wyschkon (Pädagogiklehrerrolle) und E. Knöpfel (Pädagogiklehrerausbildung) beschäftigen sich mit Ausbildungsproblemen.

## 3 Heute für morgen arbeiten: Ziele des VdP für das nächste Jahrhundert

### 3.1 Ein pädagogisches Propädeutikum – für alle Schüler/innen eine Chance

Sachkompetenz – Selbstkompetenz – Sozialkompetenz – diese Zielstellungen sind fachdidaktisch wie bildungspolitisch unumstritten. Jedoch gewinnt bei der Umsetzung die Sachkompetenz, oft reduziert zu reinem Faktenwissen, die Priorität gegenüber den beiden anderen Bereichen. Die Erkenntnis, dass die drei Kompetenzbereiche einander ergänzen, setzt sich schulisch nur langsam durch. Sachkompetenz im Sinne Roths kann es nur in enger Verflechtung mit Selbst- und Sozialkompezenz geben. Letztgenannte Kompetenzbereiche ergeben sich aber nicht von allein. Unterrichtlich muss dafür etwas getan werden, fachlich abgesichert und curricular geklärt. Diese Aufgaben kann und will die pädagogsche Fächergruppe übernehmen. Sie bietet auch all denjenigen Kolleginnen und Kollegen Hilfe an, die schon jetzt im S-I-Bereich aus blanker Not Soziales Lernen in didaktisch reflektierter, aber nicht in der Stundentafel ausgewiesenen Weise praktizieren. In manchen Schulen hat sich bereits ein zweistündiger Lernbereich gebildet, den Klassenlehrer, engagierte Pädagogiklehrer oder Lehrer/innen affiner Fächer erfolgreich durchführen. Wir fordern durchgängig an allen Schulen der SI ein pädagogisches Propädeutikum als ausgewiesenes Fach in den Jahrgangsstufe 5 und 6, mit einem Lehrplan und ausgebildeten Fachlehrern als Teil der pädagogischen Fächergruppe.

### 3.2 Der berufsbildende Zweig – ein entwicklungsbedüftiger Verbandsbereich:

Das Dillemma der fachverbandlichen Organisation im berufsbildenden Pädagogikunterricht liegt in den unterschiedlichen Ausprägungen der Fächer in den verschiedenen Bundesländer, in der relativ geringen Zahl von Kolleginnen und Kollegen und – so paradox es klingt! – in der gesicherten Position der Fächergruppe an den berufsbildenden Schulen. Während im allgemeinbildenden Schulwesen die Kolleg/innen immer wieder um die Anerkennung kämpfen müssen und bei jedem Politikwechsel die Frage nach der Legitimation gestellt wird, ist die Position an der berufsbildenden Schule unangefochten. Die Veränderungen in den Berufs- feldern sozialpädagogischer Tätigkeiten sind so gravierend, dass eine Weiterentwicklung der Aus- und Fortbildung bildung zwingend ist. Wir fordern von den Wissenschaftsministerien der Ländern fachdidaktische Professuren, um die notwenige inhaltliche und methodische Grundlagenarbeit leisten zu können. Die Deutsche Gesellschaft für Erziehungswissenschaft (DGfE) ist auf diesem Gebiet besonders gefordert.

## 3.3 Pädagogikunterricht in der Sekundarstufe I – ohne Hochschulausbildung geht es nicht

Im Gegensatz zur gymnasialen und beruflichen Sekundarstufe II, wo wissenschafts- und handlungspropädeutische Ziele im Vordergrund stehen, hat der Pädagogikunterricht in der Sekundarstufe I sozialsationsbegleitende Funktionen, ohne auf Wissenschaftsorientierung zu verzichten. Hier liegt die besondere Chance des Pädagogikunterrichts für die Schüler/innen: Selbstreflexion, Rollenklärung, Hilfen bei der Identitätsfindung und Lebensplanung. Trotz eines schnellen Wachstums besteht noch ein enormer Bedarf an entsprechenden Angeboten. Viele Bildungspolitiker und Schulleiter/innen müssen noch begreifen, welche ich-stärkende und persönlichkeitsstabilisierende Funktion das Fach in der SI übernehmen kann.

Ein Pädagogikunterricht, der nicht nur die spätere Eltern- oder Erzieherrolle im Blick hat, sondern als sozialisationserhellendes- und begleitendes Fach die Biographie unserer Schüler/innen mitbedenkt, gewinnt angesichts der Anforderungen der Postmoderne, Bastelbiographien durch konstruktives Handeln zu überwinden, eine wesentliche Bedeutungserweiterung. Bei einer schülerbegleitenden, lebensgestaltenden Unterrichtsführung werden Lehrer/innen zu Berater und Begleitern bei dem Entwurf und der Konstruktion von Lebenslinien. So erfährt der Pädagogikunterricht auf der Schwelle zum nächsten Jahrhundert eine neue didaktische Akzentsetzung, ohne seine bisherigen Ziele aufzugeben: Schüler/innen zu befähigen als spätere Erzieher das Gelingen von Erziehungspraxis zu ermöglichen.

In diesem Sinne fordern wir, allen Schüler/innen im deutschen Sekundarschulwesen die Möglichkeit die geben, qualifizierten Pädagogikunterricht von universitär ausgebildeten Lehrer/innen erteilt zu bekommen.

Ein Schwerpunkt künftiger Arbeit wird das Voranbringen der Pädagogiklehrerausbildung sein. Wir fordern generell die Hochschulausbildung von Pädagogiklehrern im Rahmen einer eigenen Lehrbefähigung, die sich in einer universitären Studien- und Prüfungsordnung sowie in einer geordneten Referendarausbildung konkretisiert. Dies gilt auch für den Sekundar-I-Bereich. Für viele Schüler/innen würden dadurch wichtige berufsfeld- und damit zukunftserschließende, sozialisations- und identitätsfördernde Ziele erschlossen. Zudem könnten devianzausgleichende Maßnahmen fachgerecht angegangen werden. Unter finanziellen Gesichtspunkten kämen auf die Bundesländer durch die Etablierung einer S-I Lehrbefähigung im

Fach Pädagogik nur geringfügige Kosten zu. Andererseits wäre der zu erwartende Zuwachs an Fachwissen und Lebenshilfe von unschätzbarem Wert.

Wir sind davon überzeut, dass ohne eine angemessene, eigenständige Bearbeitung der Erziehungs- und Sozialisationsfelder die Schule ihrem Bildungsauftrag nur unzureichend gerecht wird. Pädagogik gehört zu den anthropologischen Kernfächern des allgemeinbildenden Schulwesens und die hier gewonnenen fachlichen Kompetenzen betreffen die kulturelle Grundaustattung jedes Menschen. Der Pädagogikunterricht ist ein einzigartiges Angebot für unsere Schüler/innen, eine Chance für die Entwicklung unserer Schulen und eine Herausforderung für die universitäre Erziehungswissenschaft

Eckehardt Knöpfel      Jürgen Langefeld      Birgit Rauch

# Grußwort von Frau Ministerin Gabriele Behler für die Festschrift aus der Reihe Didactica Nova zum 20-jährigen Bestehen des Verbandes der Pädagogiklehrer und Pädagogiklehrerinnen

Gabriele Behler

Im letzten Jahr dieses Jahrtausends auf ein 20-jähjriges Jubliäum zurückblicken zu können, ist ein Grund zu feiern. Ein solcher Anlass bietet sicherlich eine gute Gelegenheit, die bsiherigen Erfahrungen mit dem Unterricht in Erziehungswissnschaft, Pädagogik und verwandten Fächern an allgemeinbildenden und berufsbildenden Schulen Revue passieren zu lassen. Gleichzeitig ist das Jubiläum aber auch eine Chance, den Blick nach vorn zu richten und zu fragen: Welche Perspektiven hat der Unterricht in Erziehungswissenschaft? Welchen Beitrag leistet er zum Bildungs- und Erziehungsauftrag der Schule für das neue Jahrtausend?

Bildung wird die Schlüsselfrage des 21. Jahrhunderts sein. Darüber sind sich viele Fachleute einig. Die Zukunftsfähigkeit unserer Gesellschaft hängt ganz entscheidend ab vom Erwerb von Wissen, dessen sinnvoller Anwendung und zielgerichteter Weiterentwicklung. Damit eng verbunden ist die Ausprägung von Schlüsselqualifikationen, die immer wichtiger werden. Sie füllen in wesentlichen Teilen den Erziehungsauftrag aus; sie sind eine unverzichtbare Voraussetzung für eine angemessene, auf Problemlösungen, soziales Verhalten und demokratische Mitgestaltungsfähigkeit ausgerichtete Verwendung des Wissens.

Der Begriff der „Wissensgesellschaft" wird heute in aller Munde geführt. Ich möchte ihm den Begriff der „Wertegesellschaft" an die Seite stellen: Nur in der Verbindung von gelebten demokratischen und sozialen Werten kann Wissen produktiv für uns und unsere Kinder umgesetzt werden. In diesem Sinne ist Schule immer Lern- und Lebensraum.

Der Unterricht in Erziehungswissenschaft, Pädagogik und verwandten Fächern leistet einen wesentlichen Beitrag, um junge Menschen zu einem verantwortlichen Leben in unserer Gesellschaft zu befähigen. Indem Lehrerinnen und Lehrer, die diese Fächer unterrichten, die gesellschaftlichen und individuellen Bedingungen für erzieherisches Handeln aufzeigen, leiten sie Schülerinnen und Schüler an, die Bedingungen ihrer persönlichen Entfaltung in sozialer Verantwortung kritisch zu reflektieren. Die jungen Menschen erhalten darnit wertvolle Hilfen auf dem manchmal schwierigen Weg, einen eigenen, der individuellen Persönlichkeit gerecht werdenden Standort gewinnen und ein selbstverantwortetes Leben in unserer Gesellschaft führen zu können.

Der Verband der Pädagogiklehrer und Pädagogiklehrerinnen leistet durch Publikationen, Fortbildungsveranstaltungen und Tagungen einen bemerkenswerten Beitrag dafür, den Unterricht in den einschlägigen Fächern zeitgemäß weiterzuentwickeln. Die so gesetzten Impulse beleben und befruchten sowohl die Entwicklung der einzelnen Schule als auch den Prozess einer zukunftsfähigen Gestaltung von Schule insgesamt.

Mit dem Inkrafttreten der neuen Richtlinien und Lehrpläne Erziehungswissenschaft für die gymnasiale Oberstufe wird ein wichtiger aktueller Eckpunkt gesetzt für einen Unterricht, der viele Chancen bietet, Schülerinnen und Schüler auf das kommende Jahrtausend vorzubereiten und ihnen Optionen für ihre Lebensplanung zu bieten.

Ich wünsche dem Verband der Pädagogiklehrer und Pädagogiklehrerinnen auch weiterhin eine konstruktive und fruchtbare Arbeit – im Interesse unserer jungen Menschen und der Zukunft unserer Gesellschaft insgesamt.

INGRID GOGOLIN

## Grußwort für die Festschrift zum 20jährigen Bestehen des Verbandes der Pädagogiklehrer und Pädagogiklehrerinnen

Ingrid Gogolin

Die Deutsche Gesellschaft für Erziehungswissenschaft gratuliert dem Verband der Pädagogiklehrer und Pädagogiklehrerinnen zu seinem 20jährigen Bestehen.

Dieser Geburtstag fällt in eine Zeit, in der dem Erziehungs- und Bildungswesen recht viel öffentliche Aufmerksamkeit zugewendet wird. Dies ist erfreulich, da das Problem der Bildung und Erziehung der Nachwachsenden die höchste öffentliche Beachtung verdient. Weniger erfreulich allerdings sind manche Anlässe, Begleitumstände und zuweilen der Tenor der Debatten. Tendenziell wird über die Pädagogik und das Bildungswesen, sowohl im Hinblick auf den Forschungs- und Ausbildungsbereich als auch im Hinblick auf die praktischen pädagogischen Leistungen in Schulen, oft eher geringschätzig geredet.

Dabei sind klare Kurzschlüssigkeiten erkennbar; nur zwei seien hier angedeutet:

Die erste betrifft den nicht selten zu hörenden Schluß von einer tatsächlichen oder vermeintlichen Misere der Schule auf Mißstände der Pädagogik und der Lehrerausbildung. Dabei bleibt völlig außer Acht, daß die seit langen Jahren gepflegte Einstellungspolitik der Bundesländer dazu führt, daß Absolventinnen und Absolventen des Lehramtsstudiums gar nicht in eine reguläre praktische Ausübung des Lehrberufs an einer Schule gelangen. Dieselbe Politik sorgt oft auch dafür, daß Weiterbildung nicht wahrgenommen wird. Neben anderen unerfreulichen Effekten hat dies die Folge, dass den im Beruf tätigen Lehrkräften die Rekreation versagt ist, die mit einer berufsbegleitenden Rückkehr an die Stätte der Ausbildung, mit der Auffrischung von Wissensbeständen und Kompetenzen, beispielsweise im Raum der Universität verbunden wäre.

Die zweite Kurzschlüssigkeit betrifft die Geringschätzung pädagogischer Kenntnisse und Fähigkeiten überhaupt. Nicht verwunderlich ist, daß beinahe jeder Mensch ein Mitspracherecht über Fragen von Bildung und Erziehung empfindet, legitimiert schon dadurch, daß ein jeder einmal erzogen wurde und die Schule erlebt, vielleicht auch erlitten hat. Aber die so fundierte Urteilskraft ist allzu begrenzt. Erkennbar ist das an vielem; unter anderem daran, daß öffentliche Personen der unterschiedlichsten politischen Lager – sagen wir: ein Bundespräsident aus einer konservativen Partei und eine Gewerkschaftsführerin – mit denselben

„catchwords" Ansprüche an „die Pädagogik", „die Schule", „die Universität" stellen und Veränderung einfordern. Da sie vermutlich nicht dieselbe Schule, Universität, Gesellschaft vor Augen haben, bedürfte es der kompetenten Prüfung und öffentlichen Darlegung der „Subtexte" hinter den benutzten Wörtern; erst diese gibt Auskunft über den Erwerb von Wissen, über Entwicklung, über Bewältigung von Lebensläufen – also über pädagogische Themen.

Eine Aufgabe, der Vereinigungen und Verbände aus dem Feld der Erziehung und Bildung sich vielleicht stärker stellen müssen, ist es nach solchen Beobachtungen, für ihren Gegenstand öffentlich einzutreten und Expertentum zu beanspruchen. Dafür bedarf es der Schaffung von Voraussetzungen, nicht zuletzt: der verstärkten Kommunikation und Kooperation der Expertinnen und Experten für Bildung und Erziehung aus dem praktischen Feld und derjenigen, die die Praxis mit wissenschaftlicher Arbeit begleiten und unterstützen möchten – und in gleichem Zuge: von ihr lernen können und wollen. Einen wichtigen Schritt in diese Richtung haben Ihr Verband und die Deutsche Gesellschaft für Erziehungswissenschaft soeben getan: der Verband der Pädagogiklehrer und Pädagogiklehrerinnen ist Fördermitglied der DGfE geworden. Wir gratulieren Ihnen und uns selbst zu diesem ersten Schritt einer eingehenderen – und gewiss ertragreichen – Kooperation, und verbinden dies mit allen guten Wünschen für Ihr weiteres gedeihliches Arbeiten.

# 1.
# Pädagogikunterricht und Schulentwicklung

# Biographische Notizen

JÜRGEN LANGEFELD

# Die Vorgeschichte des Verbands der Pädagogiklehrerinnen und Pädagogiklehrer

In zwei Tagungen vom 28.2.–2.3.1977 und vom 7.3.–9.3.1977 fanden sich Fachlehrer und Fachleiter[1] des Fachs Pädagogik / Erziehungswissenschaft (je nach damaliger Oberstufenkonzeption der Heimatschule) im Lehrerfortbildungshaus in Bottrop auf Einladung des Lehrerfortbildungsinstituts Essen – Werden zusammen, dem ich damals als Dozent angehörte. Dadurch war ich in der Lage, diese Tagungen zu organisieren und einzuladen.

Im Laufe dieser beiden Tagungen beschlossen die 45 Anwesenden, eine Interessenvertretung zu gründen. Als Name wurde gewählt: „Arbeitsgemeinschaft der Fachlehrer und Fachleiter für Erziehungswissenschaft".

Die Arbeitsgemeinschaft begann sofort, Rundschreiben an die Mitglieder herauszugeben, aus denen im Jahre 1981 die Hefte der Zeitschrift „Pädagogikunterricht" entstanden. Eine Vornummer 01 wurde unmittelbar nach den Treffen verfaßt. Das erste offizielle Rundschreiben folgte am 15. September 1977 und erhielt schon weitere 28 Mitgliedsnamen. Die Produktionsart war noch sehr handwerklich. Die einzelnen Blätter wurden hektographiert und im Kreislauf um einen Tisch zusammengelegt, wobei der letzte in der Reihe noch eine Klammer durch den Packen Papier jagte.

Was waren die Gründe, warum die Arbeitsgemeinschaft entstand?

Sie werden in dem Protokoll eines ersten Gesprächs der Vertreter der Arbeitsgemeinschaft mit der oberen Schulaufsicht und dem Kultusministerium formuliert, das am 10.10.1977 im Kultusministerium stattfand.[2]

## 1. Hilfen beim Wechsel der Fachkonzeptionen

Das Fach Pädagogik unterlief seit den 60-er Jahren mehrere Veränderungen seiner Konzeption. Diese Wechsel betrafen die Lehrenden nachhaltig. Jeder brauchte Hilfe, um mit den neuen Anforderungen fertig zu werden. Um dies besser zu verstehen, müssen wir einen kurzen Exkurs in die Geschichte des Faches machen (nach Langefeld 1978, U. und W. Müller 1982).

---

[1] Die Begriffe gebrauche ich – wie im folgenden ähnliche Begriffe – geschlechtsunspezifisch.
[2] Daran nahmen teil: Feldmann SK Düsseldorf, Böhm SK Münster, Hopfer KM, Bertram KM, von Seiten der AG: Brendler, Hagen, Hohlmann, Langefeld, Wiggenhorn, Wahle.

Pädagogik wurde in Preußen im Jahre 1908 eingeführt (Preußen 1908), als zwei Probleme gelöst werden mußten. Die Höhere Mädchenschule endete mit dem 15./16. Lebensjahr. Einerseits fehlten bis zur Verehelichung bzw. für alleinstehende Frauen geeignete Beschäftigungsmöglichkeiten – die insbesondere in pädagogischen Berufen gesehen wurden –, andererseits bestand ein Bedarf an Lehrerinnen für Höhere Mädchenschulen. Pädagogik wurde im Rahmen des Lyzeums als zweistündiger Kurs sowohl in der zweijährigen Frauenschule als auch in dem dreijährigen Lehrerinnenseminar unterrichtet. Im Nationalsozialismus wurde Pädagogik nicht als Fach unterrichtet, pädagogische Fragen werden aber durch die Fächer des Frauenschaffens berührt.

Nach dem Zweiten Weltkrieg begann Nordrhein-Westfalen frühzeitig mit einer differenzierten Ausgestaltung von Pädagogik als Schulfach. Pädagogik wurde zum Hauptfach der Frauenoberschulen erhoben (NW 1961). Dadurch wurde die bestehende rollenspezifische Konzeption weitergeführt, andererseits wurde das Fach aus verschiedenen Gründen zu einem allgemeinen Schulfach hin erweitert. Gemäß den Saarbrückener Rahmenvereinbarungen der Kultusministerkonferenz wurden 1961 zunächst Arbeitsgemeinschaften eingerichtet, die auch an Jungenschulen möglich waren, um Nachwuchs für den Lehrerberuf zu werben. 1965 wurde das Pädagogisch-Musische Gymnasium mit fachgebundener Hochschulreife gegründet, um den Begabungsdifferenzierungen entgegen zu kommen und die Zahl der Abiturienten zu erhöhen. 1966 folgte das Erziehungswissenschaftliche Gymnasium (NW 1965, 1966).

Begründungen für das Fach betrafen nicht mehr nur geschlechts- und berufsrollenspezifische Zuleitungsfunktionen, sondern erhoben zunehmend mehr den – damals problematischen – Anspruch auf Allgemeinbildung. Diesen glaubte man im Erziehungswissenschaftlichen Gymnasium durch die Verbindung mit dem Fach Philosophie zu gewährleisten. Der sechsstündige Kurs Erziehungswissenschaft teilte sich in vier Stunden Erziehungswissenschaft und zwei Stunden Philosophie auf. Die vollständige Gleichsetzung mit den traditionellen Gymnasialfächern ermöglichte erst die allgemeine Reformierung der Oberstufe, die die Grundlage für die „Empfehlungen für den Kursunterricht im Fach Erziehungswissenschaft" (1973) schuf.

Die meisten Schulen, die in den 70-er Jahren Pädagogik lehrten, standen in der Tradition der Frauenoberschulen und waren häufig in kirchlicher Trägerschaft. Sie waren es in der Regel auch, die den Wechsel in die neue Zeit zu leisten hatten. Die Pädagogiklehrer mußten sich mit einer gänzlich neuen Wahrnehmung des Faches auseinandersetzen und es in ganz anderer Weise lehren als zuvor:

In der Tradition der Frauenoberschulen hatten die Praktika im Mittelpunkt des Unterrichts gestanden. In den meisten Schulen wurden in der Klasse 11 ein Kindergartenpraktikum abgeleistet und in der Klasse 12 ein Sozialpraktikum durchgeführt. Daran orientierten sich die Zielsetzung und die unterrichtliche Gestaltung des

Fachs. Die Praktika wurden vorbereitet und nachbereitet. Persönlichkeitswachstum der Betroffenen war das Ziel. Immer wieder wurde berichtet, wie sich die Schülerinnen im Laufe dieser Praktika veränderten, wenn sie dem Elend von Kindern begegneten, mit denen sie für mehrere Wochen zusammenlebten. Zu den wichtigen Aufgaben der Lehrenden zählte, die Praktikumsstellen zu (be-)suchen und die Schülerinnen während ihres Aufenthaltes zu betreuen.

Gelesen wurden Texte, die für die Tätigkeiten in den Praktika hilfreich waren: Entwicklungspsychologie, Sozialpädagogik, Aussagen großer Aktionspädagogen wie Makarenko, Pestalozzi, aber auch geisteswissenschaftliche Pädagogen wie Nohl, Litt, Bollnow ... wurden bearbeitet. Ganzschriften konnten bis zum Erscheinen der „Empfehlungen" (1973) alternativ gelesen werden. Vertiefungen wurden durch Rekurs auf philosophische Äußerungen, insbesondere zum Grundgedanken des Erzieherischen gesucht. Das pädagogische Lesebuch von Schilde (1968) wollte kein systematisch-sequentielles Wissen vermitteln, sondern war als Hintergrund praktischen Tuns angelegt worden. Für eine Diskussion um Handlungs- und Wissenschaftspropädeutik bestand zum damaligen Zeitpunkt kein Bedarf.

Allerdings lief dieser Typ der Konzeption des Faches langsam, sich überschneidend mit Neuansätzen und unter großem Bedauern der Betroffenen aus. Das Fach mußte aufgrund der institutionellen Entwicklungen nun auch in einem weitergefaßten allgemeinbildenden Sinne definiert werden. Bei diesem Versuch wurden Wissenschaftsauffassungen der 60-er Jahre herangezogen. Ein wesentlicher fachdidaktischer Aufsatz wurde von Anneliese Grundmann – Roch verfaßt (1966).

Von ihr wird das „Pädagogische als ein ganz eigentümliches Grundphänomen des Menschlichen" (Grundmann – Roch 1966, S. 351) gesehen. Erziehung wird als offene Frage verstanden, als Wagnis und Herausforderung.

Bildung wird anders verstanden als in den 81-er Richtlinien (NW 1981). In diesen wird der Sinn des Faches – wie der gesamten gymnasialen Oberstufe – in den Zielen „Wissenschaftspropädeutik" und „Selbstbestimmung in sozialer Mitverantwortung" zusammengefaßt. Dabei ist bedeutsam, daß der Begriff „Wissenschaftspropädeutik" an erster Stelle genannt wird. Dieser erzwingt, um ein Unterrichtscurriculum zu erstellen, eine fachdidaktisch gesteuerte Auswahl repräsentativer Inhalte, Methoden und Positionen der Fachdisziplin sowie eine sequentielle Gliederung. Damit muß der Bezug zu dem assoziativen Organisationsmoment der Praktika und deren ethisch-emotionaler Schwerpunktsetzung aufgegeben werden. Das Schulfach orientiert sich nun – trotz aller Beteuerungen, eine Abbilddidaktik zu vermeiden, – weitgehend an der Gestalt der Wissenschaftsdisziplin und vermittelt – didaktisch für die Rezipienten reduziert und altersgemäß methodisch aufbereitet – wissenschaftlich-systematische Erkenntnisse. Das Wagnis des Erziehens und die Unvorhersehbarkeit der pädagogischen Situation werden dem Gedanken der systematischen Wissensvermittlung nachgeordnet. Dies wird einerseits durch das Wissenschaftsvertrauen der 70-er Jahre gefördert, zum anderen bemüht sich das Fach

Pädagogik, das sich nun Erziehungswissenschaft nennt, darum, mit anderen traditionellen Fächern in Umfang und Anspruch gleichzuziehen.

Daraus ergeben sich mehrere Folgen:

- Der Wissenschaftscharakter wird in Unterrichtsentwürfen dokumentiert, die einen hohen Grad wissenschaftlicher Kenntnisse dokumentieren. Die Vielfalt der Unterrichtsmethoden muß zunehmend Ersatz für die wegfallenden Praktika schaffen (Aufsätze zu Simulationsspielen, Fallstudien, Beobachtungsmethoden.)
- Die wissenschaftstheoretische Erweiterung des Fachs tritt in den Vordergrund, sowohl in der Berücksichtigung der verschiedenen Positionen als auch in der Erweiterung des Methodenspektrums. Die empirische Erziehungswissenschaft benutzt Forschungsmethoden, die der älteren Generation der Pädagogiklehrer nicht geläufig sind. Die geisteswissenschaftliche Pädagogik, die ein hohes Ansehen genossen hatte, greift auf die soziologischen Gedankengänge der 68-er Bewegung zurück. Überall tauchen neue Begriffe auf, neue Geisteshaltungen werden erkennbar, Kritik, Veränderung, gesellschaftliche Auseinandersetzungen wurden gefordert.
- Zudem beginnt die unerschöpfliche Diskussion um das Verhältnis von Handlungs- und Wissenschaftspropädeutik. Trotz aller vorgelegten Vermittlungsversuche verliert der Handlungsbezug des Fachs an Gewicht und wandelt sich zum didaktisch-methodischen Begriff der Handlungspropädeutik. Diesem fehlen sowohl die Realpraxis der Praktika als auch die Begründung in einem situativ – existentiellen handlungsorientierten Erziehungsbegriff mit ethischen und emotionalen Konstituenten, so wie es bei Bollnow und in weniger expressiven Form auch bei der geisteswissenschaftlichen Pädagogik der Fall ist.

Als die Arbeitsgemeinschaft der Fachlehrer und Fachleiter für Erziehungswissenschaft gegründet wurde, war die Situation nicht nur inhaltlich offen, sondern auch fruchtbar, insofern jeder Lehrende auf der Suche nach Lösungen war, Aufbruchsstimmung herrschte, auch Widerspruch ausgetragen wurde, und nicht auf die Lösung von oben gewartet wurde.

## 2. Profilierung der Lehrer bei steigendem Bedarf

Die Umbruchssituation erforderte vielfache Profilierungsanstrengungen. Ein Teil der älteren Pädagogiklehrer besaß zwar viel Erfahrung im Sinne der Frauenoberschulen, verfügte aber über keine Fakultas. Seit 1962 konnte in Nordrhein-Westfalen die Lehrbefähigung für das Fach Pädagogik erworben werden. Bis 1974 hatte Nordrhein-Westfalen 292 Lehrer mit Lehrbefähigung, 1975 betrug die Zahl der Pädagogiklehrer 381, 1976 bereits 537. Viele holten die Fakultas nach, andere zogen sich langsam aus dem Fachunterricht zurück.

Die wissenschaftstheoretischen Ausrichtungen der Universitäten waren ihrerseits sehr unterschiedlich. Viele konnten keine empirische Ausbildung liefern. Nur vereinzelt wurden Überlegungen zu Fachdidaktik angestellt. Deshalb waren die Lehrer gezwungen, diese Entwicklung weitgehend über Fortbildungsveranstaltungen, über die Rundschreiben und über die Seminare der zweiten Stufe voranzutreiben. Die Vertretung des Faches durch Dezernenten bei den Regierungspräsidenten geschah nur nebenamtlich.

Das Fortbildungsinteresse, das sowohl bei Älteren als auch Jüngeren bestand, richtete sich zunächst vordringlich auf Unterrichtsstundenentwürfe und Unterrichtsmaterialien, so daß sich viele Fortbildungsveranstaltungen zu Materialschlachten auswuchsen. Daraus ging später die Mediensammlung des Verbandes hervor. Die Schulbuchreihen verschiedener Verlage, die in den 70-er Jahren erschienen, waren zwar eine Hilfe, aber die Pädagogiklehrer behielten bis heute den Ehrgeiz, einen Teil des Unterrichts aus eigener Kraft zu schaffen. Die Produktion von Lehrerhandbüchern liegt zudem nicht im wirtschaftlichen Interesse von Verlagen. Deshalb hat der Verband es mit großem Erfolg übernommen, die Unterrichtsreihen von Kollegen im Sinne grauer Literatur zugänglich zu machen.

1981 war ein bedeutsames Datum, als aus dem Rundschreiben die Zeitschrift „Pädagogikunterricht" hervorging, die von da an der Hauptträger fachdidaktischer Diskussion blieb. Beiträge zur Fortbildung lieferten auch die Jahresversammlungen der Arbeitsgemeinschaft in verschiedenen Teilen des Landes. Sie wurden jeweils unter zeitgerechte Themen gestellt.

## 3. Lobbyism

Das Fach Pädagogik steht in einem ständigen Behauptungskampf. Dabei ist das Interesse insbesondere bei Schülerinnen groß, so daß der Kampf nicht um Anmeldungszahlen ausgetragen wird, sondern gegen institutionelle Begrenzungen gerichtet ist.

Dies betraf zunächst einmal die Schulen selbst. Die Reformierte Oberstufe stellte zwar anfänglich alle Fächer gleich, aber für viele Schulleiter und Kollegien war Pädagogik ein unbekanntes Schulfach, das zu Veränderungen des Schulangebots gezwungen hätte. Hier waren die Pädagogiklehrer als Mitglieder von Kollegien gefordert, ihrem Schulleiter und im folgenden dem Dezernenten die Erlaubnis abzuringen, mit dem Fach zu starten. Dies gelang auch sehr häufig, aber es war nicht möglich, Pädagogik an allen Gymnasien Nordrhein – Westfalens einzurichten.

Den Mitgliedern der Arbeitsgemeinschaft wurde sehr schnell klar, daß eine wirksame Vertretung der Fachinteressen nur durch eine eigene Institution zu schaffen sei. Mit dem Titel einer Arbeitsgemeinschaft war nur eine begrenzte Legitimation zu erreichen, so daß von vornherein beabsichtigt war, den Vereinsstatus zu erreichen, wie es am 17. August 1979 während der Jahresversammlung in Wuppertal be-

## Die Vorgeschichte des Verbands

schlossen wurde. Als Titel des Vereins wurde „Verband der Pädagogiklehrer" beschlossen. Die ersten Vorstandsmitglieder waren 1.Vorsitzender: Jürgen Langefeld, 2. Vorsitzende: Birgit Rauch, Kassenverwaltung: Siegfried Döring, Beisitzer: Falk Baumgärtner, Reinhold Braun, Franz Brendler, Rainer Deibl (+), Gunter Derichs, Gebhard Manntz, Gerd Philipp, Anne Rapp, Edwin Stiller, Ingrid Wahle, Kassenprüfer: Klaus Adrian, Wilhelm Hohlmann. Der Verein wurde eingetragen beim Amtsgericht in Mettmann.

Diese Dimension der Gründung erwies sich immer wieder als notwendig und fruchtbar. Da die Reformierte Oberstufe nach einem Moment großer Wahlfreiheit anschließend ständig zurückgefahren wurde, mußte das Fach seinen Platz im gesellschaftlichen Aufgabenfeld verteidigen. Die größte Belastung entstand durch die Erhöhung der Pflichtbindungen insgesamt und die Ge/So-Kurse im besonderen. Für eine kurze Zeit kämpften mehrere Fächer des gesellschaftlichen Aufgabenfeldes zusammen und schalteten eine Anzeige in der „Zeit" (s. Abbildung), die große Wirkung entfaltete, aber dem Vorstand wegen der Kosten große Sorgen machte. Eine Streitsache würde wahrscheinlich heute anders entschieden: 1981 versuchte das Kultusministerium durch eine Neuplanung der Studienordnungen das allgemeinbildende Fach durch die berufsbildende Fachrichtung zu ersetzen. Nach einer Intervention des Verbandes wurde zunächst eine Verbindung von beiden Ausbildungen vorgeschlagen, schließlich wurden beide wieder getrennt, nachdem Protestbriefe von Lehrern und Schülern waschkörbeweise im Ministerium (Langefeld 1981) eingegangen waren, bis das Ministerium irgendwann telefonisch mitteilte, Sachverhalte und Wünsche wären nun klar. Vielleicht wäre aber – um der beruflichen Transfermöglichkeiten der Hochschulausbildung und der breiteren, stärker sozialpädagogischen Gestaltung des Schulcurriculums willen – die Verbindung beider Studienrichtungen für die Zukunft tragfähiger gewesen.

| VERBAND DER PÄDAGOGIK-LEHRER | FACHVERBAND PHILOSOPHIE | VERBAND DER PSYCHOLOGIE-LEHRER | VERBAND DER RECHTSKUNDE-LEHRER |
|---|---|---|---|
| 4006 Erkrath Böllenschmied 18 | 4630 Bochum Markstraße 260 | 5205 St. Augustin Mülldorferstraße 25 | 5804 Schwerte Brinkmanns Hof 10 |

# OFFENER BRIEF

### Stellungnahme zur geplanten Neuordnung der gymnasialen Oberstufe

Wuppertal, 18. 9. 1987

Die Neugestaltung der gymnasialen Oberstufe ist Gegenstand von Beratungen in der Kultusministerkonferenz. Im Vordergrund steht der Versuch, einen **Grundbildungskanon** durch Ausweitung von Pflichtbindungen zu errichten.

## Konsequenzen der geplanten Reform

Die Verbände weisen besorgt auf die **Auswirkungen** hin, die aus den geplanten Regelungen auf das gesellschaftswissenschaftliche Aufgabenfeld folgen. Dort ergibt sich eine starke Reduzierung der Wahlfreiheit der Schüler
- durch die **erdrückende Ausweitung der Pflichtbindungen** in den anderen Aufgabenfeldern,
- durch die **beabsichtigte Monopolisierung der Geschichte** innerhalb des gesellschaftswissenschaftlichen Aufgabenfeldes (vier Kurse in den Jahrgangsstufen 12 und 13).

Durch die Bindungen ist der Stundenplan der Schüler weitestgehend ausgefüllt. Die **Wahlfreiheit** im gesellschaftswissenschaftlichen Aufgabenfeld wird **außerordentlich eingeschränkt** und damit das Konzept des Aufgabenfeldes zerstört.
In der Oberstufe drohen viele Fächer wegzufallen, wie zum Beispiel Erdkunde, Philosophie, Pädagogik, Psychologie, Soziologie, Rechtskunde ... Gleichzeitig geht damit auch ein wesentlicher Teil der **Bildungssubstanz verloren**, den das Gymnasium nach Ende des Dritten Reiches erworben hat. Es bestand Konsens darüber, daß Erziehung bedeuten solle, auch seiner subjektiven und gesellschaftlichen Verantwortung bewußt zu werden, die Kräfte der Gesellschaft, ihre Motive, Entwicklungsperspektiven, Rechtsauffassungen und Sinndimensionen kennenzulernen. Der Manipulierbarkeit des Menschen sollte am Ende gesetzt werden.
Im Sinne dieser kulturellen Verantwortung wehren sich die betroffenen Fächer nachdrücklich gegen **die Verengung und Verkürzung** des gesellschaftswissenschaftlichen Aufgabenfeldes. Sie weisen die Kultusminister darauf hin, daß hier **Geschichtlichkeit** als Teil der Persönlichkeitsbildung und **Geschichte** als Lehrfach unzutreffend gleichgesetzt werden.

## Dieser Entwicklung halten wir entgegen:
- Geschichte war nie Hauptfach des Gymnasiums, stets Nebenfach und brauchte auch keinen besonderen Rang zu Lasten der anderen Fächer einzunehmen, da sie durchgehende Struktur des Bildungsgedankens und durch die traditionellen Begriffs der Allgemeinbildung darstellte.
- Das Bewußtsein geschichtlicher Gewordenheit findet sich in allen Dimensionen menschlichen Handelns wieder und kann in der Schule nur über die Vielfalt der Fächer repräsentiert werden. Geschichtliche Gewordenheit ist in der Literatur zu erkennen, in philosophischen Sinnfragen, in der Struktur des Rechts, in der Entwicklung pädagogischen Handelns, in der Deutung des Menschen, so wie sie die Psychologie leistet, in der Wahrnehmung anderer Kulturen durch die Fremdsprachen ... Sich seiner selbst im subjektiven und gesellschaftlichen Sinne bewußt zu werden, ist eine übergreifende Bildungsstruktur.
- Die Wiedergewinnung der Geschichtlichkeit als übergreifender Bildungsstruktur sollte nicht mit Geschichte als Fach verwechselt werden, noch sollte Humankompetenz auf diese Perspektive eingegrenzt werden.
- Wer einseitig Geschichte postuliert, sollte auch bedenken: Seine Geschichtskenntnisse haben das deutsche Bürgertum nicht vor seinen größten Irrungen und Fehlern bewahren können.

## Unverzichtbarkeit eines breiten gesellschaftswissenschaftlichen Aufgabenfeldes

Das gesellschaftswissenschaftliche Aufgabenfeld ist nicht eine bloße Ansammlung verschiedener Fächer. Es trägt durch sein differenziertes Fächerangebot der Vielschichtigkeit gesellschaftlicher Problemstellungen Rechnung und fördert einen spezifischen Teil der Allgemeinbildung. Sein Ziel ist, die Schüler für ihre subjektive und soziale Gegenwart und Zukunft **entscheidungsfähig** zu machen:
Wie sind die sich beschleunigenden technischen und gesellschaftlichen Entwicklungen zu bewältigen? Welche Entscheidungen werden durch sie notwendig? Wie sind sie zu verantworten? Wie sollen zum Beispiel Gegenwart und Zukunft der Mediengesellschaft aussehen? Kann Frieden durch Erziehung erreicht werden? Wie läßt sich der rechtliche Schutz der Person unter den neuen Bedingungen gewährleisten? Wer fragt nach Sinn und Wahrheit im Getriebe der Meinungen und Interessen? Wer hilft dem Menschen, sich selbst und seine Beziehung zu anderen zu verstehen?

## Deshalb:

Der Schule muß die Möglichkeit erhalten bleiben, **Philosophie, Psychologie, Pädagogik, Rechtskunde ...** anzubieten. Die Präsenz dieser Fächer sichert die Sinn- und Humankompetenz kultureller Reflexion und Konstruktion gegenüber bloßer Nützlichkeit.

## Schülerinteressen

Durch ihr Wahlverhalten zeigen die Schüler, daß ihnen in der Oberstufe die Breite der Fächerangebots im gesellschaftswissenschaftlichen Aufgabenfeld wichtig ist. Sie suchen nach Möglichkeiten, sich selbst und die Vielschichtigkeit ihrer Welt zu erfassen und zu gestalten. Unsere Schulen werden den **unterschiedlichen Schülerinteressen**, den **unterschiedlichen Begabungsprofilen** nur dann gerecht, wenn sie ihren Schülern auch im gesellschaftswissenschaftlichen Bereich verschiedene Fächer gleichberechtigt zur Wahl anbieten. Die Beschränkung der Wahlfreiheit in diesem Bereich ist sachlich nicht zu rechtfertigen. Sie bedeutet eine **Verarmung unserer Schulen**.

## Fazit:
- **Die Wahlfreiheit im gesellschaftswissenschaftlichen Aufgabenfeld muß erhalten bleiben.**
- **Alle Fächer im gesellschaftswissenschaftlichen Aufgabenfeld sind gleichrangig.**
- **Dem Schüler soll freigestellt werden, welche Gesellschaftswissenschaft er als Pflichtbindung wählt. Die Monopolisierung des Faches Geschichte ist abzulehnen.**

Dr. Langefeld     Dr. Hengelbrock     Dr. Paffrath     B. Limbeck

Abb. 1 Anzeige in der „ZEIT" 41 / 2.10.87, S. 45

Der ununterbrochene Kampf um das Fach belegt, daß die Bildung der Arbeitsgemeinschaft und später des Verbandes die einzige Chance war, die Größenordnung in etwa zu erhalten. 1989 gelang es, zumindest in Brandenburg das Fach Pädagogik zu gründen. Auch die Einbringung des Fachs in das Curriculum der Sekundarstufe I wäre ohne die Initiative des Verbandes – und ohne das politische Engagement vieler Kollegen vor Ort – nicht erfolgt.

## 4. Vereinspflege

Ein vierter Grund betraf die Kontaktpflege der Pädagogiklehrer untereinander. Verschiedentlich wurden Versuche unternommen, eine Art von Regionalkonferenzen zu begründen. Allerdings konnten weder Abordnung noch Versicherungsschutz erreicht werden. So beschränkte sich die Pflege der Kontakte auf die Jahresversammlungen und zwei Fahrten des Verbandes zu deutschen Alternativschulen (1979) und in die damalige DDR (1980) (organisiert von Reinhold Braun). Durch die heutigen Bezirksfachkonferenzen ist die Begegnung zwischen den Pädagogiklehrern Nordrhein – Westfalens, die in der Mehrzahl Mitglieder des Verbandes sind, enger als zuvor.

## Schluß

Die Beschreibung der Gründungszeit zeigt viele Gemeinsamkeiten mit der heutigen Struktur der Verbandstätigkeiten. Die Arbeitsgemeinschaft war noch auf Nordrhein – Westfalen bezogen. Die Gründungsstimmung war von geringerer Professionalität gekennzeichnet. Sie zeigte aber eine Jugendlichkeit, Überzeugungskraft und Begeisterungsfähigkeit, die zu einer schnell wachsenden Teilnehmerzahl führte. Von 1977 bis 1980 stieg die Arbeitsgemeinschaft auf über 500 Mitglieder und erreicht damit eine Größe, die die Vertretung der Interessen des Fachs und seiner Lehrenden nach außen legitimierte. Auf dieser Grundlage wurde der Verein gegründet, dem der Titel „Verband" gegeben wurde, um die Integration von Pädagogiklehrern aus anderen Bundesländern zu gestatten.

## Literatur

Arbeitsgemeinschaft der Fachlehrer und Fachleiter:Protokoll des Gesprächs der Arbeitsgemeinschaft der Fachlehrer und Fachleiter für Erziehungswissenschaften und Vertretern der oberen Schulaufsicht und des Kultusministeriums. In: Rundschreiben 1, 1978, S. 2–5.

Grundmann-Roch, A.: Sinn und Möglichkeit der Pädagogik als Unterrichtsfach an Höheren Schulen. In: Pädagogische Provinz (1966), H. 20, S. 348–359.

Langefeld, J.: Pädagogik als Unterrichtsfach des allgemeinbildenden Schulwesens. In: Zeitschrift für Pädagogik, H. 6, 1978, S. 835–851.
Bildungspolitik am Beispiel des Faches Erziehungswissenschaft. In: Pädagogikunterricht (1981), H. 1, S. 2–6.

Müller, U. und W.: Quellen zur Entstehung und zum Verfall des Allgemeinbildungsanspruchs des Pädagogikunterrichts zwischen 1908 und 1938, Teil I. In: Pädagogikunterricht (1982), H. 1, S. 6–16.

Nordrhein-Westfalen Kultusministerium: Durchführung der Rahmenvereinbarung zur Ordnung des Unterrichts auf der Oberstufe der Gymnasien; hier: Neufassung der Stundentafeln der höheren Schulen im Lande Nordrhein-Westfalen. RdErl. D. Kultusministers vom 6.3.1961 – II E 3.30-0/2-450/61.

Einrichtung von gymnasialen Aufbauformen zur Erlangung einer fachgebundenen Hochschulreife (F-Gymnasium). RdErl. D. Kultusministers v. 12.2.1965 -II E 70-3/0-203/65.

Erziehungswissenschaftliches Gymnasium. RdErl. D. Kultusministers v. 28.4.1966 – III B 70/3/4-1840/66.

Empfehlungen für den Kursunterricht im Fach Erziehungswissenschaft. (Schulreform NW Sekundarstufe II. Arbeitsmaterialien und Berichte. Eine Schriftenreihe des Kultusministers des Landes Nordrhein-Westfalen. Heft 9 II.) Düsseldorf 1973.

Richtlinien für Erziehungswissenschaft. In: Die Schule in Nordrhein-Westfalen. Eine Schriftenreihe des Kultusministers. Gymnasiale Oberstufe. Heft 4719. Köln 1981.

Preussen. Der Minister der Geistlichen, Unterrichts- und Medizinalangelegenheiten: Bestimmungen über die Neuordnung des höheren Mädchenschulwesens. Berlin 18. August 1908. Ausführungsbestimmungen v. 12.12.1908 – UIIID 6995 VII.

Schilde, K. (Hrsg.):Pädagogisches Lesebuch. Frankfurt 1968.

ENGELBERT GROSS

# Pädagogikunterricht: Namen – Orte – Daten
Erinnerungen an die frühen Jahre

## 1. Abenteuer und Kreativität

An der Bonner Universität hatte ich Ende 1970 die Erste Staatsprüfung für das Fach Pädagogik am Gymnasium abgelegt und ging zum 1. Februar 1971 ins Referendariat nach Viersen. Gleichzeitig hatte ich in der Krefelder Ricarda-Huch-Schule seit 1968 die Stelle eines Religionslehrers inne.
Dieses Mädchengymnasium spielte bei der Entwicklung der gymnasialen Oberstufenreform eine Vorreiterrolle. Schon im Schuljahr 1971/72 hat es dort eine genehmigte Schulreform gegeben. Der spätere Leistungskurs hieß Schwerpunktfach. Zu den anzubietenden Schwerpunktfächern zählte auch das hernach Erziehungswissenschaft genannte Fach.
Da ich in der Startzeit dieser Reform und ihrer Option „Erziehungswissenschaft als Schwerpunktfach" als einziger Lehrer dieser Schule über eine diesbezügliche Qualifikation durch ein Staatsexamen verfügte, wurde ich sofort in den Sog der neuen Entwicklung gezogen, und zwar in mehrfacher Hinsicht.
Ich war in Viersen inkompetenter Referendar und gleichzeitig in Krefeld kompetenter Pädagogiklehrer im Schwerpunktfach. Das führte z. B. zu jener kuriosen Situation, daß ich in Krefeld den Referendarkollegen Klaus Kirch plötzlich zur Ausbildung hatte: ich, der ich in Viersen doch selber noch in der diesbezüglichen Ausbildung steckte – ein Zustand, der natürlich geändert werden mußte.
Für das neue Schwerpunktfach mußte eine konzeptionelle Struktur geschaffen werden. Um in dieser Sache einigermaßen kundig zu werden, mußte die Historie des Schulfachs Pädagogik rasch studiert werden. Es galt, altehrwürdige und neue Richtlinien dazu zu würdigen. Ich brauchte eine Konzeption. Dazu nutzte ich das Referendariat und die Arbeit im Mönchengladbacher – soeben mit uns eröffneten – Studienseminar, und ich schrieb als Assessorarbeit: „Erziehungswissenschaft als Schwerpunktfach im Gymnasium. Versuch einer Begründung und Entwurf eines Basiskurses", begutachtet von Norbert Bonk und Gertrud Busch.
Es stand ebenfalls an, sich bei den Verantwortlichen der entsprechenden nordrhein-westfälischen Schulversuche kundig zu machen. Zu diesem Zweck reiste ich damals zu Gertrud Neuenzeit in die Hildegardis-Schule nach Bochum, in die Hildegard-von-Bingen-Schule nach Köln und in das Erasmus-Gymnasium nach Grevenbroich. In diesen drei Schulen wurden mir eindrucksvolle Begegnungen geschenkt, und ich durfte – historischer Augenblick! – dort rühren an „Vorbereitung und Vorgriff auf mögliche allgemeine Entwicklungen" (so die amtliche „Definition" für Schulversuch).

Natürlich klopfte ich bei meiner Suche nach Elementen und Kriterien für einen gymnasialen Pädagogikunterricht, der ja scharf von dem der Frauenoberschule zu trennen war, an der Tür zu dem diesbezüglich markanten Denkmal an, und ich durfte eintreten: am 23. Juli 1973 hatte ich im Düsseldorfer Kultusministerium ein schönes und informatives Gespräch mit dem imposanten Karl Holzapfel. Er ließ mich u. a. wissen, daß er selber es gewesen sei, der 1961 begonnen habe, die Idee eines schulischen Pädagogikunterrichts zu favorisieren, und er habe diese Maßnahme als ein Mittel gedacht, den damals gravierenden Lehrermangel an Volksschulen etwas beheben zu können. Geschmack an Pädagogik in der Schule sollte Lust machen, Pädagogin / Pädagoge zu werden. Um Realismus und Pragmatik in diese Idee hineinzubekommen, habe er die entsprechenden Schulversuche eingerichtet. Deren Konzept wollte er als einen total anderen Ansatz verstanden wissen, als er im „Gymnasium für Frauenbildung"-Zweig gegeben war. Vom GFB aus gebe es keine Kontinuität zum erziehungswissenschaftlichen Gymnasium. Diesbezüglich hatte K. Holzapfel schon 1964 vom Ministerium her wissen lassen, daß es bei dem neuen Fach darum gehe, „pädagogische Grunderfahrungen und Strukturen bewußt zu machen und geistig einzuordnen".

Hier ist der Blick innovativ auf ein wirkliches Bildungsgut gerichtet, dessen Wertschätzung in den Schuldebatten in unseren neunziger Jahren stark abgenommen hat, obwohl es z. B. den Bildungsgütern des Historischen, des Geografischen, des Sprachlichen, des Naturwissenschaftlichen usw. gewiß als gleichwertig zu erachten ist. Der Schule fehlt ein wesentliches Bildungsgut, wenn in ihr das Pädagogische im genannten Sinne keinen Platz hat – weil ja Prozesse des „Beybringens" fürs Menschsein ebenso konstitutiv sind wie die Tatsache, daß der Mensch ein geschichtliches Wesen ist, ein sprechendes usw.

In Bochum, Köln, Grevenbroich und Düsseldorf hellhörig geworden für das, was in Sachen „Neuer Pädagogikunterricht" schon da ist, fing ich schüchtern und waghalsig zugleich an, mir eine Konzeption für das Schwerpunktfach (5 Wochenstunden) zu machen, unter dem interessierten, wohlwollenden, für Innovationen hellwachen Blick von Luise Bröcker, der engagierten Schulleiterin in Krefeld.

Diese Zeit war abenteuerlich und spannend für uns Leute der ersten Stunde und in einem die Chance zu kreativem Gestalten des neuen Unterrichts, und wir nutzten sie.

Ich war und bin – mit Otto Speck – der folgenden Ansicht, mit der ich die Wirklichkeitsdimension des Pädagogischen als Gegenstand von Unterricht weiterhin in der Schule sehen möchte: „Wo wäre ... der zwingende Beweis dafür, daß man 'machtlos' sei, daß 'alles am Ende sei', daß nichts mehr zu retten sei? Kein Naturwissenschaftler könnte einen solchen absoluten Beleg erbringen! Die Realität ist eher die, daß die Wachsamkeit und Sorge für die Zukunft gewachsen ist. Gegen die Hoffnung auf ein 'Fortschreiten zum Besseren', wie es *Kant* nannte ... gibt es keinen Beweis. So ungewiß ich immer sein mag, ob für das menschliche Geschlecht das

Bessere zu hoffen sei, so wenig könne diese Ungewißheit der Maxime, daß es zu tun sei, Abbruch tun. Die Hoffnung auf bessere Zeiten habe seit je 'das menschliche Herz erwärmt' und die Menschen dazu gebracht, dem allgemeinen Wohl Ersprießliches zu tun. 'Empirische Beweisgründe wider das Gelingen dieser auf Hoffnung genommenen Entschließungen richten hier nichts aus. Denn: dasjenige, was bisher noch nicht gelungen ist, darum auch nie gelingen werde, berechtigt nicht einmal, eine pragmatische oder technische Absicht aufzugeben; noch weniger aber eine moralische'. ... Mit der wachsenden Bedrohung wird er (d.: der Mensch) vorsichtiger und nachdenklicher; die Zukunft selber aber bleibt unverfügbar. Auch die Erziehung läßt sich nicht so einrichten, daß ein bestimmtes, festes Ziel in der Zukunft erreicht werden könnte. Der Weg selber, genauer gesagt, das Gehen, ist schon ein wichtiger Teil der Gestaltung des Künftigen. Man wird dabei immer wieder neu mit Verantwortlichkeit, mit Rationalität und mit Intuition abwägen und werten müssen, was das Bessere im ganzen sei. Je weiter aber sich der Zeithorizont der Zukunft dehnt, 'desto stärker wird das Prinzip Hoffnung und damit die religiöse Dimension menschlichen Erwartens' (Oelkers)".

## 2. „Dimensionen der Pädagogik"

Der engagierte Rudolf Hülshoff, die erfahrene Gertrud Neuenzeit und ich als Neuling in der Szene begannen, verlegerisch begleitet von dem rührigen Josef Wanninger, uns um die Kreation eines Unterrichtswerkes für den gymnasialen Pädagogikunterricht zu kümmern. Da sich die bildungspolitische Zielsetzung dieses Fachs – ursprünglich als Werbemaßnahme für Volksschullehrernachwuchs, dann auch als Maßnahme für eine spezifische Frauenbildung gedacht – völlig geändert hatte und das Erzieherische als genereller Aspekt der Lebenswirklichkeit in wissenschaftlicher Verantwortung erstmals in den Blick von Schülerinnen und Schülern gestellt werden sollte, konnten wir mit den „alten" Handreichungen fast gar nichts anfangen. Wir benötigten etwas ganz Anderes, etwas Neues.

Wir waren in dieser Angelegenheit der Meinung, daß ein subjektivistisch und „eigensinnig" und „hochstaplerisch" erzeugter Wildwuchs an Unterrichtsmaterialien dem neuen Fach nur schaden würde, daß eine unkontrollierte Materialproduktion am Kopierer alle Wege öffne, einen Unterricht sich einschleichen zu lassen, der die politische Intention des Pädagogikunterrichts im Gymnasium willkürlich unterlaufen und von Schule zu Schule zu vielerlei sehr unterschiedlichen Konzeptionen des Fachs führen würde, die es schließlich unmöglich machen würden, seine Leistungen und Ergebnisse zu vergleichen: z. B. bei den Abiturthemen. Darum plädierten wir also stark für ein ministeriell genehmigtes Unterrichtswerk und machten uns selber an die Arbeit, ein solches zu schaffen.

Widrige Umstände brachten es mit sich, daß G. Neuenzeit und R. Hülshoff in diesem Projekt als Herausgeber schließlich nicht mehr mitarbeiteten, so daß am Ende die „Dimensionen der Pädagogik" von mir alleine zu organisieren waren, doch R. Hülshoff hatte den Band 1 „Einführung in pädagogische und erziehungswissenschaftliche Grundprobleme" sowie den Band 10 „Institutionalisierung von Erziehung" und G. Neuenzeit den Band 3 „Grundfragen der pädagogischen Anthropologie unter empirischen, interpretatorischen und normativen Aspekten" für unser Unterrichtswerk geschrieben. 1975 kamen wir mit den ersten Bänden, vom August Bagel-Verlag (Josef Wanninger) publiziert, auf den Schulbuchmarkt und in die Liste der ministeriell genehmigten Unterrichtswerke. Unser Werk umfaßte schließlich 18 Bändchen und hat sich auf dem Markt bekanntlich gut und lange gehalten. Es war für mich damals eine spannende und sehr interessante Zeit: das Gewinnen von Autoren, das konstruktive Ringen und Streiten mit ihnen. Mit einigen hat es Krach gegeben, sie haben sich im Unfrieden von unserem Projekt getrennt oder mußten aus ihm verabschiedet werden. Ich war oft auf Reisen: zu Jürgen Langefeld nach Wuppertal, zu Jürgen Henningsen nach Münster, zu Herbert Schneider nach Vossenack, zu Rudolf Hülshoff nach Dortmund, zu Heinz Bielefeldt nach Aldenhoven, zu Eckhardt Machwirth nach Trier, zu Peter Gstettner nach Salzburg – zum Beispiel. Das waren für mich reizvolle, anregende, kurzweilige, fruchtbare Reisen – zumal es in unserer Autorengruppe so originelle Leute wie Jürgen Henningsen und so gesellschaftskritische wie Peter Gstettner gab. Einige von ihnen habe ich 1977 in Henn's Pädagogischem Taschenbuch Nr. 72 zu didaktischen Reflexionen über den erziehungswissenschaftlichen Unterricht versammeln können. Unter den Artikeln befindet sich der 35 Seiten starke nach wie vor höchst kostbare Beitrag des von mir sehr geschätzten, so früh verstorbenen, so unkonventionellen Jürgen Henningsen: „Erziehungswissenschaft: Theorie des Pädagogischen".

Die „Dimensionen der Pädagogik", wie unser Unterrichtswerk betitelt war, wurden von Anfang an begleitet von Lehrerhandreichungen, die jeder Autor zugleich mit dem Manuskript abzuliefern hatte. In ihnen wurden zu jedem Kapitel didaktische Bemerkungen, mögliche Lernziele und Notizen zu den Aufgaben angeboten. Unser Unterrichtswerk enthielt in der Tat ausformulierte Aufgaben für den Schüler. Diese Tatsache hat uns damals einige Kritik eingebracht. Manche Kolleginnen und Kollegen mochten in den Aufgaben eine Gängelung von Lehrer und Schüler erblicken, und mit dieser Einschätzung nervten sie sich und mich. Doch ich wollte dabei lernen und habe in dem späteren neuen Unterrichtswerk „Konzepte der Pädagogik" daraus Konsequenzen gezogen.

Die „Notizen zu den Aufgaben" in den Lehrerhandreichungen präsentierten den Erwartungshorizont für die Lösung der einzelnen Arbeitsaufträge, und zwar ausführlich. Das führte dazu, daß unsere Lehrerhandreichungen zu farbigen und prall gefüllten Sach- und Informationsdepots wurden. Eine Schulbuchanalyse wird unschwer entdecken, daß es mir ein leitendes Anliegen war, möglichst viel Erziehungswirklichkeit in unseren Bänden darstellen zu lassen: Wirklichkeit, an der pädagogisches Sehen und Lernen geübt werden konnte. Die Analyse wird allerdings auch erkennen lassen, daß das diesbezügliche Ringen mit den Autoren nicht immer und nicht in gleichem Maß erfolgreich war. Immer wieder kam es zu Kämpfen, wenn Teile des Werkes von einem Autor zu abstraktionistisch angeboten wurden. Wirkliches Lernen geschieht an Wirklichkeit, nicht an der schon erfolgten Theorie über sie. Darum gibt es für Schulbuchautoren das arge Problem: wie kann ich Erziehungswirklichkeit in den Pädagogikunterricht bekommen?

Der Ideenreichtum und die initiativreiche Art von Kollegen im Autorenteam brachte es mit sich, daß wir 1979 mit der Ergänzungsreihe „Pädagogik-Seminar" begannen, in der die „Geschichte der Pädagogik. Stationen von der Aufklärung bis zur Gegenwart" von Udo von der Burg und Rudolf Hülshoff als erster Band erscheinen konnte.

Ich bin mit Hartmut von Hentig der Ansicht, daß in der Bildungsidee eine Zumutung der Fremdheit liegt: die Bildungsidee in ihrer Dimension des Pädagogischen ist davon nicht ausgenommen. Was in Schulbuch und Alltag des Pädagogikunterrichts an „Gegenständen" vorkommt, sollte – so dachte und denke ich – nicht um seine real gegebene Härte gebracht werden, nicht in ideologisch oder in didaktisch begründeter Glättung dem Schüler begegnen: „schülernah und vertraut", „aufbereitet und eingängig", aber die Erziehungswirklichkeit kann arg kantig, schroff und gar „unmöglich" sein. Hier muß man prinzipiell gehörig aufpassen, denn das „ganz und gar Fremde wird sich der Aneignung entziehen. Das Nahe und Vertraute bedarf ihrer nicht. Das Objekt der Aneignung muß Anlaß zu Staunen, Frage, Forschung, Selbstprüfung geben. Das gilt auch für Gut und Böse, für Wahr und Falsch, für Schön und Häßlich. Die bloße Wiedergabe oder Wiederholung der 'schlechten' Wirklichkeit durch die Schule, damit die Schüler erfahren, wie die Welt ist, erzieht zu Willfährigkeit und zynischer Ausnutzung und nicht dazu, das gute Leben zu wagen. Idealisierung und Perfektionierung entmutigen oder pflanzen Illusionen ein. Wenn Schulbücher andere Welten ... verständlich machen wollen, müssen sie zugleich Anreiz dafür geben und vermittelnde Ähnlichkeiten oder Analogien einbringen; wenn sie unsere Wirklichkeit erhellen wollen, müssen sie sie umgekehrt verfremden oder mit einer anderen Wirklichkeit in Vergleich setzen. Oft tun sie das Gegenteil: sie mystifizieren oder banalisieren das Fremde ... Andererseits glätten sie auch noch das schon so Geläufige."

## 3. „Konzepte der Pädagogik"

Die weichen Empfehlungen für den Kursunterricht im Gymnasialfach Erziehungswissenschaft von 1973 mußten 1981 harten Richtlinien weichen. Sie waren hervorgegangen aus – vom Ministerium in Düsseldorf initiierten – Evaluationen mit unseren bisherigen Unterrichtserfahrungen. In meinen Augen stellten sie für Konzeption und Organisation von Unterricht, Notengebung und Abiturprüfung eine wertvolle Hilfe dar.

Indem dieser Lehrplan sich formal nicht mehr als Empfehlung, sondern als Richtlinie, also mit Obligatorik, darbot und aufzwang, sollte zugleich einem spezifischen Problem entgegengewirkt werden.

In einem Brief vom 28.11.1972 hatte die aus der Geschichte des Pädagogikunterrichts in NRW nicht wegzudenkende Margarete Bolwin, damals schon lange Oberschulrätin i. R., mir über den neuen Unterricht in Erziehungswissenschaft geschrieben: „Daß Schüler, die gemeint hatten, hier bequem an ein 'Leistungsfach' zu kommen, sich sehr enttäuscht fanden, habe ich mir erzählen lassen." In dieser Äußerung spiegelt sich das Bemühen von uns Leuten der frühen Jahre des gymnasialen Pädagogikunterrichts, von Anfang an sehr darauf zu achten, daß das neue Fach seriös, sachlich, wissenschaftsorientiert unterrichtet wird.

Doch die Wirklichkeit zeigte sich im Laufe der Zeit anders: Lehrende bedienten ihre Schülerinnen und Schüler nicht selten mit ihren eigenen inhaltlichen und methodischen subjektiven Vorlieben. Sie mochten weder „Empfehlungen" noch offizielle Unterrichtswerke. Sie sahen in sich selbst die schlechthinnige Autorität, die allein weiß, was Lernenden vorgesetzt werden muß: Gesellschaftskritisches, Emanzipatorisches, Antiautoritäres.

Diesem Subjektivismus wollten die Richtlinien begegnen, indem sie als verpflichtende erschienen. Sie wollten „ein bloßes Springen zwischen besonders 'attraktiven' Unterrichteinheiten und Fragestellungen" vermieden sehen.

Mit Inkrafttreten der Richtlinien standen der Bagel-Verlag, der inzwischen mit dem Schwann-Verlag verbunden war – auch jetzt repräsentiert durch Josef Wanninger –, und ich vor der Frage, was nun mit den „Dimensionen der Pädagogik" werden solle. Die Themen der einzelnen Bände entsprachen ja nicht den nun obligatorischen Kursthemen. Man hätte pro Kurshalbjahr für den Unterricht mehrere Bändchen benötigt, und selbst dann wären nicht wenige inhaltliche Lücken geblieben. Hinzu kam, daß die Schulgeldfreiheit sich mit deutlich knapper werdenden Mitteln konfrontiert sah und mehrere „Schulbücher" pro Halbjahr in einem einzigen Fach nicht durchzusetzen gewesen wären. Deswegen entschlossen wir uns, ein völlig neues Unterrichtswerk zu schaffen. Seit 1982 brachte der Verlag zügig die „Konzepte der Pädagogik" in sechs Bänden heraus. Jeder Band war thematisch auf ein Kurshalbjahr bezogen und sowohl für Leistungskurse als auch für Grundkurse gedacht: (1) Erziehungswirklichkeiten: Situationen – Prozesse (Engelbert Groß / Reinhold Metz), (2) Erziehungsfunktionen: Denkenlernen – Lebenlernen (Konrad Joerger / Reinhold Metz / Engelbert Groß), (3) Erziehungsprozesse: Entwicklung – Sozialisation (Engelbert Groß), (4) Erziehungsschwierigkeiten: Ursachen – Hilfen (Engelbert Groß), (5) Erziehungsziele: Selbstformung – Verantwortung (Heinz Bielefeldt), (6) Erziehungssysteme: Normen – Ziele (Herbert F. Bode / Günter Brinkmann).

Diese „Konzepte der Pädagogik" präsentierten sich mit viel dargestellter Erziehungswirklichkeit in sämtlichen Bänden. Das machte sie konkret, farbig, lebhaft, anschaulich. Sie boten zugleich stringente wissenschaftliche Zugänge auf diese Wirklichkeit, und zwar nicht monokausal gedachte, sondern aspekthaft wirksame Zugänge. Es lag ein strenger Theoriebegriff zugrunde, der all die vielen „Sprüche" in Erziehungssachen nicht als Theorie verstand, sondern als These, Hypothese, Denkanstoß, Meinung, Programm nahm. Statt der in den „Dimensionen der Pädagogik" von manchem als Gängelung empfundenen Aufgabenformulierungen gab es jetzt auf dem Seitenrand – als Marginalie – eine Fülle von Denkimpulsen und am Schluß jeden Bandes einen ausführlichen Übungsteil (mit zusätzlichen konkreten Materialien). Eine Lehrerhandreichung zu den „Konzepten der Pädagogik" wurde nicht gemacht.

Von diesem neuen Unterrichtswerk ist 1985, von Karl-Heinz Dirkmann und mir herausgegeben, unter dem Reihentitel „Perspektiven der Pädagogik" eine eigene Ausgabe für Niedersachsen erschienen (mit Ausnahme von Band 4).

## 4. Das Pädagogische und „die Trotzmacht des Geistes"

Unterrichtsalltag im Gymnasialfach „Erziehungswissenschaft": 1971 bis 1987, zuweilen 15 Stunden in der Woche, an der Seite von Marlies Winter-Ex, Klaus Kirch und Reinhold Metz im Krefelder Ricarda-Huch-Gymnasium.

Wir Pädagogik-Lehrer, die ursprünglich einem starken Veränderungsimpuls folgen und mit unermüdlichem Arbeitseinsatz über Jahre, Tag für Tag, Kinder unterrichten, werden doch in ihren Idealen unvermeidlich von der Gewalt der Verhältnisse eingeholt. Der Schwung im Aufgreifen neuer Anregung und Ideen droht sich im Gestrüpp der Alltagsroutine zu verlieren und belebt sich nur noch in Erinnerungsdaten. Das hat gar nichts mit Charakterschwäche oder mangelndem Reformwillen zu tun. Es ist die materielle Schwerkraft der Verhältnisse, die regelmäßig nach unten zieht und die Normalverteilung der individuellen Energien wiederher stellt.

Der Stein rollt immer wieder an den Fuß des Berges zurück. Ein Stück Absurdität steckt in der Tat in dieser besinnungslosen Mühe; aber kann daraus, wie Albert Camus behauptet, Sinn oder gar Glück gewonnen werden? 'Jedes Gran dieses Steins, jeder Splitter dieses durchnächtigten Berges bedeutet allein für ihn eine ganze Welt. Der Kampf gegen Gipfel vermag ein Menschenherz auszufüllen. Wir müssen uns Sisyphos als einen glücklichen Menschen vorstellen.'

Ja, das könnten wir, aber irgendwann muß es ihm gelingen, den verfluchten Stein über den Berg zu befördern. Erst das würde den menschenunwürdigen Mythos von der Wiederholung des Ewig-Gleichen brechen. Erziehungs- und Lernarbeit ist unendliche Mühe, dem Wiederholungszwang, der tödlich ist, zu widersprechen" (Oskar Negt), und damit sind wir, rückbezüglich auf Otto Speck hin, vielleicht erneut bei der Frage, ob nicht im Erzieherischen die „Trotzmacht des Geistes" (Viktor E. Frankl), „das Prinzip Hoffnung" (Ernst Bloch), das belebende Religiöse, der begründete Glaube an Unverhofftes konstitutiv ist.

GÜNTER BÖHM

# Ein Schulfach begegnet einem Lebensweg
Biographische Notizen zum Fach Erziehungswissenschaft

Das „Ende einer Dienstfahrt" (Heinrich Böll) wendet die Blickrichtung eines Menschen grundlegend. Ist das „Nach-vorn-Sehen" kennzeichnend für die Phase eines aktiven Dienstes, zumal dann, wenn man ein von seinen Aufgaben keinesfalls nur bedrängter und belasteter, sondern durchaus auch faszinierter Dezernent in der Schulaufsicht ist, so tritt mit dem Abschied aus dem Dienst das Vergangene in ein neues Licht. Spurensuche wird ein spannendes Unternehmen: Welche Linien führten zu dem, was im nachhinein als Berufsbiographie und Lebensgeschichte Gestalt gewann? Was hat mich in diesem Zusammenhang zum Schulfach Pädagogik/Erziehungswissenschaft geführt? Bewusst gebrauche ich den Doppelbegriff, denn ich habe noch mit beiden Fachbezeichnungen zu tun gehabt.

## Spuren in frühen Jahren

Früh stand fest, daß ich Pädagoge werden wollte. Den Schrecken und Qualen des Krieges im Osten Deutschlands lebend entronnen, wuchs mit dem Eindringen in die Hintergründe der deutschen Katastrophe die Überzeugung, alles daran zu setzen, dass – wie Adorno es 1966 aussprach – „Auschwitz nicht noch einmal sei" (Adorno 1969: S. 88). Die Nachkriegsschule hatte zu dieser Einsicht noch wenig beigetragen. Mit meiner Generation sollte das anders werden. Machte das Versagen der sogenannten Gebildeten gegenüber der Diktatur nicht die Folgerung unausweichlich, dass es einer Selbstaufklärung gerade der Intellektuellen bedarf, wie stark auch sie der Verführung ideologischer Mächte unterliegen können? Bonhoeffers Wort in seinen Aufzeichnungen aus der Haft von der spezifischen Macht der Dummheit über die Menschen hatte mich tief beeindruckt (Bonhoeffer 1958: S. 17f.). Zu diesen Zielvorstellungen gesellte sich noch in der Schulzeit ein breites pädagogisches Erfahrungsfeld über eine mit Leidenschaft betriebene Jugendarbeit in der Tradition der bündisch geprägten Pfadfinderbewegung. Das anschließende Studium hat diese Impulse nicht verdorren lassen. Der Kontakt mit der Jugendarbeit riß nicht ab, und mit Eduard Spranger in Tübingen und Theodor Litt in Bonn erlebte ich noch die große geistesgeschichtliche Pädagogik am Ausgang ihrer Epoche. Der junge Andreas Flitner ließ dabei schon erahnen, was dann in den ersten Berufsjahren als Fachleiter im Studienseminar um die Mitte der sechziger Jahre Gewißheit wurde: die Wendung der Pädagogik von der gedachten zur empirischen Wirklichkeit. Heinrich Roths Entwurf einer „Pädagogische Anthropologie" gab dabei die entscheidenden Impulse (Roth 1966; 1971). Die Studentenunruhen machten 1968 unüberhörbar, dass das Ende der Nachkriegszeit gekommen war. Würde die nicht mehr aufschiebbare Reform von Schule und Hochschule der Bedeutung von Erziehung endlich Rechnung tragen?

## Lust und Last eines Anfangs

An der Universität begann die Stunde der Pädagogik zu schlagen. Immer mehr gesellschaftlich engagierte Studentinnen und Studenten zog in Münster der Fachbereich Erziehungswissenschaft an. Über das obligatorische Begleitstudium hinaus erhielt das Pädagogikstudium eine doppelte Berufsperspektive: über einen Diplomabschluß öffneten sich Möglichkeiten im außerschulischen Bereich, z. B. in der mit großer Dynamik sich entfaltenden Erwachsenenbildung. Bedeutsamer noch war die in Nordrhein-Westfalen erkennbare Entwicklung zu einem gymnasialen Schulfach in der neu gestalteten Oberstufe: Sie ermöglichte Fächerverbindungen mit der Fakultas „Pädagogik" nicht mehr nur als Zusatzfach, sondern als eine von zwei Lehrbefähigungen für ein gymnasiales Lehramt. 1970 erwarb ich dieses Fach zu meinen bestehenden Lehrbefähigungen für Deutsch und Ev. Religionslehre hinzu.

Wie nützlich dies war, erfuhr ich kurze Zeit darauf, als ich zum Leiter eines schnell wachsenden Mädchengymnasiums gewählt wurde. In dem dort bestehenden breit ausgebauten Zweig eines Gymnasiums für Frauenbildung gab es die Möglichkeit, das Fach Pädagogik zu unterrichten und seinen damals stark ausgeprägten Praxisbezug kennenzulernen. Die Aufnahme der Schule in die erste Versuchsreihe der Gymnasien mit neugestalteter Oberstufe eröffnete darüber hinaus ab 1972 die Chance, unter dem Aspekt eines gleichwertigen Gymnasialfaches mit Erziehungswissenschaft als Grund- und Leistungskurs erste Erfahrungen zu sammeln.

Es war eine beeindruckende Phase schulischer Reformarbeit. Es gab eine für das Fach hochmotivierte Schülerschaft, die allerdings die Ansprüche des neuen Schulfachs vielfach unterschätzte und erst allmählich eine realistische Einstellung zu Anforderungen und Arbeitsmethoden fand. Es gab eine Kollegenschaft, die sich aus älteren Vertreterinnen und Vertretern des „Altfachs" Pädagogik und aus den in die Schule strömenden überwiegend jungen Lehrerinnen und Lehrern mit der neuen Fakultas zusammensetzte und ungeachtet des Generationengefälles eine für das Gymnasium ungewohnt enge Kooperation realisierte. Es gab nur sehr vorläufige Lehrplanvorgaben und keine dem neuen Fach angemessene Lehrbücher und Materialien. Die Arbeitsverfahren unterlagen weithin erster Erprobung, ebenso die Aufgabenarten für das nun als schriftliches Fach mit Abiturrelevanz figurierende Fach Erziehungswissenschaft. Der Schwung der Aufbauarbeit erlitt dadurch keinen Abbruch. Im Gegenteil: Was in diesen ersten Jahren an Boden für das Fach gewonnen wurde, hat entscheidend dazu beigetragen, die Position für Erziehungswissenschaft auch dann zu behaupten, als auf Grund von einschneidenden Veränderungen bei der Belegverpflichtung in der Oberstufe der Raum im gesellschaftlichen Aufgabenfeld eng wurde. Der Ertrag dieser Pionierphase war ein dreifacher: Man durfte begründet davon ausgehen, dass das Fach Erziehungswissenschaft

- dem Anspruch eines Gymnasialfachs gewachsen war,
- für Schüler und Lehrer äußerst arbeitsintensiv ist,
- als Innovation in besonderer Weise schulintern und darüber hinaus Erfahrungsaustausch braucht und Fortbildungsbedarf hat.

Dies ist im wesentlichen bis heute wirksam geblieben.

## Jahre des Aufbaus

Mit dem Wechsel von der Leitung eines Gymnasiums mit reformierter Oberstufe in die gymnasiale Aufsichtsbehörde – damals zuständig für alle drei Regierungsbezirke des Landesteils Westfalen-Lippe – veränderte sich 1975 mein Tätigkeitsfeld deutlich in Richtung auf das Fach Erziehungswissenschaft. Anstoß zu diesem Übergang war einmal mein bei der Arbeit mit der reformierten Oberstufe gewonnener Erfahrungsvorsprung, den ich nun als Dezernent für dieses Generale für die Schulen nutzbar machen sollte. Noch waren ja bis auf die 28 Schulen der ersten Versuchsreihe über 300 Gymnasien und zahlreiche Gesamtschulen in meinem Aufsichtsbereich mitten in der schwierigen Umstellunmgsphase begriffen! Als zweites Motiv leitete mich die sich durch die Arbeit in der Schulbehörde bietende Möglichkeit, am Aufbau des neuen Faches Erziehungswissenschaft im Gymnasium und in der gymnasialen Oberstufe der Gesamtschule mitzuwirken. Ich war damals der erste Dezernent landesweit mit der Lehrbefähigung für dieses Fach. Der Abschied von der Praxis fiel mir allerdings nicht leicht. Ein Schuljahr lang unterrichtete ich am Samstag weiter einen Grundkurs und blieb im Fachgespräch am Ort. Aber die schnell anwachsenden schulaufsichtlichen Aufgaben, insbesondere im Zusammenhang mit der Richtlinienentwicklung für die Fächer Erziehungswissenschaft, Psychologie und Rechtskunde, ließ eine Weiterführung des Unterrichts auf Dauer nicht zu. Mit Reinhard Zörner war auch ein junger Kollege an meiner bisherigen Schule hinzugekommen, der als Fachlehrer und bald auch als Fachleiter das neue Fach an der Schule und im Studienseminar höchst kompetent vertrat.

Nach dem Vorlauf der vorläufigen Unterrichtsempfehlungen für den Kursunterricht im Fach Erziehungswissenschaft waren die zum 1. Februar 1982 in Kraft gesetzten Richtlinien in der Gymnasialen Oberstufe der entscheidende Schritt zur Konsolidierung des Faches (Rauch 1983: S. 2ff.). Dies gilt nicht erst für die abgeschlossene Lehrplanvorgabe, sondern für den gesamten Prozess der Entwicklung der Richtlinien. Die Arbeit in der Fachgruppe gestaltete sich als didaktische und methodische Fachdiskussion in Permanenz – es galt ja, diese Begriffe vom neuen Fach her inhaltlich zu füllen. Die Zusammensetzung der Kommission, die mit

Gertrud Neuenzeit und Ida Wiggenhorn erfahrene Fachvertreterinnen aus der früheren Phase des Faches, mit Gerhard Kneißler, Jürgen Müller, Doris Brinkmann, Franz Brendler und Klaus Kirch hochmotivierteLehrkräfte aus der jüngeren Generation des Faches umfaßte, sicherte einen produktiv-konstruktiven Ablauf der Entwicklungsarbeit. Erwähnenswert ist auch das gute kollegiale Verständnis im Zusammenwirken mit dem rheinischen Dezernenten LRSD Kleine-Horst. Von großer Bedeutung waren die bereits im Entwicklungsprozess der Richtlinien veranstalteten Tagungen mit der Kollegenschaft zu den Teilkapiteln des Richtlinienwerkes. Sie sicherten eine wichtige Rückkoppelung für die Kommission, gaben der Praxis das Bewusstsein der Mitwirkung bei der Erarbeitung der Fachvorgaben und stellten zugleich ein erstes Instrument fachlicher Fortbildung dar. Meine dienstliche Verpflichtung zur Erarbeitung auch anderer Fachrichtlinien, z. B. Ev. Religionslehre und Psychologie, stärkte den Blick für das Spezifische eines erziehungswissenschaftlichen Curriculums. Es überrascht nicht, daß die Richtlinien des Faches nach ihrer Veröffentlichung große Akzeptanz erfuhren.

Von erheblichem Gewicht für die Festigung des Faches war im Reformjahrzehnt auch der Vorgang der Überprüfung der Vorschläge für die schriftliche Abiturprüfung. Schon die zu bewältigenden Zahlen belegen dies ausdrücklich: 1980 waren für den Bereich des Schulkollegiums Münster 318, 1981 352, 1982 434 Vorschläge mit jeweils drei Aufgaben und entsprechenden Ausarbeitungen zu bearbeiten. Sie verteilten sich 1982 auf 260 Grund- und 174 Leistungskurse – Zeichen für die beachtliche Präsenz, die das neue Fach im gymnasialen Bereich errungen hatte! Die Fachkommission machte sich die Genehmigung der Vorschläge alles andere als leicht, weil sie davon überzeugt war, dass auf Dauer der Bestand des Faches nur über die anerkannte Qualität seiner Anforderungen gesichert werden könne. Zugleich waren Schriftverkehr, Telefonate und Dienstgespräche ein unschätzbares Mittel zur Fortbildung der Kollegenschaft. Die im Blick auf die Anforderungen in der Abiturprüfung auf diese Weise bei den Fachkollegen im Laufe der Zeit erzielte größere Sicherheit wirkte unmittelbar auf den Unterricht zurück. Was in diesem Zusammenhang allerdings in einem engen Zeitraum an Arbeit anfiel, hätte ein Dezernent niemals allein bewältigen können. Mit Dankbarkeit erwähne ich an dieser Stelle außer den westfälischen Mitgliedern der Fachkommission meine persönlichen Mitarbeiter Gisela Münch, Ria Kurscheidt, Ines Olders, Johannes Kaiser, Engelbert Kötter, Dr. Hugo Börger, Peter Opora und den immer zur zusätzlichen Mitarbeit bereiten Reinhard Zörner.

Der in den siebziger und frühen achtziger Jahren beobachtbare, erstaunlich zügig verlaufende Prozeß der Konsolidierung des Faches war sicherlich auch noch durch andere Faktoren begünstigt. Es gab den glücklichen Umstand, daß auf Grund des großen Zustroms zum Studium der Pädagogik an den Universitäten für den rapide wachsenden Bedarf an den Schulen gerade zu diesem Zeitpunkt genügend ausgebildete Lehrer zur Verfügung standen und das Land Nordrhein-Westfalen wegen der Anschwellung der Schülerzahlen im Reformjahrzehnt keinen Einstellungsstop verhängte, sondern alle Examinierten einstellte. Die Epochenlage begünstigte das Fach: Nie mehr gab es ein größeres öffentliches Interesse an Erziehung und Bildung als im Gefolge der Umbrüche von 1968. Nicht zuletzt hat der frühe Zusammenschluß der Pädagogiklehrer zu einem Verband mit eigener Zeitschrift – der erste Jahrgang erschien bereits 1981 – zu der positiven Entwicklung beigetragen. Mit dem Vorstand des Verbandes unter dem Vorsitz von Prof. Dr. Jürgen Langefeld besaß die Fachaufsicht einen Partner, der selbstbewußt und effizient die Weiterentwicklung des Faches nach innen und außen zu seiner Sache machte, vertrauensvolle und wirksame Zusammenarbeit ermöglichte und auch im bildungspolitischen Umkreis mutig und geschickt für das Fach seine Stimme erhob. Daß das Fach auch nach dem Umschlag der Stimmungslage in diesem Lande seine Stellung so überzeugend behaupten konnte, ist zu einem großen Teil Verdienst dieses Verbandes.

## Neue Herausforderungen – neue Antwortversuche

Mit der Auflösung der bisherigen großräumigen Schulbehörden, der Schulkollegien Düsseldorf und Münster, trat 1985 eine neue Situation ein, die auch auf das Fach Erziehungswissenschaft Auswirkungen hatte. Der durchaus vorstellbare Nachteil einer Aufteilung der Fachaufsicht auf eine Vielzahl von Dezernenten mit gegebenenfalls höchst unterschiedlichen Konzepten trat im Falle unseres Faches nicht ein – im Gegenteil: mit den zwei neuen Fachdezernenten für Arnsberg bzw. Düsseldorf, Herrn LRSD Kneißler und Herrn LRSD Kuchler, und der neuen Fachdezernentin für Köln, Frau LRSD Rauch, kamen Fachvertreter hinzu, die am Entwicklungsprozeß des Faches entweder über die Richtlinienerstellung oder intensive Verbandsarbeit höchst wirksam teilgenommen hatten. Die nun zugunsten der weiteren Festigung des Faches verstärkt erforderliche Unterstützung der Weiterentwicklung des Faches erhielt durch die Verdoppelung der mit der Fachaufsicht betrauten Dezernenten erhebliche Schubkraft. Die von Anfang an intensiv betriebene Kooperation zwischen den Dezernenten sicherte dabei den wichtigen grundsätzlichen fachlichen Konsens.

Dies alles war auch deshalb wichtg, weil mit dem Ende der achtziger Jahre die Problemfelder für das Fach erheblich anwuchsen. Sie entstanden durch Veränderungen in der Belegpflicht im gesellschaftlichen Aufgabenfeld zugunsten von Geschichte und Sozialwissenschaften, außerdem durch Verringerung der Freiräume in der Belegungsmöglichkeit auf Grund einer Verstärkung der Pflichtbelegungen im mathematisch-naturwissenschaftlich-technischem Aufgabenfeld. Der Einbruch in den Schülerzahlen zwang die Schulen zur Beschränkung in der Kursbildung, und die gesellschaftliche Werteskala gab anderen Fachrichtungen verstärkt Auftrieb. Gefährlich drohte sich auch der rigorose Fortfall von Einstellungen von Lehrern mit der Lehrbefähigung für Erziehungswissenschaft auszuwirken, da Erziehungswissenschaft trotz nach wie vor erheblicher Schüleranwahl nicht als Mangelfach galt. Es spricht für die in der kurzen Zeit seit der Etablierung des Faches erreichte Akzeptanz des Faches, daß diese Schwierigkeiten nicht zu einem massiven Bestandseinbruch führten. Der Fachlehrerschaft war allerdings auch bewusst, dass die Präsenz von Erziehungswissenschaft auf Dauer letztlich nur dadurch zu sichern war, dass Qualität und Relevanz des Faches verstärkt wurden. Dahin richteten sich nun verstärkte Bemühungen der Dezernenten.

Im Regierungsbezirk Münster kam mir dabei ein glücklicher Umstand zugute. Seit Mitte der achtziger Jahre hatte sich hier eine besondere Initiative der Fachlehrerschaft zugunsten einer schulnahen Fortbildungsarbeit entwickelt. Von hochqualifizierten und motivierten Kollegenteams wurden dabei nicht nur thematische Anregungen für Fortbildungsmaßnahmen eingebracht, sondern die einzelnen Tagungen wurden durch einzelne Gruppen inhaltlich vorbereitet, organisatorisch durchstrukturiert, verantwortlich mitgestaltet und intensiv ausgewertet. Damit ergab sich ein veränderter Zuschnitt der Fortbildungsveranstaltungen, der ein sehr positives Echo bei der Fachlehrerschaft fand. Der starke Zuspruch konnte teilweise nur durch Wiederholung der Veranstaltungen befriedigt werden. Von der Fachaufsicht her wurde dieser Ansatz durch die konsequente Einrichtung von Bezirksfachkonferenzen ergänzt. 1988 war dies flächendeckend im Bezirk erreicht. Die regelmäßige Tagungsfolge dieser Gremien, ihre starke Schulnähe, die Zusammenarbeit von Kolleginnen und Kollegen aus unterschiedlichen Schulformen – neben dem Gymnasium Gesamtschule und Kollegschule, neben öffentlichen Schulen zahlreiche Schulen in freier Trägerschaft –, schließlich auch mannigfache personale Verzahnungen – so waren Bezirksfachkonferenzvorsitzende vielfach auch tragende Mitarbeiter im „Fortbildungsnetzwerk" – sicherten eine Fortbildungsqualität von bisher nicht wahrgenommener Höhe. Lange bevor von der Schule als „lernender Institution" die Rede war, hatte hier die Selbstqualifizierung eines Schulfachs genau diesen Weg beschritten (vgl. Böhm 1989: S. 1ff.). Ich gestehe gern, daß ich dies in der Rückschau als eine besonders erfreuliche Strecke meiner Dienstfahrt betrachte. Stellvertretend für viele Namen, die es hier verdienen würden genannt zu werden, erwähne ich zwei: Karla Reinbacher-Richter und Edwin Stiller.

Von ähnlichem Reiz war in dieser Phase meiner Tätigkeit als Fachdezernent die Begleitung des insbesondere vom Verband der Pädagogiklehrer angestoßenen und gestützten Schulversuchs „Pädagogik in der Sekundarstufe I des Gymnasiums". Über die Erarbeitung erster Unterrichtsvorgaben, über zumeist in Münster stattfindende Arbeitssitzungen von Lehrerteams der teilnehmenden Schulen und über regelmäßige Besuche in den Versuchsschulen in den eigenen Bezirken konnte ich mich hier an einem Entwicklungsprojekt beteiligen, das mir vom schulischen Bedarf her – und das heißt für die Lebensorientierung der Schülerinnen und Schüler – von wachsender Bedeutung erschien und mir auch im Blick auf eine stärkere Verankerung des Faches in den Schulen wichtig war. Die eigene starke Beanspruchung durch die Fachaufsicht über die Waldorfschulen in allen drei westfälischen Regierungsbezirken und die Betreuung des Bielefelder Oberstufenkollegs ließen in der Folgezeit ein stärkeres Engagement für das Projekt des SI-Pädagogikunterrichts nicht mehr zu. Diese Tätigkeiten öffeten mir aber auch wichtige Erfahrungsfelder, die mich bei meinem letzten größeren Vorhaben innerhalb meiner Dienstzeit in starkem Maße bereicherten: bei der Klärung des Konzepts der Weiterentwicklung von Schulen über Schulprogramme und der Begleitung von Schulen auf dem Wege dahin (vgl. Böhm 1995, S. 2ff.).

## Epilog

In der Rückschau wird mir deutlicher als im Verlauf meines Dienstes, als die Aufgaben des jeweiligen Tages meine volle Kraft in Anspruch nahmen, wie konstitutiv mein Berufs- und Lebensweg mit der Entwicklung des Schulfachs Erziehungswissenschaft verknüpft ist. Mir ist bewußt, wieviel ich dabei unzähligen Kolleginnen und Kollegen verdanke, die sich für das Fach weit über das Normalmaß engagierten und weiter engagieren. Vielleicht habe ich das Fach auch dadurch etwas fördern können, daß mich zahlreiche Gymnasialvertreter, insbesondere auch Schulleiterinnen und Schulleiter, wegen anderer Verdienste schätzten. Ich habe ihnen nicht erspart zu bemerken, wie wichtig mir dieses Fach für ein zeitgemäßes Gymnasium ist. Die Bäume sind mir dabei nicht in den Himmel gewachsen: Einige habe ich bis zum Schluß nicht davon überzeugen können.

Dennoch bin ich gewiß: Beim doppelten Motto meines Berufslebens – „Du sollst dich nicht vornenthalten!" und „Binde deinen Karren an einen Stern!" – hätte mir etwas Wesentliches gefehlt, wenn es nicht das Fach Erziehungswissenschaft gegeben hätte. Ihm und den Lehrerinnen und Lehrern, die in diesem Fach Mühe und Gelingen erfahren, gelten daher meine guten Wünsche für die Zukunft.

## Literaturhinweise:

Adorno, Theodor W., Erziehung zur Mündigkeit. Vorträge und Gespräche mit Hellmut Becker 1959–1969, hg. v. Gerd Kadelbach. Frankfurt: Suhrkamp 1969 (st 11).

Böhm, Günter, Pädagogik als Schulfach auf dem Weg in die 90er Jahre, in: Pädagogikunterricht 9. Jg. (1989) Heft 2/3, S. 1–10.

Böhm, Günter, Schulprogramme als Weg zur Erneuerung des Gymnasiums, in: Pädagogikunterricht 15. Jg. (1995) Heft 4, S. 2–13.

Bonhoeffer, Dietrich, Widerstand und Ergebung. Briefe und Aufzeichnungen aus der Haft, hg. v. Eberhard Bethge. München (Kaiser) 1958.

Rauch, Birgit: 20 Jahre Pädagogikunterricht: Bilanz eines Erfolgs? Fachdidaktisches Symposion am 22.10.1982 in Wuppertal, in: Pädagogikunterricht 3. Jg. (1983) Heft 1, S. 1–22.

Roth, Heinrich, Pädagogische Anthropologie. 2 Bände: I: Bildsamkeit und Bestimmung; II: Entwicklung und Erziehung. Hannover (Schroedel) 1966 bzw. 1971.

JOHANNES KAISER

# Ein kleiner, auch biographisch geprägter Beitrag zu: „20 Jahre Verband der PädagogiklehrerInnen (VdP)"

Hervorgegangen u. a. aus dem Gymnasium für Frauenbildung, hat das Fach Pädagogik (Erziehungswissenschaft) sich sehr schnell nach der KMK-Reform der gymnasialen Oberstufe Anfang der siebziger Jahre an sehr vielen Gymnasien des Landes etabliert und bewährt.

Meine eigene berufliche Biographie ist auch mit dem Fach Pädagogik sehr eng verbunden. Begann ich doch Ende 1972 meine Referendarzeit (Kath. Religionslehre und Erziehungswissenschaft) am Bezirksseminar Münster II, wo Fachleiterin Ida Wiggenhorn Pionierarbeit für das Fach leistete. Galt es doch, das Fach aus einer „Spezialschule" herauszuholen und ein Curriculum für die enttypisierte Oberstufe zu schaffen. Zu dem Kreis in Münster, dem diese Aufgabe ein Herzensanliegen war, gehörte auch Prof. Günter Böhm, damals noch Leiter des Münsteraner Stein-Gymnasiums und mein Mentor in der Ausbildung. Viele der Unterrichtsentwürfe unserer Unterrichtsproben im Fachseminar wurden sehr häufig in dieser Arbeitsgruppe engagierter Pädagogiklehrerinnen und -lehrer der ersten Stunde besprochen und als Unterrichtsbeispiele für Kolleginnen und Kollegen vervielfältigt. Der Aufbruchsstimmung und dem Pioniergeist Anfang der siebziger Jahre entsprach auch die ausgesprochen hohe Motivation der Fachkolleginnen und -kollegen. „Schule neu denken" war damals (ohne den späteren Buchtitel von Hentigs für eine wieder andere Situation zu kennen) die alle verbindende Losung. Dabei hatte das Fach es von Anfang an auch schwer: Von den traditionellen Philologen mißtrauisch beäugt und oft genug zu Unrecht als „Laberfach" diskriminiert, mußten die hier Unterrichtenden oft doppelt so gut sein wie andere, um in den Kollegien akzeptiert zu werden.

Für die Etablierung des Faches war die Gründung des Verbandes 1978 ein wichtiger Meilenstein. Auch hier war Pioniergeist gefragt. Von Anfang an war ich als begeisterter und überzeugter Pädagogiklehrer Mitglied des Verbandes. Insbesondere durch die Verbandsschrift und die Jahresversammlungen kamen viele Impulse zu den Schulen und damit in den Unterricht. Ohne die unermüdliche Arbeit vieler im Verband ehrenamtlich Tätigen hätte das Fach nicht eine solch quantitative und qualitative Stabilität erhalten können. Das Fach konnte auch nie sicher sein, nicht plötzlich doch wieder aus irgendeiner offiziellen oder offiziösen Ecke heraus bedroht zu werden, so z. B. bei den verschiedenen Reformen der Reform der gymnasialen Oberstufe, wenn es um die Eingrenzung der Wahlfreiheit bzw. um die Ausweitung der Pflichtbindungen ging. In dieser Zeit hat es sich bewährt, daß die Fachdezernenten bei den Bezirksregierungen (Frau Kollegin Rauch und die Kollegen Prof. Böhm, Kneißler und Kuchler) sehr eng mit dem Verband zusammenarbeiteten und umgekehrt. So konnte der Standard des Faches nicht nur gehalten werden, sondern durch die – nicht ganz leichte – Verabschiedung eines Lehrplans für die Sekundarstufe I noch ausgebaut werden.

Diese ganze Entwicklung habe ich aktiv mitgetragen: als Fachlehrer mit z. T. 20 Wochenstunden Pädagogik, als Mitbegründer der Bezirksfachkonferenzen im Regierungsbezirk Münster, als Fachleiter am Studiensemiar (u. a. für das Fach Erziehungswissenschaft) sowie neun Jahre lang in der Position als Schulleiter. Insbesondere in der letzten Position ist mir deutlich geworden, wie wichtig es ist, gerade die Schulleiterinnen und Schulleiter für unser Fach zu gewinnen.

Seit Beginn des Schuljahres 1996/97 bin ich nun (in der Nachfolge von Herrn Prof. Böhm) als Fachdezernent in den Bezirken Münster und Detmold tätig. In dieser Aufgabe gewinne ich einen wieder neuen und ausgeweiteten Einblick in die Arbeit unseres Faches. Insgesamt kann ich aus meiner Beobachtung heraus sagen: das Fach ist wirklich ein gleichwertiges Fach in der gymnasialen Oberstufe. Natürlich gibt es auch in unserem Fach (wie in allen anderen Fächern!) die Notwendigkeit, durch verstärkte Fortbildungsangebote die Kolleginnen und Kollegen mit neueren fachlichen und didaktischen Entwicklungen vertraut zu machen. In dieser Situation sind die insgesamt gestiegenen, vielfältigen Belastungen der Kolleginnen und Kollegen zu sehen und als Erschwerung ernst zu nehmen. Die sehr angespannte Finanzlage des Landes steht den vielfältigen und sachlich gerechtfertigten Forderungen nach Weiterentwicklung schulischer Qualität erschwerend im Wege, denn all das, was hier notwendig wäre, ist auch finanziell nicht zum Nulltarif zu bekommen. Für unser Fach wirkt sich die allgemeine „Schlechtwetterlage" insbesondere dadurch erschwerend aus, daß bei der stark reduzierten Neueinstellungsquote notwendige Innovationen durch junge Kolleginnen und Kollegen mangels Einstellung (für unser Fach mehr als für manche andere Fächer) weitgehend ausbleiben. Dies wird auf absehbare Zeit wohl so bleiben.

Dennoch sehe ich die Situation nicht als hoffnungslos an. Die Pädagogiklehrerinnen und Pädagogiklehrer sind an vielen Schulen aufgrund ihrer beruflichen Sozialisation besonders motiviert, die für Schule insgesamt notwendigen Weiterentwicklungen aktiv mit zu tragen. An nicht wenigen Schulen sind es insbesondere (natürlich nicht nur!) diese Kolleginnen und Kollegen, die neue Formen des Lernens in die Kollegien hineinbringen, die vielfältige Formen der Kooperation schon seit langem praktizieren und die auch den neuen Anforderungen zur Erstellung eines Schulprogramms nicht unvorbereitet gegenüber stehen. Sie haben oft erfahren, daß kollegiale Kooperation (bei der Unterrichtsvorbereitung, bei der Überprüfung von Leistungsstandards und in der kollegialen Fallberatung) auf längere Sicht auch Arbeitserleichterung bringen kann. Dazu trägt nicht unwesentlich der „Verband der Pädagogiklehrerinnen und Pädagogiklehrer" durch seine vielfältigen Anregungen in der Verbandszeitschrift, in Workshops und durch vielfältige „politische" Bewußtseinsbildung bei.

Ich wünsche dem Verband, daß er auch in den nächsten 20 Jahren viele Mitglieder mit Einsatzfreude, Innovationskraft und einer zum fachlichen Diskurs befähigenden Ausstrahlung hat. Der Verband ist für unser Fach als Initiator und Multiplikator lebensnotwendig. Deshalb wünsche ich dem Fach, daß sich immer Kolleginnen und Kollegen finden, die sich auch im Verband engagieren. Allen, die dies in der Vergangenheit so überaus erfolgreich getan haben, möchte ich auch persönlich ein herzliches Wort des Dankes sagen.

PETER LASKA

# Gottfried Dunkel werde ich sehr vermissen
Aus dem intimen Tagebuch eines Fachleiters und Fachberaters

## 1973/74
Ich mache mein Referendariat am Seminar Essen I. Unser Fachleiter hat eigentlich die Fächer Latein und Geschichte. Pädagogik macht er nach, hat aber noch kein Examen. Wir sind der erste Jahrgang, der mit diesem Fach an Seminaren geführt wird. Das Fach etabliert sich schnell im Rahmen der Oberstufenreform. Woher sollen die erforderlichen Fachleiter für die Ausbildung der nächsten EW-Referendare genommen werden?

## 1974
In „betrifft: Erziehung" erscheint ein Artikel von Jürgen Roth mit dem Titel: „... dann geht es rund". Er behandelt den Fall Gottfried Dunkel (geb. 1952). Sehr interessant. Ich glaube, den kann man gut im Unterricht als Beispiel für Jugendkriminalität einsetzen.

## 1975
Ich unterrichte das Fach EW nach den orangenen Empfehlungen. Habe das Gefühl, ich kann machen, was ich will. Meine Kolleginnen sind sog. „Neiger", haben als Fächer meist Deutsch und Religion. Eine hat eigentlich Hauswirtschaft. Kann EW jeder? Will mich revanchieren und biete an, einen Kurs in Hauswirtschaft zu halten zum Thema: „Vom Mutterkuchen zur Sachertorte." Schule lehnt das ab: mir fehle dazu die Kompetenz.

Habe als Mentor einen Referendar. Er arbeitet ein halbes Jahr mit den Schülern an der und über die Sitzordnung. Jetzt weiß ich, was „Meta-Ebene" bedeutet. Hallo Kurt!

Lese als Thema einer Abi-Klausur bei einer Kollegin: „Die Familie – Krise und Chancen." Im Unterricht dazu behandelt: Ein Artikel aus Reader's Digest. Habe das Gefühl, es müsse sich etwas ändern.

Die erste Kollegin aus unserem Fachseminar wird Fachleiterin. Aha, so wird das Problem, neue Fachleiter für EW zu requirieren, vermutlich gelöst: Die ersten „Fertigen" bilden die nächsten Referendare aus.

## 1977
Ich werde noch als StR z.A. zum Fachleiter ernannt. Verdacht von oben bestätigt sich.

## 1978

Der Dritte aus meiner Fachgruppe wird Fachleiter. Wir alle haben die Gnade der frühen Geburt. Hallo Dietmar!

## 1980

Die „pädagogischen Texte" erscheinen im Klett-Verlag. Sie passen genau auf die zu erwartenden Richtlinien. Hallo Doris!

## 1981

Die Unterrichtsempfehlungen werden durch die Richtlinien abgelöst. „Jugendkriminalität" kann in 12/2 unterrichtet werden. Gottfried Dunkel ist 29.

## 1985

Der Fachdezernent für EW beim RP Düsseldorf, Herr Kuchler, beruft mich zu einem seiner Fachberater. Zu meinen Aufgaben wird es auch gehören, die Abiturvorschläge der Kollegen zu überprüfen. Ich bin sehr gespannt, was ich da zu lesen bekomme. Gottfried Dunkel ist 33 Jahre alt.

## 1986

Studiere die Abiturvorschläge. Gottfried Dunkel (34) ist mindestens 15 Mal dabei (= sog. Dunkelziffer). Er wird mir so vertraut. Werde ihn Gottfried nennen!

Vor dem Examen einer Referendarin, die ihre Arbeit bei mir geschrieben hat, ruft mich der Fremdprüferkollege an: „Herr Laska, ich muß da eine Referendarin von Ihnen prüfen. Die macht eine Stunde über „Du sollst nicht merken. – Auswirkungen eines pädagogischen Prinzips, dargestellt an einem Beispiel" oder so ähnlich. Ich frage Sie mal: Was soll ich denn nicht merken.???" Hallo Alice Miller!

Im Kolloquium wird die Referendarin gefragt: „Sie haben mir gesagt, daß Sie sich mit der Erziehung bei den alten Griechen und Römern beschäftigt haben. Wie sind Sie denn auf ein solches Thema aus der Antike gekommen, das ist doch heute ganz aus der Mode?!" Referendarin stutzt, dann: „Mein Thema lautet Anti-Pädagogik, nicht Antik-Pädagogik!"

Habe einige interessante Ideen zur Fachleiterfortbildung.

## 1987

Bei Schöningh erscheint: Einführung in pädagogisches Denken und Handeln. Mit dabei in Band 4 (Thema: Jugendkriminalität): Mein Freund Gottfried (35). Hallo Eckehardt!

## 1988

Finde einen Fall „Dieter", der so beginnt: Dieters Vater war Spätheimkehrer …".
Frage meine Schüler: „Was ist ein Spätheimkehrer?" Antwort: „Das ist jemand, der abends immer auf die Rolle geht und dann spät nach Hause kommt!"
Wieso habe ich das sichere Gefühl, daß die Nachkriegszeit endgültig vorbei ist?
Gottfried ist 36.

## 1989

Mit Erlaß vom 11. Mai wird ein „Versuch zur Einführung eines zweistündigen Einführungskurses im Fach Erziehungswisssenschaften (man beachte den Plural!) im Differenzierungsbereich der Klassen 9 und 10 des Gymnasiums" gestartet. Damit soll einerseits die Schwarzarbeit der Kollegen im Diff.-Bereich beendet, andererseits das Fach in der SII gesichert werden, weil immer wieder das Gerücht auftaucht, Leistungsfach könne demnächst nur ein aus der SI fortgeführtes Fach werden. Haben wir genug Perlen für die SI und die SII oder graben wir uns selbst das Wasser ab?
Gottfried ist 37.

## 1990

Der Schulversuch zur möglichen Gestaltung des Fachs EW in der SI läuft.
Es dürfen nur noch Abitur-Vorschläge vorgelegt werden, die in den letzten 4 Jahren nicht gewählt worden sind. Nach Einbruch der Dämmerung werden Scharen von EW-Fachlehrern an den Altpapiersammelcontainern beobachtet.
Gottfried ist 38.

## 1991

Endlich neue Themen und Fälle beim Abitur! Immer mit dabei: Gottfried (39).
Der Schulversuch zur möglichen Gestaltung des Fachs EW in der SI läuft.

## 1992

Herr Kuchler entscheidet, daß wir uns im Abitur von Gottfried (nunmehr 40 Jahre alt, letzte Dunkelziffer: 8) verabschieden müssen. Betty (geb. ca. 1968) hatte sowieso in letzter Zeit stark aufgeholt.
Der Schulversuch zur möglichen Gestaltung des Fachs EW in der SI läuft.

## 1993

Mit Erlaß vom 19.8. wird eine Arbeitsgruppe zur Vorbereitung eines Lehrplans Pädagogik SI eingesetzt.
Gottfried (41) bringt es noch auf eine Dunkelziffer von 5!

## 1994

Die Arbeitsgruppe arbeitet.
Dunkelziffer: 3

## 1995

Die Arbeitsgruppe arbeitet.
Dunkelziffer: 1

## 1996

Die Arbeitsgruppe arbeitet.
Dunkelziffer: 1

## 1997

Der Lehrplan für Erziehungswissenschaft für die SI des Gymnasiums ist fertig.
Der Lehrplan SII soll nun auch überarbeitet werden. Wenn er überarbeitet ist, wird er in den Verkehr gebracht. Wenn im wirklichen Leben jemand überarbeitet ist, wird er aus dem Verkehr gezogen. (Meine Frau meint, ich sei albern.)
Eine Referendarin von mir mit dem Fach EW bekommt eine Stelle. So etwas habe ich seit ca. 10 Jahren nicht mehr erlebt. Vielleicht stirbt das Fach doch nicht mit uns aus! Hallo Christa!
(Später erfahre ich, daß sie mit Deutsch, EW und SoWi an einer Realschule gelandet ist. Da stimmt doch was nicht!)
Gottfried ist 45.

## 1998

Mein erstes Jahr ohne Abiturvorschläge mit Gottfried (46)! Fühle mich irgendwie leer. Stöbere heimlich bei meinen Fachberaterkollegen herum. Aber auch dort ist die Dunkelziffer 0! Hallo Franz!
Haben eine neue – junge – Fachberaterkollegin. Hallo Ulrike! Uneitel wie ich bin, erzähle ich ihr beiläufig von diesem Artikel, an dem ich gerade arbeite. Sie fragt: „Wer ist eigentlich dieser Gottfried Dunkel?"
Es soll ein neues Medikament gegen Depressionen auf dem Markt sein. Werde mich darum kümmern!

EWALD TERHART

# Pädagogikunterricht 1969: Versuch einer Erinnerung

Ab Unterprima war es soweit: Pädagogik als 4. Hauptfach neben Deutsch, Englisch und Mathe. Im Anschluß an den Realschulabschluß besuchte ich seit Herbst 1968 den musisch-pädagogischen Aufbau-Zweig eines Gymnasiums (sog. „F-Gymnasium"). Insofern gehöre ich zu der ersten Schülergeneration, die in NRW Pädagogikunterricht auf dem Gymnasium erfahren hat.

Wie sah mein Pädagogikunterricht aus? Zunächst einmal war es eindeutig ein Unterricht, der auf dem Lesen, Analysieren und Diskutieren von Texten basierte. Unsere Textbasis bildete zunächst das „Pädagogische Lesebuch" sowie H. Netzers „Erziehungslehre". Hinzu kamen – wenige – kürzere Textauszüge, die unsere Lehrer uns – auf Spirit-Carbon-Matrize getippt und dann „abgezogen" – zur Verfügung gestellt hat. Unser Pädagogiklehrer war eigentlich Lehrer für Latein und Biologie und hatte zusätzlich – es hieß: in Kursen – die Berechtigung zum Erteilen des neuen Faches Pädagogik erworben. Zur damaligen Zeit war Pädagogik ein Fach ohne Fachlehrer.

Für uns Schülerinnen und Schüler wurde rasch deutlich: Pädagogikunterricht ist wie Deutschunterricht, nur eben: ausschließlich mit pädagogischen Themen. Die Form war bekannt – lediglich die Inhalte waren neu. Doch so neu nun auch wieder nicht, denn zur damaligen Zeit wurde in der Öffentlichkeit, in den Familien (in meiner nicht) und auch unter Jugendlichen unendlich viel über Erziehung, Bildung und Schule diskutiert.

Ich erinnere mich noch genau meinen Erstkontakt: Es war Saint-Exupérys „Mozart ist zum Tode verurteilt" aus dem Pädagogischen Lesebuch. Es handelt sich um einen ganz kurzes, düster-emotionale Stück über das Schicksal von Kindern in dieser Welt. Ich weiß, daß dieser Text mich damals sehr beeindruckt hat, und auch heute – nachdem ich ihn nach 30 Jahren erneut gelesen habe – berührt er mich auf eine emotionale Weise.

Ich kann mich eigentlich nicht mehr daran erinnern, was im einzelnen behandelt wurde und wie der Pädagogikunterricht 'war'. In den zwei Jahren hat es, wenn ich es recht erinnere, keinen systematischen Gang durch Themengebiete gegeben. Es gab zwar thematische Einheiten – menschliche Entwicklung, Autorität und Erziehung, Jugendkriminalität? – doch die Themen lösten einander eher ab, als daß sie aufeinander aufbauten. Damals habe ich mir vermutlich keine Gedanken darüber gemacht – warum auch?

Das meiste aus diesem Unterricht habe ich vergessen; möglicherweise ist es auch mittlerweile völlig überlagert durch Studium und Beruf. Die schwache Erinnerung ist übrigens kein Spezifikum des Pädagogikunterrichts, sondern gilt ebenso für andere Fächer – mit Ausnahme des Deutschunterrichts. Wenn ich mich richtig erinnere, stand in der damaligen Zeit die Schule keineswegs im Mittelpunkt meines Lebensgefühls und Alltagsinteresses. Da waren andere Dinge wichtiger: Musik, Mädchen, Mode ... Ich war kein 'politischer' Schüler! Schule mußte laufen, möglichst problemlos zwar, aber auch ohne allzu großen Aufwand.

Im Blick auf meinen (!) Pädagogikunterricht ist noch zu erwähnen, daß ich keine Beziehung zum Pädagogiklehrer fand. Es war eine Nicht-Beziehung – vielleicht von beidseitiger leiser Aversion geprägt? Ich kann das heute nicht mehr beurteilen. Hinzu kam: Ich aß von fremden Tellern. Als 1970 das „Funkkolleg Erziehungswissenschaft" erschien, habe ich mir zunächst Band 1 und dann die beiden weiteren Bände gekauft, hoffe ich. Diese Bände habe ich zu Hause gründlich durchgearbeitet – ich habe sie noch heute. Hier tat sich eine ganz andere Welt auf. Wenn ich aber Dinge aus dieser Welt in die Welt meines Pädagogikunterrichts transportierte, traf ich auf Unverständnis und wenig Gegenliebe beim Lehrer. Ich erinnere mich, daß eine Arbeit zum Thema „Was meint Nohl mit dem Satz, der Erzieher sei der Sachwalter kindlicher Lebensinteressen?" danebenging – wie so manches.

Die Diskrepanz zwischen meiner Privatlektüre und dem Pädagogikunterricht hat mich nicht wirklich gestört oder gar betroffen gemacht – Pädagogikunterricht war Teil der Schule, und man hat dort eigentlich gar nicht mit Dingen gerechnet, die einen persönlich faszinieren. Gleichwohl hat mich, wie ich heute meine, die Schule insgesamt und die Welt, die mir dort eröffnet wurde, doch ganz fundamental und massiv geprägt – oder ist dies nur meine nachträgliche Überrationalisierung? Sehr prägend war mein Deutschlehrer. Seine bis heute für mich wichtigste Tat: Er meinte, daß jeder gebildete Zeitgenosse eigentlich „eine überregionale Wochenzeitung" lesen müsse. Ich habe das ernst genommen, obwohl ich zunächst gar nicht wußte, was „eine überregionale Wochenzeitung" ist. Im Herbst 1970 habe ich dann meine erste Ausgabe der ZEIT gekauft (DM 1,80), zu Hause ehrfurchtsvoll aufgeschlagen und vollständig durchgelesen – ohne allzu viel zu verstehen. Seitdem habe ich (fast) alle ZEITen gelesen – und vieles andere mehr.

# 2. Pädagogikunterricht und Schulentwicklung im Bereich der Sekundarstufe I

HEIKE RUDOLPH / ULRIKE HILSKI

# Ein zartes Pflänzchen – Pädagogik im Wahlpflichtunterricht der Hauptschule

Mit Erstaunen mag der eine oder andere überlegen, was Inhalte dieses Fachbereichs denn an der Hauptschule zu suchen haben. Die Legitimation ergibt sich zum einen aus dem Runderlass des Kultusministers vom 5.4.1979 (BASS / 13–22 Nr. 2), der an dieser Stelle formuliert, dass Inhalte des Unterrichts das Ziel haben, „die Schüler und Schülerinnen auf diejenigen Lebens- und Lernsituationen vorzubereiten, die sie im Anschluss an die Hauptschule, im Beruf oder in Bildungsgängen der Sek. II zu bewältigen haben".

Wie sollen Hauptschüler/innen ihre eigene Lebenssituation verantwortungsbewusst planen und auch erfolgreich umsetzen können, wenn sie sich nur zum Teil oder nicht klar sind über ihre Ziele, Interessen, ihre Bedürfnisse, aber auch über ihre Mitmenschen, den Umgang miteinander und das gesellschaftliche Umfeld? Wenn immer mehr Lehrerinnen und Lehrer an der Hauptschule formulieren, dass sie nicht nur lehrend, sondern auch als Sozialarbeiter tätig sind, dann braucht über die Notwendigkeit dieses Faches nicht mehr diskutiert zu werden.

Auch im Zuge der Diskussion um Qualitätssicherung, die häufig nur auf die fachliche Kompetenz reduziert wird, sollte nicht vergessen werden, dass nur ein verantwortungsbewusster und Ich-starker Mensch in der Lage ist, die Notwendigkeit zur Aneignung fachlicher Kompetenzen einzusehen und an Lernprozessen aktiv mit zu gestalten. An dieser Stelle sollte der Unterricht des Faches Pädagogik als Chance gesehen werden, folgende Ziele zu verfolgen:

- Aufbau einer eigenen Identität
- Stärkung des Selbstwertgefühls durch Persönlichkeitsentwicklung
- Reflexion des eigenen Selbst
- Fähigkeit zur offenen, fairen Kommunikation
- Hilfen beim sozialen Handeln mit und in der Gemeinschaft
- Befähigung zu verantwortungsbewusstem Handeln
- Förderung der erzieherischen Handlungskompetenz in bezug auf die Wahrnehmung der zukünftigen Rolle als Teil von Familie und Lebensgemeinschaft

Diese Ziele spiegeln sich auch in den Richtlinien für die Hauptschule wieder, in denen es bezogen auf den Erziehungs- und Bildungsauftrag heißt: „Für die individuelle Entwicklung des Menschen sind insbesondere seine sozialen Beziehungen bestimmend. Eine wesentliche Aufgabe der Schule ist daher, Erfahrungen in und mit unterschiedlichen sozialen Gruppen und mit einzelnen Menschen zu ermöglichen und aufzuarbeiten sowie zur Mitgestaltung und ggf. Umgestaltung sozialer Beziehungen und der sie beeinflussenden gesellschaftlichen Verhältnisse zu befähigen." (a. a. O. S. 11/12). Das Fach Pädagogik als fester Bestandteil scheint in besonderem Maße geeignet zu sein, Schülerinnen und Schüler zu befähigen, „ihr Leben in selbstbestimmter und sozialer Verantwortlichkeit zu gestalten und dabei Möglichkeiten und Grenzen des eigenen Handelns in kritischer Selbsteinschätzung zu reflektieren" (a. a. O. S. 11). Betrachtet man die Entwicklung sozialer Verhaltensweisen an deutschen Schulen insgesamt, so scheint hier besonderer Nachholbedarf zu liegen, eine Leerstelle, die nur durch fachlich fundierte Wissensvermittlung (auch in Kombination mit Projektarbeit und Praktika) allein nicht geleistet werden kann. In einer Zeit, in der häufig von der Krise der Familie gesprochen wird, in der Jugendliche tagtäglich über das Thema Jugendarbeitslosigkeit informiert werden, in der Konsumorientierung und Freizeitstress in aller Munde sind und in der Jugendzentren aufgrund leerer Kassen geschlossen werden, sollte gerade die Hauptschule die Möglichkeit ergreifen, identitätsfördernde und identitätsfindende Prozesse zu initiieren und ein „Soziales Netz" für Schülerinnen und Schüler zu schaffen. Dies würde ebenfalls den Forderungen der Richtlinien entsprechen, in denen ausdrücklich darauf verwiesen wird, dass „Schülerinnen und Schüler einen Anspruch darauf haben, durch schulisches Lernen in ihrer gesamten Persönlichkeit gefordert und gefördert zu werden" (a. a. O. S. 18). Vor diesem Hintergrund ist anzustreben, dass Inhalte des Faches fester Bestandteil des Schulprogramms werden (a. a. O. S.28).

Es wäre jedoch völlig falsch zu behaupten, dass die Hauptschule nicht schon seit Jahren intensiv daran arbeite, die Ich-Stärke ihrer Schülerinnen und Schülern zu fördern und entwicklungspsychologische Prozesse zu unterstützen. Als Restschule oftmals hämisch belächelt, zeigen sich erstaunliche Aktivitäten, die verdeutlichen, dass diese Schulform diesen negativen Titel bei weitem nicht verdient: An vielen Stellen haben sich Initiativen mit dem Schwerpunkt des „Sozialen Lernens" entwickelt, zum Teil schon etabliert.

Es wird allerdings deutlich, dass viele dieser so notwendig erscheinenden Bemühungen nicht miteinander verknüpft sind, sondern als Einzelmaßnahmen oftmals nebeneinander stehen. Die Ursachen hierfür sind sicherlich vielfältig, eine soll hier jedoch genannt sein: Da die Notwendigkeit solcher sozialer Lernprojekte bisher an keiner Stelle schriftlich explizit fixiert ist, blieb es zwangsläufig der privaten Initiative einzelner Engagierter überlassen, diesen pädagogischen Bereich mit in die Hauptschule einzubringen. Ohne eine ausdrückliche schriftliche Fixierung schienen damit also allenfalls die Weichen für ein schulisches „Kellerdasein" gestellt. Dabei wurde der Erfolg dieser Arbeit recht deutlich und vor allem auch positiv gesehen. Von daher wundert es nicht, dass mittlerweile eine Reihe von Einzelkonzeptionen in der Hauptschule gewachsen sind:

Streitschlichterprogramme, Starke Mädchen / Starke Jungen, Soziales Lernen, Wir über uns, Gesundheitsförderung – an dieser Stelle ließe sich sicherlich noch eine

Fülle weiterer Programme und WPU-Gruppen aufzählen, die den deutlichen Willen der Hauptschule erkennen lassen, den Schülerinnen und Schülern neben der Sachkompetenz auch und gerade Sozial- und Selbstkompetenz zu vermitteln.

Als ein Beispiel von vielen für dieses seit Jahren in der Hauptschule stattfindende Engagement soll an dieser Stelle die WPU-Gruppe „Ganzheitliche Gesundheitsförderung" dienen, die in den Schuljahren 1995–1997 von U. Hilski an der Städt. Hauptschule Jöllenbeck, Bielefeld großen Anklang fand. Ziel dieses Unterrichts war es, den Schülerinnen und Schülern solche Fähigkeiten zu vermitteln, die einen direkten Einfluss auf die seelische und körperliche Gesundheit ermöglichen: kommunikative und soziale Fähigkeiten, Widerstand und Ablehnung, Konflikt- und Problemlösung, Entscheidungsfindung und Selbsteinschätzung. Ein Auszug aus dem Themenkomplex soll an dieser Stelle einen ersten Überblick geben: „Mit Gefühlen leben und mit Stress umgehen", „Optimisten leben länger – positives Denken", „Problem Alkohol", „Prävention – Essstörung", „Übungen zur Körperentspannung und Phantasiereisen".

Wie sehr Schüler und Schülerinnen diese Themen interessieren und dies als persönliche Bereicherung verstehen, wird an Schülerstellungnahmen deutlich:

- „Die Themen waren interessant, weil in der Schule über unsere richtigen Probleme nie gesprochen wird."
- „Ich finde es sehr wichtig, dass wir wenigstens in der Schule darüber reden können."
- „Wir haben über Themen gesprochen, die wir sonst nie so im Klassenunterricht behandelt hätten."
- „Es könnte mehr solcher Fächer geben, damit wir Bescheid wissen, was wir eigentlich im Leben machen, welche Probleme auf uns zukommen können und wie wir damit umgehen."
- „Nach diesen Gesprächen fühle ich mich freier und gelassener."
- „Als der Unterricht ausgefallen ist, war der Tag irgendwie leer."

Als Folge der bisherigen Überlegungen entstand im letzten Schuljahr die Idee, Themen aus dem Fachbereich Pädagogik im WPU-Bereich an der Städt. Hauptschule Jöllenbeck, Bielefeld anzubieten.

Denn eine weitere Legitimation erhält das Fach an der Hauptschule auch vor dem Hintergrund der Erlasslage zum Wahlpflichtunterricht, in der ausdrücklich darauf verwiesen wird, dass „Schüler motivierende Angebote aus anderen Lernbereichen und Fächern möglich" sind (BASS 13–22 Nr. 2/1.4). Aber bei genauem Lesen dieses Erlasses wird deutlich, dass erst, wenn die Lernbereiche Naturwissenschaft und Arbeitslehre durch WPU-Angebote ausreichend abgedeckt sind, der Freiraum für pädagogische Inhalte gegeben ist. Dies zu ändern und eine Gleichwertigkeit zwischen den drei genannten Bereichen herzustellen, erscheint den Autorinnen zwingend erforderlich.

Dass dieses Fach bei HauptschülerInnen auf reges Interesse stößt, verdeutlichen die Anmeldezahlen, die sowohl im ersten wie im zweiten Halbjahr des Schuljahres 98/99 bei 20–25 Schülerinnen und Schülern lagen. Bei einer Gesamtschülerzahl (in den Klassenstufen 9/10) von 118 und acht Angeboten ist dies eine stolze Zahl, die beweist, dass SchülerInnen der Hauptschule sich angesprochen fühlen von einem Fach, in dem sie mit ihren Bedürfnissen, Fragen und Problemen im Mittelpunkt stehen.

Vorab müssen an dieser Stelle die Rahmenbedingungen für die WPU-Gruppe unter Leitung von H. Rudolph genannt werden, die den Ablauf entscheidend mitgeprägt haben und aus denen die Autorinnen wichtige Anregungen für die Zukunft ableiten konnten:

- Die Gruppe setzte sich aus 15 Schülerinnen und zwei Schülern der Jahrgangsstufen 9 und 10 zusammen, die im Wahlpflichtbereich gemeinsam lernen. Praktisch bedeutete dies: die Teilnehmer/innen kamen aus insgesamt fünf Klassen. Dies hatte auch Auswirkungen auf die inhaltliche Arbeit (gruppendynamische Prozesse; Offenheit der Gruppe gegenüber best. Themen).

- Hinsichtlich der inhaltlichen Arbeit in diesem Fach waren zunächst doch viele Freiheiten bezogen auf Themen und auch die Wahl des Unterrichtsmaterials gegeben. Als hilfreich erwiesen sich aber die zur Zeit verstärkt für den Sek. I Bereich veröffentlichten Pädagogikbücher und die Materialien vom Verband der Pädagogiklehrerinnen und -lehrer. Die Teilnahme an der Fortbildung „Lions-Quest-Erwachsen werden", verbunden mit der Berechtigung zur Einführung des Life Skills Programms in der Schule, bot zusätzlich sehr wertvolle Anregungen und war gleichzeitig auch eine Bestätigung der bisherigen pädagogischen Bemühungen.

- Die Fachlehrerin hatte bisher Pädagogik nur in der gymnasialen Oberstufe unterrichtet. Mit dem Wechsel in die Sekundarstufe I betrat auch sie pädagogisches Neuland, was sich als ausgesprochen reizvoll herausstellte: es zeigte sich zunehmend ein deutlich ausgewogeneres Verhältnis von Wissenschafts-, Handlungs-, und Erfahrungsorientierung.

In Absprache mit der WPU-Gruppe wurden folgende Themen im Verlauf eines Halbjahres behandelt:

1. Was ist eigentlich Erziehung?

a) Diskussionsgrundlage bildeten hier Zeichnungen der SchülerInnen selbst, die ihr Verständnis, ihre persönlichen Erfahrungen von Erziehung ausdrückten. Die Erfahrung an dieser Stelle: Vergleicht man Zeichnungen, die von Schülern und Schülerinnen der gymnasialen Oberstufe zu dem gleichen Thema gemacht worden sind, mit denen der Hauptschüler, so begreift man die Notwendigkeit dieses Faches noch deutlicher.

b) Analyse von Merkmalen der Erziehung
c) Analyse von Erziehungssituationen: Intentionalität und Wertorientierung von Erziehung, Erziehungsziele, -mittel und Erziehungswirkungen
d) Qualifikationsmerkmale von ErzieherInnen
e) Erziehungsbedürftigkeit: Beschreibung der Entwicklung von Wolfskindern (Film: Der Wolfsjunge / F. Truffaut; Text: Amala und Kamala)
f) Mindestbedingungen für eine normale menschliche Entwicklung und Förderung der kindlichen Entwicklung durch erzieherisches Verhalten

Der nächste thematische Schwerpunkt sollte sich – zumindest nach den Vorstellungen der Fachlehrerin – mit dem Thema „Familie als Erziehungsinstitution" beschäftigen. Die Gruppe bat jedoch, das Thema zunächst zu verschieben und zu einem späteren Zeitpunkt zu behandeln. Dieser Wunsch wurde folgendermaßen begründet:

• die Thematik beinhalte aufgrund der aktuellen familiären Situation eine zu große Nähe zur eigenen Person und löse starke Betroffenheit aus
• die Gruppe wolle sich für dieses Thema erst noch besser kennenlernen

Hinweise darauf, dass das Thema nicht an den sicher sehr persönlichen Erfahrungen der Schülerinnen und Schüler anknüpfen würde, konnten die Befürchtungen nicht aus dem Weg räumen. Aussagen wie „Und wenn wir nur einen Text bekommen, in dem es um Ärger und Streit geht – ich beziehe das automatisch zu sehr auf mich. Bei dem Thema Erziehung fällt mir die Distanz leichter," sprechen hier für sich. Die Gruppe verabredete an dieser Stelle, deutlich zu machen, wann sie selbst innerlich bereit für das Thema sei. Ihr großes Interesse an Erziehung führte so zum zweiten thematischen Schwerpunkt:

2. Erziehungsstile

a) Sozialpsychologische Untersuchungen von K. Lewin: Merkmale und Auswirkungen des autoritären (autokratischen), demokratischen und des laissez-faire-Stils auf den Einzelnen und die Gruppe
b) Erziehungsstile in realen Alltagssituationen (Schule / Familie) und Überprüfung starrer Kategorisierungen in der Erziehungswirklichkeit
c) Erziehungsstile im Wandel: „Schule früher" – Autoritäre Erziehung am Beispiel des Lehrers Dr. Mantelsack (Th. Mann:Buddenbrocks) und Vergleich mit „Schule heute"
d) Der permissive Erziehungsstil: Merkmale und Auswirkungen am Beispiel eines innerfamiliären Vater-Sohn-Konflikts ( u. Ursachenanalyse)
e) Aspekte einer positiven Gesprächsführung: Ich-Botschaften
f) Institutionen, die Jugendlichen bei Krisen helfen

Mit dem Fallbeispiel eines innerfamiliären Vater-Sohn-Konflikts öffnete sich die Lerngruppe für das Thema Familie. Dies wurde zum einen begünstigt durch die

Auswahl des Fallbeispiels, bei dem die Schülerinnen und Schüler erfahren konnten, dass dieses Thema nicht unweigerlich sie selbst in den Mittelpunkt stellen muss. Zum anderen lag dies auch daran, dass durch den bisherigen Unterrichtsverlauf die Atmosphäre in der Gruppe immer offener und fairer wurde. Hier wird deutlich, dass durch den erziehungswissenschaftlichen Unterricht kommunikationstragende Fähigkeiten wie Empathie, Hörbereitschaft und Diskursfähigkeit gefördert werden sowie Konfliktregelungsmechanismen erlernt werden. So lautete der dritte thematische Schwerpunkt:

3. Familie
a) Bedeutung der Familie für den Einzelnen
b) Erscheinungsformen der Familie heute
c) Familienleben heute und morgen: Erstellen von Collagen
d) Konfliktsituationen in der Familie: Rollenspiele
e) Konflikte in der Familie und Strategien zur Konfliktbewältigung

Ein kleiner Ausschnitt der abschließenden Befragung der Lerngruppe soll an dieser Stelle wieder für sich sprechen:

- „Der Unterricht hat mir selbst geholfen."
- „Ich wollte einfach wissen, wie Erziehung abläuft – bei anderen und bei mir."
- „Es kam vieles vor, was in meinem Alltag, meinem Leben so passiert."
- „Zwischendurch habe ich einige Sachen auf mich und meine Familie bezogen, was in einigen Fällen sehr schmerzhaft war. Aber ich habe gelernt: das Reden darüber half über viele Dinge hinweg."
- „Wir sprachen endlich über die Dinge, die mich beschäftigen."
- „Ich könnte mir auch gut vorstellen, Pädagogik als Hauptfach zu haben."

Die ersten Erfahrungen, Themen aus dem Fachbereich Pädagogik im WPU-Bereich der Städt. Hauptschule Jöllenbeck, Bielefeld zu behandeln, machen Mut, diesen Weg weiter zu gehen – zumal in den fünften Klassen das „Soziale Lernen" mit zwei Unterrichtsstunden pro Woche ein wichtiger Bestandteil des pädagogischen Angebots geworden ist.

Gleichzeitig ist aber auch der Wunsch gestärkt worden, ein „Soziales Netzwerk für Schülerinnen und Schüler" zu schaffen.

Abschließend sollen zwei Konzeptionen zur Diskussion vorgestellt werden, die sich darin unterscheiden, dass die erste sich ausschließlich auf den Bereich der Jahrgangsstufen 9/10 bezieht, die zweite ein umfassendes Netzwerk durch alle Jahrgangsstufen bieten könnte.

Wir weisen an dieser Stelle ausdrücklich darauf hin, dass wir diese Konzepte keineswegs als fertig ansehen, sondern durch sie eine Anregung zur Diskussion geben wollen. Dies gilt auch für die Inhalte:

### Konzept 1: Pädagogik im WPU-Bereich der Jahrgangsstufen 9/10

9/1

- Erziehung – was ist das? Was bedeutet Erziehung für mich?
- Warum muss der Mensch erzogen werden?
- Wie habe ich mich bisher entwickelt?
- Wie haben mich Kindergarten, Schule und Clique geprägt?

9/2

- Persönlichkeitsentwicklung des Jugendlichen (Selbstreflexion; Selbstwertgefühl; Gruppenzugehörigkeitsgefühl; Anlaufstellen bei Problemlagen)
- Kommunikation in zwischenmenschlichen Bereichen (Konfliktbewältigung und Ich-Stärkung/ Entwicklung eines Selbstkonzepts)
- Lebenslanges Lernen: Techniken und Verfahren

10/1

- Auf dem Weg zum Erwachsenwerden (Befindlichkeiten und Gefühle erkennen; Umgang mit Fremd- und Selbsterwartungen)
- Zukunftsperspektiven; Zukunftsträume und Wege zur Realisierung der persönlichen Vorstellungen
- Lösen von inneren Blockaden: Wo verstehe ich mich selber nicht mehr?

10/1

- Das ganz normale Chaos der Jugend (Beziehungskisten; Liebe; Freundschaft, Devianz)
- Was kann ich? Wie bin ich jetzt? Was will ich? (Rückblick auf das bereits Erlernte und Selbstreflexion)
- Ich bin ich! Was nehme ich persönlich mit?

Bezogen auf die Rahmenbedingungen ist hierbei Folgendes wünschenswert: Um eine kontinuierliche pädagogische Arbeit zu gewährleisten, sollte den Schülerinnen und Schülern die Möglichkeit gegeben werden, diese WPU-Gruppe alle vier Schulhalbjahre hindurch wiederwählen zu können. Ein punktueller Einblick in pädagogische Sachverhalte widerspricht der Konzeption und dem Ziel des Faches. Vor diesem Hintergrund wäre eine Einbindung des Faches im Klassenunterricht erstrebenswert, da Gruppenfindungsprozesse nicht erst initiiert werden müssten und somit die thematische Arbeit zielgerichteter beginnen könnte.

**Konzept 2: Soziales Netzwerk in den Jahrgangsstufen 5–10**

Jahrgangsstufen 5/6

Seit dem Schuljahr 1998/1999 gibt es in den Klassen 5 der Städt. Hauptschule Jöllenbeck das „Soziale Lernen", bei dem ein/e Fachlehrer/in gemeinsam mit dem/r Klassenlehrer/in in der Klasse ist. Dem/r Klassenlehrer/in kommt dabei in der Regel die Aufgabe des Beobachters zu. Ziel dieses intensiven Austausches zwischen Fachlehrer/in und Klassenlehrer/in ist es, gezielt verhaltensändernde Maßnahmen zu entwickeln und insgesamt besser auf die Schüler/innen eingehen zu können. Den Klassenlehrer/innen eröffnet sich in diesen Stunden des Sozialen Lernens eine „Außenperspektive" ihrer Klasse, die sie im normalen Fachunterricht nicht oder oft nur mit schlechtem Gewissen (weil die Stoffvermittlung zu kurz kommt) einnehmen. Die Erfahrungen im letzten Schulhalbjahr waren so positiv, dass dieses Fach künftig sogar zweistündig (in Doppelbesetzung) gegeben wird. Bisherige Themenschwerpunkte:

- Meine Wünsche und Sorgen im Hinblick auf die neue Schule
- Wir achten uns gegenseitig: So bin ich – so bist du!
- Wir lernen Regeln kennen und halten sie ein
- Gefühle: Angst und Freude
- Wahrnehmung der Sinne
- Ich kann mehr als nur 'reinschlagen
- Reden ohne Fäuste: gute Gespräche

Konkrete Inhalte für die Jahrgangsstufe 6 liegen zur Zeit noch nicht vor, Ideen sind aber bereits vorhanden. Wertvolle Anregungen erhält man hier u. a. aus dem Lions-Quest-Programm, der Veröffentlichung „Soziales Lernen" von A. Pölert-Klassen und den Schlichterprogrammen der Adolf-Reichwein-Schule, Bielefeld und des Landes Rheinland-Pfalz.

Jahrgangsstufen 7/8

Vorstellbar ist die Aufnahme des Faches Pädagogik im WPU-Bereich, erstrebenswert aber auch hier der Unterricht im Klassenverband. Schriftlich fixierte inhaltliche Planungen liegen auch hier noch nicht vor. Wertvolle Anregungen zur inhaltlichen Struktur ergeben sich in diesem Bereich vor allem aus den curricularen Bestrebungen des Faches „Sozialwesen" in Thüringen, dem Lern- und Arbeitsbuch „Wer bin ich und wer bist du?" von Sander / Knöpfel. Auch das Lions-Quest-Programm sollte hier eingebunden werden.

Jahrgangsstufen 9/10

Zu ergänzen wären zunächst die Inhalte aus Konzept 1. Es ist den Autorinnen allerdings klar, dass an dieser Stelle ggf. Änderungen und andere Akzentuierungen vor dem Hintergrund möglicher Wiederholungen aus den Klassen 7/8 vorzunehmen sind.

Die Einführung des sozialen Netzwerks an der Hauptschule mag manchem noch als zartes Pflänzchen erscheinen, innerhalb des letztes Schuljahres ist es allerdings bereits ein beträchtliches Stück gewachsen, was auch an der Pflege und Unterstützung von Seiten des Kollegiums und der Schulleitung liegt. Damit daraus ein starker Baum wird, bedarf es sicher noch viel Arbeit und Engagement – aber die Aussicht darauf, dass dieser Baum bei weiterer Pflege auch Früchte tragen wird, sollte Motivation genug sein, diesen Weg weiterzugehen.

HEIDI UNBEHAUN

# Das Wahlpflichtfach Sozialwesen an den Staatlichen Regelschulen Thüringens

Seit dem Schuljahr 1991/92 haben Schüler der Jahrgangsstufen 7–10 an den Staatlichen Regelschulen Thüringens die Möglichkeit, Unterricht im Wahlpflichtfach Sozialwesen zu belegen.

Schüler der Klasse 6, die ab Klasse 7 eine Realschulklasse besuchen, können sich am Ende des Schuljahres für eines der Wahlpflichtfächer 2. Fremdsprache, Naturwissenschaften, Wirtschaft, Umwelt – Europa oder Sozialwesen entscheiden. Das Wahlpflichtfach ist mit 3 Wochenstunden im Stundenplan ausgewiesen. Es ist Prüfungsfach in der Klasse 10 und gleichzeitig Ausgleichsfach für die Hauptfächer, also im Stellenwert der Stundentafel recht hoch angebunden.

Worin liegen nun die inhaltlichen Schwerpunkte des Wahlpflichtfaches Sozialwesen?

Dieses Fach dient vorrangig der sozialen Bildung.

Neben der Vermittlung des notwendigen Sachwissens steht die Erziehung zu sozialen Verhaltensweisen im Vordergrund unseres Faches. Grundlage hierfür ist die Erlangung der Ich-Kompetenz durch den Schüler. Über Selbsterfahrung und Selbsttun erlangen sie auch die Fähigkeit, sich in die Situation anderer einzufühlen und entwickeln die Bereitschaft zur aktiven Hilfeleistung.

Das Wahlpflichtfach bietet hierdurch hervorragende Möglichkeiten, Defizite im zwischenmenschlichen Bereich aufzuarbeiten.

Ich möchte versuchen, dies an einigen Beispielen zu erklären:

- Ein Schüler, der während der meditativen Partnerübung fühlen kann, daß sein nach außen sonst so cool erscheinender Partner auf einmal sehr sensible und feinfühlig reagiert, wird es im Gruppengespräch leichter haben, Gefühle zu zeigen;
- ein Schüler, der im Gruppenexperiment Selbsterfahrung mit der Rolle des Außenseiters machen konnte, wird sich dem Außenseiter der Klasse gegenüber fairer verhalten;
- ein Jugendlicher, der die Chance hat, im offenen und mit Achtung geführten Gespräch mehr über das andere Geschlecht, über Probleme der Pupertät und Sexualität zu erfahren, wird auch in diesem Bereich freier über eigene Probleme und Gefühle reden können und mehr Verständnis für andere bekommen.
- Wenn Schüler, wie an unserer Schule, die schöne Aufgabe übernehmen, einen Stadtplan für Behinderte zu erstellen, selbst im Rollstuhl die Stadt abfahren und die unterschiedlichen Reaktionen der Bevölkerung auf Behinderte am eigenen

Leib erleben, dann aber auch die Freude der Betroffenen über die geleistete Arbeit erfahren, werden ein ganz anderes Verhältnis zu Menschen mit Behinderungen haben, als wenn sie sich nur lehrbuchmäßig mit dieser Problematik beschäftigt hätten.

Zwar haben 12 bis 14-jährige auch Schwierigkeiten mit sachlicher Kritik im persönlichen Kontakt und der Toleranz gegenüber Gleichaltrigen oder Andersdenkenden, trotzdem entwickeln sie spontane Hilfsbereitschaft im persönlichen Einsatz im Umgang mit alten, kranken und behinderten Menschen.

Durch den sehr hohen Praxisbezug unseres Faches (zahlreiche Praxisbegegnungen in Form von Praktika, Besuchen von sozialen Einrichtungen und Gesprächen mit deren Vertretern, Expertenreferaten und vielen Projekten), lernen die Schüler, sich im sozialen Bereich zurechtzufinden. Sie lernen, Anträge auszufüllen und wissen, wohin sie sich in Notsituationen wenden können.

Desweiteren besteht eine Aufgabe unseres Faches darin, die Schüler für Ausbildungswege und Tätigkeitsbereiche in sozialen Berufen und für den ehrenamtlichen Dienst im Rahmen der freien und behördlichen Sozialarbeit zu interessieren.

Hierbei ist aber zu betonen, daß das Fach Sozialwesen nicht als berufliche Fachrichtung definiert ist, sondern wie bereits aufgezeigt, allgemeinbildende Ziele hat.

Hauptziel ist es, den Schülern durch das Wahlpflichtfach Sozialwesen zu mehr Selbst-, Sach- und Sozialkompetenz zu verhelfen.

Das Wahlpflichtfach Sozialwesen bearbeitet die Gesamtheit aller Sozialisationsfaktoren, die auf den Schüler und seine Entwicklung Einfluss nehmen. Die theoretischen Grundlagen hierfür bilden die Erziehungswissenschaft, die Sozialpädagogik bzw. die Psychologie.

Ziel ist es, einen fachlich abgesicherten Beitrag zur Identitätsbildung zu leisten (Selbstkompetenz). Der Schüler und seine Befindlichkeit soll dabei in dreifacher Weise im Blick stehen, d.h. im Sozialwesenunterricht geht es:

1. rückwärtig – um die Reflexion der Lebenslinie;
2. gegenwärtig – um Hilfen zur Identitätsfindung, zu Kommunikations-, Lern- und Sozialverhalten;
3. zukünftig – um das Gelingen von Erziehungs- und Sozialpraxis in späteren gesellschaftlichen Zusammenhängen (z.B. in Partnerschaft, Elternschaft, Aus- und Weiterbildung)

Das Wahlpflichtfach Sozialwesen

Inhalte des Unterrichts

Tab. 1 Übersicht über die Lernbereiche und ihren Bezug zu Kernproblemen

| Kernprobleme | Lernbereich 1<br>7<br>Familie | Lernbereich 2<br>8<br>Schule | Lernbereich 3<br>9<br>Jugendwelten | Lernbereich 4<br>10<br>Partnersein |
|---|---|---|---|---|
| Sozialisations-<br>agenturen | Familie als soziales<br>Umfeld<br>(Primärsozialisation) | Schule als soziales<br>Umfeld<br>(Sekundärsozialisation) | Der lange Weg zum<br>Erwachsenwerden | Das ganz normale<br>Chaos der Liebe |
| Entwicklung und<br>Sozialisation:<br>Konstruierte Biographie | Entwicklung und<br>Sozialisation in der<br>Kindergruppe<br>(Sekundärsozialisation) | Kommunikation in<br>der Schule | Leben in der<br>Risikogesellschaft | Selbstkonzept und<br>Lebensplan |
| Entwicklung und<br>Sozialisation: Störungen<br>und Devianzen | Sozialisation in der<br>Freizeit<br>(Chancen und Gefahren) | Auf dem Weg ins<br>gesellschaftliche Abseits<br>(Devianzen) | Umgang mit Konflikten<br>und Krisen<br>(Umwege / Irrwege –<br>Auswege) | Störungen im<br>Lebensplan |
| Identität als (Teil-)Ziel | Auf der Schwelle zum<br>Erwachsenwerden<br>(Pubertät) | Kann man lernen lernen?<br>(Bock auf Schule?) | Normal ist die<br>Verschiedenheit | Auf dem Wege zum<br>Selbst |

(vergl. Lehrplanentwurf)

Außer diesen inhaltlichen Schwerpunkten werden in allen Klassenstufen Praxiskurse empfohlen.

Klasse 7:
– Praktikum im Kindergarten
– häusliche Pflege

Klasse 8:
– 1. Hilfe – Kurs

Klasse 9:
– Praktikum in Behinderteneinrichtungen / Pflegeheimen
oder „1. Hilfe-Training"

Klasse 10:
– 1. Hilfe am Kind
oder Grundlagen der Säuglingspflege

# Der Unterricht im Fach Sozialwesen beschreitet neue Wege und Methoden

Vorrangig sind Begegnungen mit der Lebenswirklichkeit:
Einen unmittelbaren Praxisbezug erhalten die Schüler durch Exkursionen, Inkursionen und Praktika.
Die Lehrer praktizieren Möglichkeiten moderner offener Unterrichtsarbeit: Interaktionsübungen, Gruppenarbeit und Expertenreferate gehören ebenso dazu wie Experimente, Rollenspiele und Entspannungsübungen.

Es geht im Fach Sozialwesen, wie schon anfänglich genannt, nicht nur allein um den Erwerb von Fachwissen, sondern auch um den Aufbau von Dispositionen, Haltungen und Einstellungen.

Inhalt des Unterrichtes sollten deshalb die Lebensumstände des Schülers sein, denn der Schüler soll lernen, die Lebenswirklichkeit, die Realität zu bewältigen.

## Offene Wünsche und Probleme

1. Obwohl wir mehrfach über Rundschreiben und entsprechende Vorstellungsveranstaltungen versucht haben, das Fach Sozialwesen thüringenweit populär zu machen, ist in den einzelnen Schulamtsbereichen eine sehr differenzierte Einstellung zum Fach zu verzeichnen. Ob es Unkenntnis oder mangelndes Interesse ist, ist hierbei schwer zu sagen. Oft wird in der Praxis Sozialkunde und Sozialwesen verwechselt.

2. Leider haben noch nicht alle ausgebildeten Lehrer die Möglichkeit, im Fach zu unterrichten. Das liegt zum Teil daran, daß an kleinen Schulen die Schülerzahlen das Angebot aller Wahlpflichtfächer nicht zulassen. Im Interesse unserer Schüler wäre es ratsam vor Ort zu prüfen, was machbar ist (z. B. gibt es schon die Variante, daß 2 benachbarte Schulen sich im Wahlpflichtfächerbereich zusammenschließen, um den Schülern die Möglichkeit zu geben, zwischen den 4 möglichen Wahlpflichtfächern auszuwählen und ihre persönliche Entscheidung zu treffen.

Fazit: <u>Wo stehen wir?</u>

Thüringen ist eines der wenigen Bundesländer, die das Fach Sozialwesen im Stundenplan anbieten.

Die steigenden Schülerzahlen im Fach und die wachsende Zahl der in der Fortbildung stehenden Lehrer, sowie die Reaktion der Eltern und der Vertreter der öffentlichen Einrichtungen zeugt von der Akzeptanz des Faches in der Bevölkerung.

Das Fach Sozialwesen ist als praktische Lebenshilfe zu sehen, ein Fach, das Freude macht und Hilfestellung für die eigene Entwicklung gibt.

BERND WERDICH

# „Aus drei mach' eins"
## Sozialpädagogik in Rheinland-Pfalz – ein Angebot in Klasse 9 und 10 der Realschule

### Die Wahlmöglichkeiten

Die SchülerInnen der Realschule treffen zweimal eine Wahlpflichtfachentscheidung:
- am Ende des 6. Schuljahres für die Klassen 7 und 8,
- am Ende des 8. Schuljahres für die Klassen 9 und 10.

Für die Klassenstufen 9 und 10 stehen mit 4 (Kl. 9) und 3 (Kl. 10) Stunden zur Wahl:
- die zweite Fremdsprache zur Weiterführung,
- Mathematik / Naturwissenschaften,
- Wirtschafts- und Sozialkunde,
- Sozialpädagogik.

Das Wahlpflichtfach kann im Zeugnis zum Ausgleich schlechter Noten in Hauptfächern herangezogen werden, eine „5" oder „6" im Wahlpflichtfach kann jedoch durch Nebenfächer ausgeglichen werden.

### Das Wahlpflichtfach Sozialpädagogik

Die inhaltlichen Schwerpunkte lassen sich so verdeutlichen:

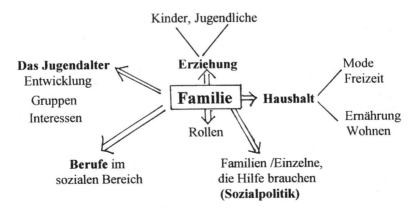

## Fächerübergreifender Ansatz

Die Fachbereiche „Sozialkunde", Bildende Kunst und Familienhauswesen teilen sich die insgesamt 7 Jahreswochenstunden auf, wobei den Schulen in der zahlenmäßigen Gewichtung ein Freiraum eingeräumt ist, den nur der Lehrplan der drei Fächer begrenzt. Die Zielsetzung des Lernschwerpunktes ist ein mehr fächerübergreifender, integrativer Ansatz, der die fachspezifische Perspektive des Unterrichts für die SchülerInnen sinnvoll erweitert.

## *Zielsetzungen, Lernverfahren*

Der Unterricht im Wahlpflichtfach Sozialpädagogik als sozialkundlich-hauswirtschaftlich-künstlerischer Schwerpunkt soll die SchülerInnen befähigen, das eigene familiale, soziale und natürliche Umfeld – insbesondere den Freizeitbereich – zu begreifen und die Bereitschaft wecken, dieses Umfeld verantwortlich mitzugestalten.

Im Unterricht sollen solche Lehr und Lernverfahren zur Anwendung kommen, die Schüleraktivitäten, Praxis- und Handlungsorientierung betonen.

Die Lernziele des Wahlpflichtfaches berücksichtigen gesellschaftliche Veränderungen vor allem im weBereich der Freizeit und der Freizeitangebote, der familialen Struktur sowie in der sozialen und natürlichen Umwelt. In diesem Sinne werden insbesondere Ziele wie Kreativität sowie wertorientierte Einstellungen und Verhaltensweisen angestrebt, die stärker den berufsfreien Raum umfassen und die in besonderem Maße für zwischenmenschliche Beziehungen von Bedeutung sind.

Die Vermittlung gestalterischer, produktiver Fähigkeiten und Fertigkeiten sowie Ansätze zur Entwicklung von Fähigkeiten verantwortlicher Menschenführung sollen darüber hinaus die SchülerInnen für die verschiedensten Berufsfelder interessieren, in denen praktisches Können, Eigenständigkeit und Beratungsfähigkeit gefordert sind.

**Beispiele aus den Inhalten des Lehrplans**

<u>Beispiele aus den Inhalten:</u>

Klasse 9, 1. Halbjahr

<u>Sozialkunde:</u> Leistung der Familie, Entwicklungshemmung und -störung bei Fehlen der familiären Bezugspersonen, Problemfamilien, Wandel der Familie, Erziehungsstile und -ziele ...

<u>Familienhauswesen:</u> Beitrag umfassender Ernährungserziehung zur Erhaltung des körperlichen, seelischen und sozialen Wohlbefindens der Familie (Ernährung der Schwangeren, des Säuglings und Kleinkinds; Vor- und Nachteile von Ernährungsgewohnheiten) ...

Klasse 9, 2. Halbjahr

Sozialkunde: Wohnen als elementares individuelles und gesellschaftliches Bedürfnis (Vorstellungen von Wohnen, Wohnsituation in der Stadt / auf dem Land, benachteiligte Gruppen auf Wohnungssuche, Obdachlosigkeit), Wohnungsbaupolitik, Gemeinwesenarbeit ...

Bildende Kunst: Wohnen: reale und psychische Nutzungsfunktionen, Wohnkultur und Familienstruktur, Spielen in der Wohnung, Veränderung der Raumstruktur, Entfaltung von Wohnwünschen, Haustypen, Funktionswandel der Wohnung, Wohnen in der Gemeinde ...

Klasse 10, 1. Halbjahr

Sozialkunde: Anleitungen der Entwicklungspsychologie für einen erfolgreichen erzieherischen Umgang mit Kindern und Jugendlichen, schulische Sozialisation, Sozialisation in „peer-groups"

Bildende Kunst: Informationen aus Kinderzeichnungen – Nutzen für den Umgang mit Kindern, Spiele zur Förderung von Erziehung und Selbstfindung bei verschiedenen Altersgruppen (Kinder, Jugendliche, alte Menschen), Wie erfahre ich mich selbst und andere durch Spiel? (Mimik, Gestik – Bewegungsspiele, Zeichnungen, Masken) ...

Klasse 10, 2. Halbjahr

Bildende Kunst: Problemgebiet Freizeit, Tourismus, Arbeit und Freizeit im Wandel, ästhetische Praxis als Antwort auf die Vermarktung von Freizeit (Feste, Geschenke, Projekte ...) ...

Familienhauswesen: Möglichkeiten der Erhöhung des Freizeitwertes im privaten Haushalt, Arbeitsplanung im Haushalt, Freizeitgestaltung für andere mit anderen? (Feste als Möglichkeiten der Kommunikation ...) ...

## Realisierung des Lehrplans – ein Unterrichtsmodell

### „Mit 66 Jahren, da fängt das Leben an ..."

Es gibt bis jetzt kein Lehrbuch für das Fach Sozialpädagogik in Rheinland-Pfalz. Eine Arbeitsgruppe von LehrerInnen erstellt in Zusammenarbeit mit dem Pädagogischen Zentrum Rheinland-Pfalz in Bad Kreuznach Unterrichtsmodelle für die drei Teilbereiche Sozialkunde, Bildende Kunst und Familienhauswesen; drei Hefte sind bereits erschienen. Ein fächerübergreifendes Beispiel daraus wird nachfolgend kurz dargestellt. Es stammt aus dem Heft „Wohnen" (PZ-Information 9/98).

## Thema: Verschiedene Generationen können zusammen wohnen: Planung und Gestaltung eines Wohnparks für verschiedene Altersgruppen

### Didaktische Schlüsselfragen:
1. Welche Wohnbedürfnisse stehen bei älter werdenden Menschen aufgrund der sich ändernden Lebenssituation im Vordergrund?
2. Vor welchen Problemen stehen Älterwerdende in heute üblichen Wohnstrukturen?
3. Welchen Anforderungen müssen alternative Wohnformen für diese Altersgruppen gerecht werden?

### Ziele (Auswahl):
* Analyse der Lebens- und Wohnsituation bei veränderter Familienstruktur
* Erarbeitung einer Grundkonzeption für einen Wohnpark für junge und alte Menschen unter Berücksichtigung individueller Wohn- und Lebensvorstellungen
* Erstellung eines Modells
  - Planung und Entwurf eines Wohnparks auf der Grundlage der Vorgaben
  - Auswahl geeigneter und kostengünstiger Materialien
  - Auswahl geeigneter und kostengünstiger Arbeitstechniken
  - Bauen des Modells „Wohnpark"
* Präsentation des Gesamtprojekts

### Unterrichtsschritte (Auswahl):
1. Schritt: Text „Übermorgen Sonnenschein"

Analyse des Textes: Wünsche für die Zukunft: aktive Teilnahme am Leben; Aufgabe haben und gebraucht werden; „miteinander leben", nicht mehr allein sein; schöne Wohnumgebung; nach Möglichkeit länger andauernde und selbständige Lebensführung; Erleben eines abwechslungsreichen Alltags; Bewahren von Mitspracherecht, -möglichkeiten, Mitgestaltung, Mündigkeit

2. Schritt: Erarbeitung verschiedener Lebens und Wohnvorstellungen bezogen auf gegebene Personen.

Ausgangspunkt: eine Zeitungsanzeige

---

**Mit 66 Jahren, da fängt das Leben an ...**
**Ausbruch aus der Einsamkeit einer Etagenwohnung**
Pensionierter Architekt besitzt leerstehendes Schulgebäude
mit großen Grundstück auf dem Land.
Gesucht werden aktive Mitstreiter zur Gründung eines Wohnparks
für Junge und Junggebliebene
Treffpunkt: Café „Zur Post", 28.10.1998, 19.00

---

"Aus drei mach' eins"

- Analyse der Tabelle: „Versammlung der am Projekt „Wohnpark" Interessierten
- ...

Tab. 1 Versammlung der am Projekt „Wohnpark" Interessierten im Café „Zur Post" am 28.10.1996 · 18.00 Uhr

| Name, Alter, Familienstand | Beruf | Besonderheiten / Hobbies | Gewünschte Übernahme von Aufgaben im „Wohnpark" | Das sollte der „Wohnpark" ermöglichen DIESE SPALTE WIRD VON DEN SCHÜLERINNEN UND SCHÜLERN AUSGEFÜLLT Mögliche Antworten: |
|---|---|---|---|---|
| Karla Fischer (62), alleinstehend | Erzieherin in Rente | Gebehinderung, Basteln und Malen. | Basteln / Malen mit Kindern und Erwachsenen, Kinderbetreuung | Wohnung 1: Behindertengerechte Wohnung. Übernahme von Besorgungen und Einkäufen durch andere. Kontakte mit anderen. |
| Peter Müller (68), kürzlich verwitwet, leider kinderlos | Freiberuflicher Architekt i. R. | Zuckerkrank. Vermögend, finanziell unabhängig. Absolute Unkenntnis von Haushaltsführung: angewiesen auf Dienstleistungen. Organisiert gerne, kontaktfreudig. Besuch von Theater und Konzerten, Wanderer. Hat die Annonce aufgegeben: Besitzt leerstehendes altes Schulgebäude auf dem Land mit großem ungenutzten Grundstück. | Grundstück und Gebäude. Möchte sich für andere engagieren. Möchte Freizeitangebote für Mitbewohner organisieren. | Wohnung 2: Benötigt Zuckerdiätkost, möchte nicht alleine essen. Braucht Hilfe im Haushalt: Wäsche, putzen usw. |
| Susanne Lehmann (59) und Klaus Sonntag (54), eheähnliche Lebensgemeinschaft | Arzthelferin Gartenbaumeister | Hobbygärtner, Mitglieder im BUND | Anlage eines Nutz- und Ziergartens. Möchten aktives Engagement für die Umwelt und Kinder erreichen. | Wohnung 3: Ökologischer Gemüseanbau und Gartenpflege. Kontakte mit Kindern. |
| Gerda Naumann (50) Witwe und ihre Tochter Karin Henzel (28), geschieden mit zwei Kindern (7 und 5) | Köchin, nicht berufstätig Steuerfachgehilfin Schüler, Kindergarten | Vermisst ihren Beruf, betreut ihre beiden Enkelkinder. Zwei Katzen. Vermissen Spielmöglichkeiten im Freien. | Kochkenntnisse, Mithilfe im Garten, Organisation von Festen. Kenntnisse im Steuerrecht, Finanzierung. | Wohnung 4: Entlastung bei der Kinderbetreuung, Übernahme anderer Aufgaben. Freizeitbetreuung, Spielangebote. |
| Manuela (38) und Fritz (42) Maier, verheiratet, vier Kinder im Alter von 3, 6, 10 und 11 Jahren | Sekretärin, nicht berufstätig Polizeibeamter | Wohnen sehr beengt in einer Etagenwohnung in der Innenstadt. Hätten gerne Haustiere. | Manuela: Übernahme haushälterischer Aufgaben. Fritz: Handwerkliche Tätigkeiten jeder Art. | Wohnung 5: Möchten sich etwas dazuverdienen, macht gerne Hausarbeit. Heimwerker. Mehr Platz, Kinderbetreuung, Spielmöglichkeiten im Freien. |

Quelle: Autorinnen und Autor

3. Schritt: Ausgestaltung eines gegebenen Grundrisses

- Klärung von Fragen zur Grundrisszeichnung
- Ausgestaltung des Grundrisses. In arbeitsteiliger Gruppenarbeit (mit jeweils einer Parallelgruppe) werden die Räume und Außenanlagen gestaltet

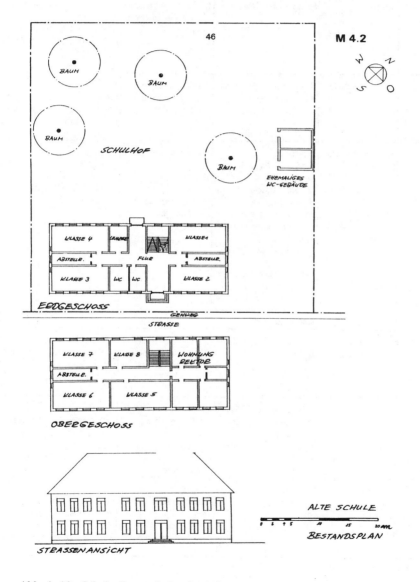

Abb. 1 Alte Schule, Bestandsplan (M 4.2)

„Aus drei mach' eins"

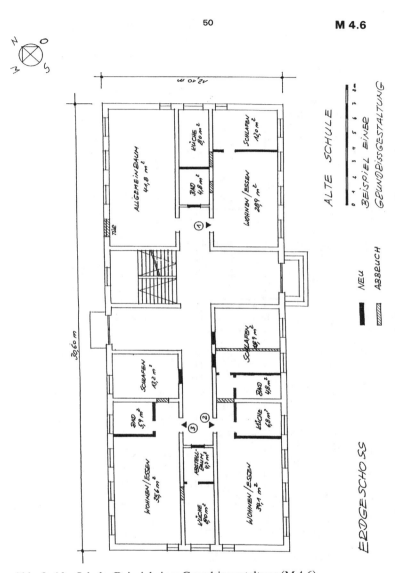

Abb. 2 Alte Schule, Beispiel einer Grundrissgestaltung (M 4.6)

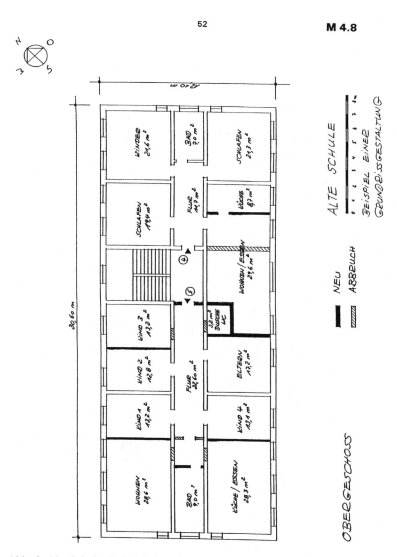

Abb. 3 Alte Schule, Beispiel einer Grundrissgestaltung (M 4.8)

4. Schritt: Bau des Modells nach gegebenem Grundriss

– ...

## Sozialpädagogik in Rheinland-Pfalz – Praxiserfahrungen

In der Regel unterrichten in den drei Teilbereichen ausgebildete SozialkundelehrerInnen, LehrerInnen im Fach Bildende Kunst und Hauswirtschaft. Zum Teil werden die Fächer aufgrund einer Mangelsituation an der Schule oder der Interessenlage von LehrerInnen „fachfremd" unterrichtet. Meist begegnen den SchülerInnen drei Lehrkräfte innerhalb des Faches. Diese unterschiedlichen Voraussetzungen bedingen z.T. erhebliche Unterschiede in der Unterrichtspraxis von Schule zu Schule, vor allem in dem Ausmaß, wie Fächerkooperation und praxis- und handlungsorientierte Unterrichtsverfahren praktiziert werden. Der Zuspruch für das Fach ist ebenfalls sehr verschieden. In den ersten Jahren nach der Einführung (Mitte der 80-er Jahre) hatte das Fach darum zu kämpfen, „so richtig" ernstgenommen zu werden im Konzert der Wahlpflichtfächer (zweite Fremdsprache, Mathematik / Naturwissenschaften, Wirtschafts- und Sozialkunde). Vorwürfe waren – und sind noch heute – bei den Kollegen und Schulleitungen mancher Schulen:

In SOP (Sozialpädagogik) werde wenig „gelernt" (im Sinne der Faktenvermittlung oder des Paukens), statt dessen diskutiert, besichtigt, gemalt, gespielt. Dementsprechend hätten die SchülerInnen weniger Hausaufgaben zu erledigen. („Umfangreiche Hausaufgaben sind das Kennzeichen eines ernstzunehmenden Faches"). Die Zeugnisnote ist das Mittel aus den drei Teilnoten – mit der Auswirkung, dass wesentlich weniger „5er" im Zeugnis stehen. („In wichtigen Fächern gibt es meist eine Anzahl schlechter Noten pro Klasse".)

Bei der Vorstellung des Faches vor Eltern und Schülern wird stets begründet, warum es ein Fach für Mädchen **und** Jungen ist. Für SOP entscheiden sich aber nur wenige Jungen, manchmal keiner. (Zitat: „Ich wäre ja gerne gekommen, aber meine Freunde hätten mich wahrscheinlich ausgelacht." Oder „Meine Eltern haben gesagt: Das ist was für Mädchen, das brauchst du später nicht.") Die Jungen, die sich für SOP entscheiden, tun dies öfter mit der Erwartung, das man dort „weniger tun" müsse. Entsprechend ist ihr Interesse. Die positive Erfahrung ist das oft sehr erfreuliche Engagement vieler Mädchen für das Fach.

BEATE SANDER

## Das Fach Sozialwesen in Bayern: Aus der Werkstatt einer Schulbuchautorin

### Wie kam ich als Lehrerin zum Schulbuchschreiben?

Vorbelastet bin ich sicherlich durch meine Biographie. Mein Vater („Fernstudium Dr. Jaenicke") spannte mich schon im Jugendalter bei der Aufbereitung seiner „Lehrbriefe" ein. Außerdem arbeitete er bereits für den WINKLERS VERLAG. Er hatte monatlich einen Artikel für ein Monatsheft zu schreiben. Sobald der Termin beängstigend nahe rückte, stöhnte er, wenn ihm nichts Passendes einfiel. Und hier und da wurde ich Zeuge wütender Telefonate, sobald er in Verzug geriet. An diesem väterlichen Image hatte ich beim Einreichen meines Erstlingswerks gewaltig zu knabbern. Die Brüder Heinz und Walter Grimm begrüßten mich bei meinem Kennenlernbesuch in Darmstadt sinngemäß folgendermaßen: „Wenn Sie als Autorin so kreativ, flexibel und begabt sind wie Ihr Vater, versprechen wir uns viel von der Zusammenarbeit; sind Sie genauso unzuverlässig und unpünktlich wie Dr. J., dann ist's und war's Ihr erstes und letztes Buch, das wir verlegen!" Mit dieser Ermahnung konnte ich leben.

### Mich drängt es immer dann zum Schreiben, wenn ich etwas suche, was es nicht gibt bzw. mich nicht befriedigt

„Art und Bau" verfasste ich für meine eigene Lehrervorbereitung. Für meine interessierten Fachkolleginnen tippte ich die Arbeit auf Wachsmatritzen, die ich im väterlichen Fernlehrinstitut vervielfältigen durfte. Nachdem bald alle Abdrucke vergriffen waren, probierte ich es mit der Veröffentlichung beim Winklers Verlag.

Ähnlich verhielt es sich mit meinen weiteren Büchern, so auch mit „Sozialarbeit", später in „Sozialwesen" umbenannt. Als „Sozialarbeit" an bayerischen Realschulen erstmals als Vorrückungs- und Prüfungsfach eingeführt wurde – eher so eine Art von „Lebenshilfe" – betraute mich mein Chef mit dem Unterricht. An der in Pfuhl neugegründeten Realschule mit drei 7. Parallelklassen war ich als „Mädchen für alles" gefragt und vielleicht sogar in meinem Element. Die Rosskur sah für mich etappenweise Unterricht in Wirtschafts- und Rechtslehre, Buchführung, Biologie, Zeichnen, Textverarbeitung (damals noch Maschinenschreiben), Erste-Hilfe-, Schach- und Tischtennis-AG und künftig auch noch „Sozialarbeit" und Erziehungskunde vor. Das Handtuch warf ich nur im Fach „Zeichnen". Ich erwies mich als völlig unbedarft. Fortan konnte ich mich auf die „Kernbereiche" konzentrieren, wie man heute im Wirtschaftsleben sagt. Für Biologie wurde ich bald nicht mehr benötigt, stattdessen kam Ethik hinzu. So eignete ich mir ein breites Spektrum an Fachkompetenz an – das ideale Fundament für das „Schulbuchwesen".

Um auf Sozialarbeit in der Gründungsphase zurückzukommen: Ein Schulbuch für die recht gemütlich erscheinende „Lebenshilfe" gab es nicht. Mein Chef zwinkerte mir ermutigend zu: „Schreiben Sie es doch selbst! Das können Sie schon!" Was ich da später auf den Markt brachte, treibt mir noch heute die Schamesröte ins Gesicht: Das dreibändige Sander-Adamo-Werk Sozialarbeit 1, 2, 3 war absolut kein Grund, stolz zu sein. Dafür bot es reichlich Gelegenheit, aus gemachten Fehlern zu lernen und alles zu tun, um es künftig besser zu machen. Es gab für mich nur einen Trost: Pionierarbeit ist nie vollkommen. Aber sie eröffnet die Chance zum Weitermachen, zum Sammeln von Erfahrungen, zum Fortschritt.

Nachdem der alte Sozialarbeitslehrplan geradezu ein Fehlschlag war, wurde allerorts eine grundlegende Überarbeitung gefordert. Ich wurde in die Lehrplankommission berufen und wir schufen einen Sozialwesen-Lehrplan, der diesen Namen verdient. Gemeinsam mit dem Münchener Uniprofessor Dr. Wilhelm Kögel entstand nun die dreiteilige Schulbuchserie „ICH – DU – WIR", alles in allem einigermaßen gelungen.

Als sich der Freistaat Bayern daran machte, Anfang der 90er Jahre sein „Lehrplan-Jahrhundertwerk" zu schaffen, stand auch im Fach Sozialwesen eine Um- und Neuorientierung an. Für meinen plötzlich verstorbenen Mitautor Professor Kögel ließ sich der Realschul-Konrektor und überregionale Fachberater für Sozialwesen, Herr Heinz Ostermeier, als Mitautor gewinnen. Er schrieb – wie übrigens die meisten meiner Mitautoren in den verschiedenen Fachbereichen (Pädagogik, Computer-Didaktik, Börsengeschehen, Textverarbeitung) – selbst zwar so gut wie nichts, lektorierte dafür aber überaus gründlich und kompetent. Die dreiteilige Sozialwesen-Schulbuchserie „ZUSAMMENLEBEN HEUTE" ist in Bayern wie auch in Thüringen lernmittelfrei genehmigt.

## Kostensenkungsmaßnahmen auch im Schulbuchwesen: „Randfächer-Autoren" müssen den gesamten Buchdruck (Layout, Gestaltung, druckreife Vorlagen) übernehmen

Aufgrund nur geringer Gewinnmargen bzw. sogar hell- bis dunkelroter Zahlen überraschte mich der Verlag eines Tages mit der Auflage, entweder fortan „alles selbst zu machen" oder wegen zu geringer Schülerzahlen-Entwicklung das Sozialwesen-Projekt aufzugeben. Zähneknirschend stimmte ich der ersten Regelung zu. So entstand der dritte Band von „ICH – DU – WIR" an meiner elektronischen Schreibmaschine, die lediglich mit einem Halbzeilendisplay versehen war. Jedes vergessene oder zu viel geschriebene Wort, jeder übersehene Schreibfehler machten ein erneutes Schreiben der gesamten Seite erforderlich. Dabei verbesserte ich zwar meine Schreibgeschwindigkeit dermaßen beeindruckend, dass ich bei jeder Maschinenschreib-Weltmeisterschaft chancenreich gewesen wäre. Aber dennoch war dieses Tun oft frustrierend. Mit den gewaltigen Fortschritten in der Computertechnologie und der damit verbundenen Software-Entwicklung ließ sich „Zusammenleben heute" mithilfe von WordPerfect 6.0 schon recht komfortabel gestalten. Nachdem Microsoft den Konkurrenten WordPerfect zunächst heftig in die Zange nahm und bald darauf in den Ruin trieb, gab es keine Weiterentwicklung mehr von WordPerfect. So blieb mir nichts anderes übrig, als das Pädagogikbuch „Schwierige Schüler – schwierige Lehrer? Neue Wege des Konfliktmanagements im Schulalltag" mit dem Programm Microsoft 7.0 zu gestalten. Kaum nach Einarbeitung kam für mich die Hiobsbotschaft. „Sie müssen künftig alle Bücher mit Adobe Frame Maker schreiben". Ein schwieriges Unterfangen, nachdem dieses spezielle Buchdruckprogramm zwar außerordentlich leistungsfähig, aber nur sehr schwer erlernbar ist. Die neue auf den Thüringer Lehrplan zugeschnittene Schulbuchserie für Sozialwesen/Sozialpädagogik „Wer bin ich und wer bist du?" wird bzw. wurde von mir mit dem speziellen Buchdruckprogramm gestaltet.

Je komfortabler das Programm ist, umso mehr schraube ich das Anforderungsniveau hoch. Ich feile solange an jeder einzelnen Seite, bis ich bezüglich Ausdruck und Gestaltung wirklich zufrieden bin. Bessere Programme ermöglichen einen wesentlich besseren Buchdruck. Viel Zeit spare ich dagegen nicht ein.

## Mit dem Honorar kann ich auch als „Wachstumsautorin" nach Steuerabzug grademal meine Putzfrau bezahlen

Ich schreibe gern Schul- und Lehrerhandbücher, putze dagegen nur höchst ungern meine Wohnung. In den ersten Jahren meines Autorenlebens hätten die kümmerlichen Honorare nie ausgereicht, meine Putzfrau zu bezahlen. Netto kam sie etwa auf den dreifachen Stundensatz wie ich bei meinem zeitraubenden Treiben. Seit zwei Jahren hat sich das Bild gewandelt. Aber Reichtum ist nicht zu erwarten. Dies erscheint im „Nebenfachbereich" nahezu unmöglich. Da müsste man schon Bestseller in Deutsch, Englisch, Mathe schreiben.

## Ständig auf Materialsuche wie der Hund nach der Wurst

Wer Schulbücher schreibt, gerät leicht in Sammelwut. Alles, was mir als interessant erscheint, schneide ich aus Zeitungen aus und lege alles mit genauen Quellenangaben versehen und thematisch geordnet in großen Leitz-Ordnern ab. Außerdem beziehe ich etliche Zeitschriften und versehe diese bei Bedarf auf der Titelseite mit entsprechenden Themenhinweisen. Natürlich dürfen auch Fachbücher nicht fehlen. Ich fordere Lexika, Globusgrafiken, Materialien von verschiedenen Institutionen und Organisationen teils kostenlos, teils kostenpflichtig an und bemühe mich, alle brauchbaren Materialien wiederfindbar zu archivieren. Meine Autorenwerkstatt mit aufwendiger Computeranlage nebst Laser-Drucker befindet sich neben meinem Bett. Platz für einen Mann bleibt da kaum. Aber das späte Single-Dasein als Mutter zweier erwachsener Kinder hat auch seine guten Seiten. Ich kann tun, was ich will, arbeiten, wann ich will, meinen Lebensrhythmus gestalten, wie ich will, mich aufhalten, wo ich will. Selbst nächtliches Computerleben kann amüsant und höchstbefriedigend sein.

## Der Unterricht und die Beziehung mit den Schulkids befruchten das Autorenschaffen und umgekehrt

Eine 40-jährige Unterrichtstätigkeit hinterlässt ihre Spuren und der dabei gewonnene Erfahrungsschatz fördert die Arbeit als Schulbuchautorin. Bis ein Buch lernmittelfrei genehmigt und gedruckt ist, vergeht ein extrem hoher Zeitaufwand. Umgekehrt erleichtere ich meine Unterrichtsvorbereitung ungemein, wenn ich für meine Fächer Bücher schreibe und damit praktisch arbeite. Als hilfreich hat es sich erwiesen, die Schulkids gelegentlich gegen Honorar und Freiexemplar mitwirken zu lassen. Ob Einbandgestaltung (über einen Schülerwettbewerb), ob Zeichnungen, Fotos und Collagen; es gibt immer Jugendliche, die gern mitarbeiten. Diese Art von Talentförderung stärkt das Selbstwertgefühl der Kids und schafft Erfolgserlebnisse. Bei der Bewerbung um einen Ausbildungsplatz weisen die Schüler auf ihr besonderes Engagement hin und zeigen, dass sie über Kreativität verfügen. So erhielt mein Schüler-Ansprechpartner beim Börsenbuch trotz schlechter Noten einen der begehrten Ausbildungsplätze als Bankkaufmann.

## Der „Zeitfresser" schluckt Urlaub und Wochenende

Solange meine beiden Kinder klein waren, das Familienleben intakt erschien, das Wochenende und der Urlaub gemeinsam verlebt wurden und mein Mann nicht auf die Pirsch ging, ließ ich mir beim Bücherschreiben viel Zeit. Ich brauchte Jahre, bis ein „Produkt" fertig war. Dies rächte sich insofern, als der Anfang dann bereits veraltet war. So wurde eine Überarbeitung notwendig, bevor überhaupt an die Einleitung des lernmittelfreien Zulassungsverfahrens zu denken war.

Als einsame Wölfin ist es kein Problem, jahrelang auf Urlaub zu verzichten und Sams- und Sonntage als Autoren-Hauptarbeitstage zu installieren. Dies bedeutet keine Minderung der Lebensqualität, solange die Arbeit Spaß macht und als sinnerfüllend empfunden wird. Motivationsquell bleibt die Vision, etwas Besseres als zuvor zu konzipieren, eine Marktnische auszufüllen, eigene Ideen zu entwickeln und umzusetzen. Ich empfinde es als trist und langweilig, ausgetretene Pfade zu begehen. Neuland zu betreten, mag mit Risiken und Gefahren verbunden sein; aber die Freude über ein gelungenes Werk ist viel höher zu bewerten.

## Im Vordergrund steht der Leser mit seinen Bedürfnissen

**Ob Schulbuch, ob Lehrerhandbuch, immer sind für mich vordringlich:**

- **Der Inhalt muss leichtverständlich vermittelt werden** und soll zu eigenständiger Meinungsbildung auffordern.
- **Wichtig ist Abwechslungsreichtum.** Der Inhalt darf auch auf ungewöhnliche Form vermittelt werden; erwünscht sind Spannung, Kreativität, Originalität. Warum sollen Texte nicht auch mal provokant, witzig, amüsant sein?
- **Die Sprache** darf nicht hölzern, trocken, verknöchert wirken.
- **Vordringlich erscheint mir eine ansprechende drucktechnische Gestaltung.** Übersicht und Systematik sollen ein rasches Auffinden gewährleisten.
- **Aussagekräftige Fotos, Karikaturen, Schülerzeichnungen und Collagen** sollen nicht nur den Text auflockern, sondern Lernanregungen vermitteln und einen handlungsorientierten Unterricht fördern.
- **Viel liegt mir an konkreten Lernhilfen,** um die Vorbereitung auf Leistungstests und eine etwaige Abschlussprüfung zu erleichtern. Dabei kann und soll Lernen auch Spaß machen.
- **Soweit es möglich ist, werden auch Rollen-, Strategie- und Denkspiele angeboten.** Darauf fahren fast alle Schulkids ab.
- **Für wichtige Fachbegriffe gibt es einen Nachschlageteil.**
- **Vor allem aber muss sich der Leser in dem Buch mit seinen Bedürfnissen und Wünschen wiederfinden und sich selbst entdecken.** Er soll ermutigt werden, kreativ und innovativ zu sein. Dies zeigt sich an der Bereitschaft, auch mal gegen den Strom zu schwimmen und ausgetretene Pfade zu verlassen. Das Leben in unserer Risikogesellschaft fordert ja geradezu auf, vertretbare Risiken einzugehen, seinen eigenen Lebensentwurf zu konzipieren und zielstrebig an der Verwirklichung zu arbeiten. Der Aufbau einer eigenen Identität ist gebunden an den Mut zu gewissem Anderssein, an die Absage an bloßes Mitläufertum, an den Verzicht auf überängstliches Zögern und Zaudern. Selbst- und Sozialkompetenz entstehen nicht von allein, entwickeln sich nicht über die Rolle passiven Zuschauens, sondern sind an Erziehung geknüpft. Aufforderung zu Wagniskultur statt Duckmäusertum, zu couragiertem Handeln statt ängstlichem Davonschleichen und Stehlen aus der Verantwortung – auch darum geht es in sozialpädagogischen Schulbüchern.
- **Richtschnur für mein schriftstellerisches und pädagogisches Handeln war und ist Janusz Korczaks Ausspruch:** *„Das Kind ist in seiner Gestalt und Erkenntnis zu*

achten und es benötigt diese Achtung elementar zu seiner Entwicklung. Integraler Bestandteil einer Pädagogik der Achtung ist das Recht des Kindes, so zu sein, wie es ist. Pädagogik muss sich von der Zielorientierung, der Instrumentalisierung des Kindes lösen und dem Kind seine eigenen Erfahrungen, auch die Gefahr seines Todes, zugestehen. Dies kann nur gelingen, wenn der heutige Tag nicht seine Legitimation durch das Morgen erfährt, sondern als Wert für sich stehen kann und Gültigkeit hat. Das Recht des Kindes auf den heutigen Tag, ist die logische Konsequenz."

Meine Lebensausrichtung verdeutlicht aber auch der folgende Ausspruch: „Wer zur Quelle vorstoßen will, muss gegen den Strom schwimmen. Tote Fische und Mitläufer schwimmen mit der Strömung."

MARIA-ANNA FEYDT

# Der Diakonie-Unterricht am Evangelischen Schulzentrum Leipzig
Ein Erfahrungsbericht

## Vorwort

„Was erwarte ich von einem guten Pädagogik-Unterricht...?" ist mir als Inspiration von den Herausgebern dieses Bandes an die Hand gegeben worden. Diese eine Frage ließ in mir zwei neue Fragen entstehen, über die ich nachgedacht habe, bevor ich mich entschloß, diesen Beitrag zu schreiben.

Kann der Diakonie-Unterricht, wie er an unserer Schule erteilt wird, interessant sein für andere Kolleginnen und Kollegen, die Pädagogik-Unterricht erteilen?

Was ist es denn, was ich eigentlich von meinem Unterricht erwarte – außer der Erfüllung des Lehrplanes?

Meine Antworten auf die zweite Frage zeigten mir, daß es durchaus auch für andere Kolleginnen und Kollegen interessant sein kann, zu erfahren, was es mit dem Diakonie-Unterricht auf sich hat. Deshalb werde ich, nachdem ich kurz die Situation unserer Schule beschrieben habe, erläutern, was ich von meinem Diakonie-Unterricht erwarte. Der Zusammenhang zum Pädagogik-Unterricht ergibt sich dann fast von selbst.

## Situation

Das Evangelische Schulzentrum beherbergt eine Grundschule, eine Mittelschule und ein Gymnasium unter einem Dach. Die Mittelschule in Sachsen entspricht der Realschule und der Hauptschule in anderen Bundesländern. Die Schüler und Schülerinnen werden bei uns zunächst gemeinsam unterrichtet und trennen sich dann später in Hauptschul- und Realschulgruppen.

Der Diakonie-Unterricht ist eines der beiden Profilfächer der Mittelschule. Das heißt, er wird vierstündig unterrichtet und stellt für die Schüler und Schülerinnen einen gewissen Schwerpunkt im Unterrichtsgeschehen dar. Gleichzeitig soll das Profilfach eine berufliche Hinführung bieten.

Der Lehrplan für das Fach wurde von den Kolleginnen und Kollegen selbst entworfen und im letzten Jahr vom Kultusministerium in Dresden genehmigt, so daß seitdem auch in diesem Fach die Hauptschul- oder Realschulprüfung abgelegt werden kann.

## Ziele

Natürlich sind im Lehrplan Lernziele formuliert, die jede Schülerin und jeder Schüler erreichen sollen und überprüfbar sein sollen. An dieser Stelle möchte ich jedoch nicht wiederholen, was bereits im Lehrplan formuliert wurde. (Dieser Lehrplan wurde bereits in einer Ausgabe der Verbandszeitschrift abgedruckt.) Mir geht es darum, zu beschreiben, was für mich hinter diesem Lehrplan mit seinen Zielen steht: Was ich bei den Schülerinnen und Schülern als Menschen erreichen möchte. Für mich sind das die fünf großen **W**s: **W**issen, **W**ahrnehmung, **W**ertschätzung, **W**ollen, **W**erden.

## Wissen

Selbstverständlich ist es auch im Fach Sozial-Diakonie nötig, daß die Schülerinnen und Schüler Wissen erlangen. Egal, ob es sich um die Themen „Leben mit Behinderungen", „Alte Menschen", „Familie", „Randgruppen der Gesellschaft", „Erziehung" oder „Erste Hilfe" handelt. Ohne den Erwerb eines bestimmten Fachwissens, sind die Schülerinnen und Schüler nicht in der Lage, die anderen Ziele des Unterrichtes zu erreichen.

## Wahrnehmung

Nachdem die Schülerinnen und Schüler ein bestimmtes Wissen erreicht haben, ist es mir besonders wichtig, daß sie lernen, dieses Wissen anzuwenden und zu reflektieren. Der erste Schritt dazu ist meines Erachtens, daß sie lernen, die Welt und die Menschen, die darin leben, wahrzunehmen mit all ihren Gefühlen und Verletzbarkeiten. Aus diesem Grunde versuche ich, den Klassen immer wieder Begegnungen zu ermöglichen: das kann der gemeinsame Adventsnachmittag mit sehschwachen Jugendlichen sein, ebenso ein Besuch im Altersheim, ein zweitägiges Praktikum im Krankenhaus oder Kindergarten. Es kann aber auch das offene Gespräch mit der Mitschülerin im Rollstuhl oder ein Erste-Hilfe-Kurs sein.

In den anschließenden Reflexionen ist es mir dann nicht nur wichtig, daß die Schülerinnen und Schüler mit den Augen hingeschaut haben und dies benennen können. Ich möchte vielmehr, daß sie mit dem Herzen beobachten, d. h. daß sie sowohl versuchen, sich in die anderen Personen hinzuversetzen und zu verstehen, was in ihnen vorgehen mag, als auch sich selbst sehr genau beobachten und die eigenen Gefühle wahrnehmen. Ich ermutige sie, auszusprechen, ob sie Angst, Unsicherheit, Überlegenheit oder Freude empfunden haben. Im Aussprechen der eigenen Gefühle entsteht oft eine Beziehung zum anderen. Die Schülerinnen und Schüler erleben, daß die eigenen Gefühle das eigene Handeln und damit die Gefühle des anderen mitbestimmen. So werden sie sensibler für die Gefühle der anderen und sicherer im Umgang mit anderen Menschen.

## Wertschätzung

Durch diese bewußte Wahrnehmung und Sensibilisierung möchte ich es den Schülerinnen und Schülern ermöglichen, eigene Werte zu entwickeln und diese als schätzenswert zu empfinden. Das sind der Wert des menschlichen Lebens schlechthin ebenso wie der Wert allen Lebens und der Umwelt. Immer wieder fordere ich meine Schülerinnen und Schüler auf, darüber nachzudenken, was ihnen das Recht gibt, über andere zu urteilen, andere zu beleidigen oder zu degradieren. Vor allem, wenn es um Noten geht, versuche ich immer wieder klarzustellen, daß Noten in der Schule eine bestimmte erbrachte Leistung beurteilen, daß sie aber nichts über den ganzen Menschen und seinen Wert aussagen.

Wenn die Jugendlichen selbst erleben dürfen, daß sie als Menschen geschätzt werden, auch wenn sie Fehler machen oder schlechte Leistungen erbringen, führt diese Haltung der Wertschätzung ebenso zu einer größeren Sensibilität im Umgang mit anderen Menschen wie die oben beschriebene Wahrnehmung.

Andere Schülerinnen oder Schüler entwickeln im Laufe der Zeit auch andere Werte, die sie für sich selbst als besonders schätzenswert erachten: ob es der eigene Kleidungsstil oder die Freizeitgestaltung ist, ob es die freie Meinungsäußerung oder der eigene Glaube ist: die Palette der Werte ist groß. Mir ist es wichtig, daß die Jugendlichen für sich selbst Werte finden, die ihrem Leben Sinn geben, und daß sie gleichzeitig in der Lage sind, die Werte, die andere für sich gefunden haben, zu respektieren.

## Wollen

Als vor drei Jahren der erste Jahrgang die Realschulprüfung ablegte und unsere Schule verließ, spürte ich, daß nicht alle dieser Schülerinnen und Schüler in der Lage waren, zu benennen, was sie in ihrem Leben erreichen wollten, wie sie es selbst gestalten wollten. Einige erfüllten die Erwartungen, die an sie gestellt wurden, gut und gerne. Sie waren jedoch nicht in der Lage, Begründungen für ihr Handeln zu finden, die aus ihrem Innern kamen oder zumindest zeigten, daß sie sich auseinandergesetzt hatten mit dem, was als Erwartungen an sie heran getragen wurde. Diese kleine Beobachtung veranlaßte mich, mir ein weiteres Ziel für meinen Unterricht bewußt zu machen: ich wollte die Schülerinnen und Schüler dahin bringen, daß sie zunächst einmal ihr Handeln überdenken und begründen können. Diese Begründung sollte jedoch nicht lauten „Man muß ..", sondern „Ich will ...". Gleichzeitig möchte ich die Jugendlichen sensibel machen für die vielen Manipulationsmöglichkeiten unserer Gesellschaft und für die vielen Löcher, in die sie fallen können, wenn sie nicht gelernt haben, ihr Leben bewußt und selbst zu gestalten.

Konkret sieht es so aus, daß ich meine Schülerinnen und Schüler auffordere, zu bestimmten Themen eine eigene Meinung zu bilden und sie zu begründen. Diese Begründungen müssen Angriffen der Mitschülerinnen und Mitschüler standhalten und müssen sich im eigenen Handeln wiederspiegeln. Ansonsten sind sie nicht durchdacht genug.

Im kommenden Sommer verläßt der vierte Realschuljahrgang unsere Schule. Zumindest in meinem Unterricht spüre ich bei vielen Schülerinnen und Schülern eine große Lust zu argumentieren, sich auseinanderzusetzen und ihr eigenes Handeln zu begründen. Wenn sie auch bei den anderen durchdachte Begründungen für deren Verhalten spüren, wird es respektiert. Diese Klasse läßt sich nicht einfach durch die Werbung oder tolle Sprüche manipulieren. Hier haben viele einen eigenen Willen entwickelt, den sie – mit Rücksicht auf die Mitmenschen – durchsetzen wollen.

## Werden

Dieses Ziel hat sich bei mir erst im Laufe der letzten zwei Jahre entwickelt. Durch die recht hohe Jugendarbeitslosigkeit hier in Sachsen sind die Aussichten für diejenigen, die unsere Schule verlassen, nicht sehr gut. Trotz – oder gerade wegen – dieser Situation möchte ich den Jugendlichen die Grundhaltung vermitteln, daß das Leben ein Werden ist, ein ständiger Prozeß, der nicht nur von außen gesteuert wird. Ich möchte den Jugendlichen Mut machen, wenn der direkte Weg zum Ziel versperrt ist, nach den Umwegen zu suchen, die auch dorthin führen.

Dieses Ziel habe ich bisher noch nicht konkret in den Unterricht eingeplant. Es ist vielmehr eine optimistische Grundhaltung, die sich aus allen vorher genannten Zielen ergibt: Wenn die Schülerinnen und Schüler in der Lage sind, sich Wissen anzueignen, sich und andere Menschen mit Gefühlen und Wünschen wahrzunehmen, diese wert zu schätzen und einen eigenen Willen daraus zu entwickeln, dann sind sie auch in der Lage, das Werden des eigenen Lebens zu gestalten.

## Parallelität zum Pädagogik-Unterricht

Ich weiß nicht, ob sich die Inhalte des pädagogischen Lehrplanes mit dem des sozialdiakonischen decken. Ich kann mir jedoch vorstellen, daß die Ziele und Grundhaltungen, die ich erläutert habe, auch für den Pädagogik-Unterricht interessant sein könnten. In meinen Augen sind sie das Grundgerüst, das Menschen zu einem Leben in sozialer Gemeinschaft und Verantwortung fähig macht. Dieses Grundgerüst möchte ich den Jugendlichen mit auf den Weg geben.

## Ein Wort zum Schluß

Natürlich gibt es auch bei mir immer wieder derartige Rückschläge, daß ich denke, die Schülerinnen und Schüler haben nichts von dem begriffen, was mir wichtig ist. Mit diesen Enttäuschungen werde ich leben müssen, wenn ich ernst nehme, was ich vorhin gesagt habe: jede und jeder hat das Recht, sein Leben entsprechend seinen Fähigkeiten und Wünschen zu gestalten. Ich kann immer nur wieder anbieten, was mir wichtig ist und muß lernen zu akzeptieren, daß manche gar nicht hören wollen, was ich sage.

Trotzdem gibt es Momente, die mich ermutigen, an meinen Zielen und Grundhaltungen festzuhalten.

# Pädagogikunterricht am Gymnasium – eine Skizze

Sehr lange habe ich gezögert, überhaupt einige Gedanken zum erziehungswissenschaftlichen Unterricht am Gymnasium zu Papier zu bringen. Veranlasst war dieses Zögern einmal durch die Aufgabe, die der Verband der Pädagogiklehrer und Pädagogiklehrerinnen den Autorinnen und Autoren dieses Bandes gestellt hatte, nämlich darzustellen, welche Anforderungen sie an einen guten Pädagogikunterricht stellen wollen, zum anderen durch den Hinweis, dass ein wehmütiger Rückblick auf Vergangenes keinesfalls erwartet werde.

Über die zweite Wunschäußerung des Verbandes werde ich mich in der folgenden Darstellung insofern hinwegsetzen, als ich glaube, kritisch rückblicken zu müssen, um Perspektiven für das Unterrichtsfach aufführen zu können; dem ersten Wunsch kann ich folgen, da ich glaube, zumindest den Versuch wagen zu können, Gedanken zu formulieren, die Anforderungen an einen aus meiner Sicht guten Pädagogikunterricht beinhalten. Diese Gedanken werden weit entfernt sein von jeder kategorischen Setzung, sie sollen Anstöße geben und werden offen sein für hoffentlich weitere kritische Auseinandersetzungen mit methodisch-didaktischen Aspekten des Unterrichtsfachs. Sie werden sich vor allem auch der Frage stellen müssen, inwieweit sie den in den Richtlinien für die Sekundarstufe II geforderten und im Lehrplan-Entwurf für das Fach Erziehungswissenschaft in der gymnasialen Oberstufe ausgewiesenen Aufgaben und Zielen der Wissenschaftspropädeutik und der persönlichen Entfaltung der Schülerinnen und Schüler in sozialer Verantwortlichkeit gerecht werden und den wünschenswerten Prinzipien der Wissenschafts- und Schülerorientierung auf der Sekundarstufe I folgen können.

Erlaubt sei an dieser Stelle anhand des Aufrisses von Wierichs in dem von Hierdeis und Hug herausgegebenen „Taschenbuch der Pädagogik" [Hierdeis / Hug (Hrsg.). Taschenbuch der Pädagogik. Band 4. Hohengehren. 5. korr. Aufl. 1997. S. 1161–1174.] eine Darstellung der geschichtlichen Entwicklung des Unterrichtsfachs: Es hat als „Sammelbezeichnung für eine Reihe von Unterrichtsfächern" seinen Ursprung im „berufsqualifizierenden Kontext der Lehrerinnen-, Lehrer- und Kindergärtnerinnenseminare" und erlebt in der zweiten Hälfte des 1. Jahrhunderts in der an Fröbel orientierten Konzeption seine „theoretisch anspruchsvolle" Ausweitung, kann aber erst 1911 in einer staatlichen Ausbildungs- und Prüfungsordnung Fuß fassen. Einzug ins allgemeinbildende Schulwesen hält der Pädagogikunterricht im Jahre 1908 mit der Neuordnung des höheren Mädchenschulwesens in Preußen. 1917 wird durch eine Reform der Frauenschule das Fach Pädagogik in „Erziehungslehre", 1929 in „Pflegerische Arbeit" umgewidmet. Nach der Neuordnung des höheren Schulwesens durch die Nationalsozialisten verschwindet 1938 das Fach aus dem Fächerkanon des Gymnasiums. Nach 1945 setzt sich das Fach als Traditonsfach der höheren Mädchenbildung unter dem Signum „Erziehungslehre" fort; erst 1960 (Saarbrücker Rahmenvereinbarungen) wird die „geschlechtsspezifische Ausrichtung (des Unterrichtsfachs) formal aufgegeben". Pädagogik-Arbeitsgemeinschaften werden in den Jahrgangsstufen 12 und 13 der Gymnasien möglich gemacht (Nordrhein-Westfalen, 1961), Pädagogisch-musische Gymnasien mit Pädagogik als Kernpflichtfach gegründet (1965), Erziehungswissenschaftliche Gymnasien als Schulversuch zugelassen (1966); außerdem existiert das Fach an den Gymnasien für Frauenbildung (1966). Nach der Reform der gymnasialen Oberstufe von 1972 ist es gleichwertig mit z. B. Sozialwissenschaften, Geschichte, Erdkunde und Philosophie im gesellschaftswissenschaftlichen Aufgabenfeld der gymnasialen Oberstufe plaziert.

Unter verschiedenen Bezeichnungen wie z. B. „Erziehungskunde" (Realschule in Bayern), „Sozialpädagogik" (Realschule in Nordrhein-Westfalen) oder „Sozialwesen" (Thüringen) wird Pädagogik als Unterichtsfach auch in der Sekundarstufe I der allgemeinbildenden Schulen angeboten. Im gymnasialen Bereich der Sekundarstufe I hat Nordrhein-Westfalen mit Beginn des Schuljahrs 1997/98 Erziehungswissenschaft als reguläres Unterrichtsfach im Wahlpflichtbereich II (Differenzierungsbereich) der Sekundarstufe I eingeführt.

In der Ausweitung des Pädagogikunterrichts auf die Sekundarstufe I zeichnet sich für mich eine deutlich positive Tendenz der Akzeptanz des Fachs bei Schülerinnen und Schülern ab. Beyer sieht den Hauptgrund für eine Zunahme des Pädagogikunterrichts in der Sekundarstufe I „in den immer deutlicher zutagetretenden Sozialisationsdefiziten in unserer Gesellschaft", deren Ursachen in der erzieherischen Hilflosigkeit von Eltern „angesichts wachsender und immer differenzierter werdender Anforderungen an das Individuum", in dem „eine demokratische Gesellschaft auszeichnenden Normenpluralismus" und „in dem wachsenden Angebot einer reichen Industriegesellschaft, der Verführungskraft der Medien und den ungleich verteilten Chancen des Zugriffs auf die Angebote" (vgl. Beyer, Klaus. Handlungspropädeutischer Pädagogikunterricht III. Hohengehren 1998. S. 220/221).

Schon in den frühen achtziger Jahren begannen in Nordrhein-Westfalen einige Gymnasien – vor allem private – damit, das Fach Pädagogik als Unterrichtsfach in der Sekundarstufe I anzubieten, bis dann in 1989 auf Anregung des Verbandes der Pädagogiklehrer und Pädagogiklehrerinnen (VdP) mit Unterstützung der schulfachlichen Dezernenten bei den Bezirksregierungen und mit Zustimmung des Ministeriums der Schulversuch Pädagogikunterricht in der Sekundarstufe I an zwanzig ausgewählten Schulen des Landes begann, der nach seinem erfolgreichen Abschluß in der Vorbereitung und Ausformulierung eines Lehrplans für das Fach Erziehungswissenschaft im Wahlpflichtbereich II des Gymnasiums in 1996 gipfelte.

Im Jahr 1999 blicken wir demnach nicht nur zurück auf das zwanzigjährige Bestehen des Verbandes der Pädagogiklehrer und Pädagogiklehrerinnen, sondern auch auf – mit Unterbrechung – 90 Jahre Pädagogikunterricht an allgemeinbildenden Schulen (1908), auf eine Verbannung des Fachs aus dem allgemeinen Fächerkanon vor 60 Jahren (1938), auf zehn Jahre Arbeit in der Sekundarstufe I (1989). – Ich selbst blicke auf eine 25jährige Tätigkeit an der Schule zurück, die geprägt war und auch noch geprägt ist durch einen intensiven unterrichtlichen Einsatz im Fach Pädagogik.

Als dringlich erwarteter (Aushilfs-)Lehrer kam ich im Jahre 1974 unmittelbar nach meinem 1. Staatsexamen an die Schule. Der damals allerorts herrschende Lehrermangel (!) machte den Übergang ohne Wartezeit bis zum Beginn des Referendariats von der Universität in die schulische Praxis möglich. Das Fach Pädagogik war bereits durch eine Kollegin an der Schule vertreten. Somit konnte ich auf eine sensibilisierte Schulleitung hoffen, was auch tatsächlich der Fall war. Durch die Kollegin und die Schulleitung erhielt ich jegliche Unterstützung und Ermutigung, das Fach an der Schule zu etablieren. Zunächst konnte das in einem Kurs der Jahrgangsstufe 11 und im Differenzierungsbereich der Jahrgangsstufe 10 geschehen. Überrascht war ich von dem Interesse bzw. der Neugierde, die die Schülerinnen und Schüler dem Fach entgegenbrachten. Ebenso überraschend war auch, dass keine geschlechtsspezifische Ausrichtung der Kursteilnehmer zugunsten der Mädchen erkennbar war. Die Jungen hatten in den Kursen zahlenmäßig sogar ein leichtes bis stärkeres Übergewicht. Bedauerlicherweise bestand der Unterricht in der Sekundarstufe I trotz eines vorhandenen großen Interesses bei den Schülerinnen und Schülern nur als kurze Episode von nur einem Schulhalbjahr. Er wurde seinerzeit schlicht von der Schulaufsicht nicht weiter genehmigt, so dass ich darauf auch jetzt nicht weiter eingehen möchte.

In der Anfangsphase des Pädagogikunterrichts war es besonders schwierig, ausreichende und motivierende Materialien den Schülerinnen und Schülern bereitzustellen, fehlten doch weitgehend pädagogisch aufbereitete Unterrichtsmaterialien. Anleihen bei affinen Fächern wurden notwendig und mussten auf pädagogisch relevante Fragestellungen hin überprüft werden. Sie forderten von den an der Universität weitgehend mit wissenschaftlichen Fragestellungen konfrontierten Jetzt-Lehrern eine Reduktion auf im Unterricht Machbares. Fehlende Materialien verleiteten auch dazu, sich an den einmal erarbeiteten Texten „festzuhalten" und den Pädagogikunterricht in einen nur buch- oder textorientierten Unterricht abdriften zu lassen – sehr zum Leidwesen der Schülerinnen und Schüler, die mich dies recht bald auch wissen ließen und Handlungs- bzw. Praxisanteile im erziehungswissenschaftlichen Unterricht anmahnten. Eigentlich eine erfreuliche Reaktion der Schülerinnen und Schüler, die schon nach relativ kurzer Beschäftigung mit pädagogischen Fragestellungen sich dessen bewußt waren, dass Pädagogik die doppelte Komponente – Theorie und Praxis – beinhalten müsste.

Gern ging ich auf den Wunsch der Schülerinnen und Schüler ein, lag mir doch auch die Verbindung, die gegenseitige Befruchtung von Theorie- und Praxisanteilen, letztlich die theoriegestützte Handlungsorientierung jeglichen Pädagogikunterrichts am Herzen. Möglichkeiten, den Pädagogikunterricht handlungs-/ praxisorientiert zu gestalten, ergaben sich mit all den Unwägbarkeiten, die das Kurssystem der gymnasialen Oberstufe mit sich bringen konnte, zahlreich und ausreichend: etwa in Form von simulierter Praxis (Rollenspiel), anhand dokumentierter Praxis (Film, Text, Tonbandmitschnitt, Dia-Reihe, Video-Aufzeichnung, Computer...) oder auch in Form erlebter Praxis (innerhalb und außerhalb von Schule und Unterricht). Themen aus der Begegnung mit Erziehungswirklichkeit unter den Aspekten von (defizitärer) Entwicklung und Sozialisation boten sich hier insbesondere an.

Bei den Schülerinnen und Schülern zeigte sich in diesem Zusammenhang ein hoher Motivationsgrad, der gepaart war mit großer Arbeitsbereitschaft auch über den Zeitrahmen der eigentlichen Unterichtsstunden hinaus. Sie ermittelten im Rahmen teilnehmender Beobachtung z.B. die kindliche Sprech- und Sprachfähigkeit durch Tonbandmitschnitte, deren Transkribierung und den anschließenden Vergleich mit verschiedenen Abhandlungen über die Entwicklung der kindlichen Sprache. Anhand dieser Materialien konnten sie entsprechende Schemata und Diagramme erstellen. Sie erkannten, dass Graphiken gegenüber umfangreicheren Verbalinterpretationen übersichtlicher, z.T. auch aussagekräftiger sein konnten.

Nicht durch Beschreibung oder Darstellung anhand von Berichten oder Filmaufzeichnungen, sondern durch Selbsterfahrung wollten die Schülerinnen und Schüler die Situation eines körperbehinderten, an den Rollstuhl gefesselten Menschen nachempfinden. Sie stellten im schulischen wie häuslichen Umfeld fest, wie vielen Problemen Rollstuhlfahrer ausgesetzt sind – beginnend mit den fehlenden Gehsteigabsenkungen, über fehlende Rampen bzw. ohne fremde Hilfe nicht überbrückbare Einstiege in Straßenbahnen und Bussen bis zu der Notwendigkeit, den Gepäckaufzug zu benutzen, um einen Bahnsteig zu erreichen, um dann auch noch im Gepäckwagen die Bahnfahrt anzutreten. Ihre Erkenntnisse dokumentierten sie, entwarfen Verbesserungsvorschläge und leiteten diese den entsprechenden Gremien und Institutionen zu. Selbstverständlich musste insgesamt darauf geachtet werden, dass an sich sinnvolle Auseinandersetzungen mit realen Gegebenheiten nicht in bloßen Aktionismus eskalierte. Ebenso musste der Gefahr eines Abgleitens des Pädagogikunterrichts in pseudowissenschaftliche Abgründe dadurch begegnet werden, dass das Wechsel- bzw. Abhängigkeitsverhältnis zwischen Theorie und Praxis verdeutlicht und gleichzeitig auf die unterschiedliche Prioritätensetzung (Theorie vor der Praxis, Praxis vor der Theorie) innerhalb wissenschaftlicher Betrachtungsweise verwiesen wurde.

Anzustreben war, hier in Übereinstimmung mit Derbolav und Neuenzeit [vgl. Derbolav, Josef. Pädagogik als Lehrfach an der höheren Schule. In: Studienseminar. 10/1965, S. 120; Neuenzeit, Gertrud. Probleme aus der Praxis des Pädagogikunterrichts. In: Hülshoff / Schmack / Heiland. Pädagogikunterricht in der Sekundarstufe II. Ratingen. 1975. S. 1/.], dass bei stärkerer Gewichtung eines praxisnahen Zugriffs bzw. stärkerer Betrachtung der Handlungsperspektive im erziehungswissenschaftlichen Unterricht in jedem Fall die Schülerinnen und Schüler „mit dem empirisch-wissenschaftlichen Instrumentarium vertraut gemacht" werden sollten, dass sie lernen sollten „die Zusammenhänge, in denen solche empirisch-deskriptiv erfassten (Phänomene, Vfs.) zu verstehen sind, hermeneutisch und ideologiekritisch zu hinterfragen" und die in diesen Zusammenhängen faktisch zur Geltung gebrachten Normen auf ihre Gültigkeit hin in Frage zu stellen.

Ein Praxis- oder Handlungsorientierung einbeziehender erziehungswissenschaftlicher Unterricht vermag die Kreativität seiner Teilnehmer zu aktivieren und zu fördern. Die Notwendigkeit einer schulischen Kreativitätsförderung liegt darin begründet, dass der Mensch „in seinen reproduktiven, schematischen Tätigkeiten immer mehr ersetzbar" wird, dass dieser Mensch immer öfter entscheiden, urteilen und sich schöpferisch betätigen muss, dass „kreatives Potential allen Menschen – wenn auch in unterschiedlicher quantitativer und qualitativer Ausprägung – zukommt", dass der einzelne „gesellschaftliche Situationen" verstehen „und zu ihrer Veränderung im Sinne von Verbesserung der Verhältnisse" beitragen lernt.

Da Praxis ohne Theorie und Theorie ohne Praxis nicht existent sein können, bedurfte es in der unterrichtlichen Praxis auch immer wieder einer Ermahnung, die theoretische Basis innerhalb praktischer bzw. handlungsorientierter Arbeit nicht aus dem Gesichtsfeld zu verlieren. Die Schülerinnen und Schüler waren nicht ohne weiteres bereit, sich mit der bloßen Theorie auseinanderzusetzen, ihnen mußte schon bewusst gemacht werden, dass jedes praktische Tun theorieabhängig ist bzw. aus der Theorie erwächst, dass pädagogisches Handeln der erziehungswissenschaftlichen / pädagogischen Reflexion bedarf, dass Theorie und Praxis in der jeweiligen Impulssetzung voneinander abhängig sind.

Bezogen sich die bisherigen Ausführungen im wesentlichen auf die gymnasiale Oberstufe, so möchte ich jetzt doch auch noch auf den Pädagogikunterricht in der Sekundarstufe I zurückkommen, der durch die Beteiligung am Schulversuch an unserer Schule schon auf eine kleine „Tradition" zurückblicken kann. Der Pädagogikunterricht im Wahlpflichtbereich II der Sekundarstufe I des Gymnasiums wurde von den Schülerinnen und Schülern sehr stark nachgefragt; mindestens ein Kurs mit hohen Teilnehmerzahlen (weit über 20) konnte pro Jahrgang eingerichtet werden. Schülerinnen und Schüler und deren Eltern waren voller Erwartungen an den Pädagogikunterricht. Ob diese Erwartungen immer erfüllt werden konnten, vermag ich hier und jetzt nicht zu beurteilen. In jedem Fall versuchte der Pädagogikunterricht, Hilfen zu geben bei der Bewältigung von Defizitphänomenen; er versuchte, den Schülerinnen und Schülern die Augen zu öffnen für pädagogische Handlungsfelder in Schule, Freundeskreis und Familie; überhaupt versuchte er, sensibel zu machen für solche Aspekte, die einer pädagogischen Betrachtung bedurften. Letzteres gelang insofern recht schnell, als die Schülerinnen und Schüler von Beginn der zweijährigen Arbeit aufgefordert waren, alles zu sammeln und zu dokumentieren, was in irgendeiner Weise mit Erziehung zu tun hat. Das taten die meisten mit großem Fleiß und Aufwand.

Ziel des Pädagogikunterrichts in der Sekundarstufe I müßte es sein, die Schülerinnen und Schüler vorsichtig an pädagogische Fragestellungen heranzuführen, sie vor allem mit Methoden der Erarbeitung bekannt und in der Anwendung dieser Werkzeuge sicher zu machen, ohne dabei aus dem Auge zu verlieren, dass es sich dabei um Unterricht in der Sekundarstufe I und nicht um einen vorgezogenen Oberstufenunterricht, dass es sich bei den Schülerinnen und Schülern der 9. und 10. Jahrgänge um Jugendliche im Alter zwischen 14 und 17 Jahren handelt, die z. B. bei einem Einsatz sehr komplexer pädagogisch relevanter Texte überfordert wären. Sehr hilfreich war mir – vor allem als Orientierungshilfe für die Erarbeitung eigener Materialien – die vom Verband der Pädagogiklehrer und Pädagogiklehrerinnen herausgegebene vierbändige Materialiensammlung für den Pädagogikunterricht in der Sekundarstufe I (Differenzierungsbereich), weil sie so konzipiert war, dass sie die Situation der Kursteilnehmer als Jugendliche in einer differenzierten und multimedial orientierten Gesellschaft berücksichtigte, weil sie vor allem aber auch in vorsichtigen Ansätzen versuchte, die Handlungsdimension in den Pädagogikunterricht der Sekundarstufe I einzubringen.

Heute ist das Fach Erziehungswissenschaft an unserer Schule voll etabliert. Die Zahl der Interessenten ist unverändert hoch geblieben, teilweise so hoch sogar, dass nicht einmal immer jeder Schülerin und jedem Schüler der Wunsch, Erziehungswissenschaft im Differenzierungsbereich zu belegen, erfüllt werden konnte. Die Befürchtung allerdings, dass Erziehungswissenschaft konkurrierend zur 3. Fremdsprache stehen könnte, hat sich – wiederum bezogen auf unsere Schule – nicht bewahrheitet. Die 3. Fremdsprache hat sich insgesamt auf niedrigem Niveau der Teilnehmerzahlen stabilisiert.

Auswirkungen auf die Anwahl des Faches in der Sekundarstufe II sind eher gering; natürlich gehen nicht alle Schülerinnen und Schüler, die am erziehungswissenschaftlichen Unterricht der Sekundarstufe I teilgenommen haben, in die Kurse der gymnasialen Oberstufe über, aber es kommen neue hinzu. Dort, wo es gemischte Kurse mit „alten" und „neuen" Pädagogikschülern gibt, besteht vielleicht die Möglichkeit, diejenigen Schülerinnen und Schüler, die über einen Kenntnis- und Anwendungsvorsprung verfügen, zeitlich begrenzt oder in Gruppenarbeitsphasen als „Tutoren" einzusetzen. Der Unterrichtende könnte dann sogar häufiger in den Hintergrund des Unterrichtsgeschehens treten und sich nur für eventuelle Fragen bereit halten.

Die Sorge mancher Kollegin und manches Kollegen, im erziehungswissenschaftlichen Unterricht der Sekundarstufe I die Inhalte der Sekundarstufe II vorwegzunehmen, kann ich nicht teilen. Schon die spiralförmige Anordnung unserer Lehrpläne schließt das aus. Im übrigen ist das Lernen in der Sekundarstufe I – wie bereits dargestellt – anders geartet als in der gymnasialen Oberstufe. Es ist an dem zentralen Problem des Lebensentwurfs des Heranwachsenden und an der Wissenschaft orientiert und sollte wissenschaftspropädeutisches Lernen in der Oberstufe vorbereiten helfen.

Ein angemessener Pädagogikunterricht müßte interaktionistisch orientiert sein, was sich in der wohldosierten Abstimmung von wissenschafts- und handlungspropädeutischen Anteilen und der konsequenten Erarbeitung und Anwendung eines vielschichtigen Methodenrepertoires, das pädagogische Einsichten ermöglicht und die Selbständigkeit der Schülerinnen und Schüler fördert, erweist. Er müsste die Schülerinnen und Schüler in der Sekundarstufe II wie auch in der Sekundarstufe I für das Fach motivieren. Der Anspruch des Faches, letztlich wissenschaftspropädeutisch orientiert zu sein, müßte gewahrt werden. Eine Folge sollte sein, dass die Schülerinnen und Schüler mit Freude und wissenschaftlichem Erkenntnisdrang bei der Sache sind. Sie sollten zu der Einschätzung gelangen können, dass ein so gestalteter Pädagogikunterricht Anreize bieten kann, sich mit individuell und gemeinschaftlich im Dialog gewonnenen Ansätzen mit einem pädagogischen Problemfeld auseinanderzusetzen. Der Pädagogikunterricht sollte Raum zur Eigeninitiative geben, die Kommunikationsbereitschaft und -fähigkeit fördern und aufzeigen, auf welcher Basis mögliche theoretische Schlussfolgerungen zustande gekommen sind.

Bei Betrachtung des vorliegenden Lehrplans Erziehungswissenschaft für die Sekundarstufe I und des Lehrplanentwurfs für die Sekundarstufe II ist mir um die Qualität des Pädagogikunterrichts eigentlich nicht bange. Erfreulich und hilfreich für die Gestaltung eines qualitativ hochstehenden Pädagogikunterrichts bereits in der Sekundarstufe I ist der Hinweis auf die Vermittlungsabsicht grundlegender Kenntnisse, Fertigkeiten und Fähigkeiten sowie Einstellungen. Der Weg dorthin wird vorgezeichnet, wird durch eine notwendige Obligatorik begrenzt, bleibt aber dennoch für den Unterrichtenden hinreichend offen. Der Pädagogikunterricht sollte durch sein Angebot an sachadäquaten Inhalten und Methoden über die kognitiv-instrumentelle Dimension hinaus Arbeitshaltungen aufbauen: „Sachbezogenheit, Genauigkeit, Konzentration und Ausdauer ... wie Motivation, Neugier, Kreativität und Kooperations- und Verantwortungsbereitschaft" [vgl. Ministerium für Schule und Weiterbildung des Landes Nordrhein-Westfalen. Richtlinien und Lehrpläne für die Sekundarstufe I – Gymnasium. Erziehungswissenschaft. Frechen. 1997. S. 15 und S. 30.].

In der Oberstufe setzt sich laut Lehrplanentwurf ein an Wissenschaft und pädagogischer Handlung orientiertes Lernen fort, indem Wissenschaftspropädeutik und Handlungspropädeutik durch zunehmend komplexere Fragestellungen, Erklärungsansätze, konkurrierende Modelle und Methoden bestimmt werden. Im Sinne von Studierfähigkeit sollen „kognitive, motivationale, ethische und soziale Qualifikationen des Handelns und Verhaltens" erworben werden. Auch in der Sekundarstufe II wird ein Weg zur inhaltlichen wie methodischen Erschließung der Erziehungswirklichkeit vorgezeichnet und durch Unterrichtsschwerpunkte (obligatorische Themen) gesetzt. Sehr viele freie Gestaltungsmöglichkeiten auf der Ebene der möglichen Zugänge, der Themengewichtung und der methodischen Erschließung verbleiben dem Unterrichtenden jedoch, die er dann auch nutzen müsste [vgl. Landesinstitut für Schule und Weiterbildung. Gymnasiale Oberstufe. Erziehungswissenschaft. Lehrplanentwurf. (Stand: 15.8.1998), S. 9/10].

GERLINDE KOUMIDES

## „Unser Kurs ist ein Kreativhaus."
### Wie Gesamtschulschülerinnen und -schüler ihren Wahlpflichtbereich-Kurs „Pädagogik und Philosophie" sehen

Die dreizehn Mädchen, darunter drei ausländische und ein körperbehindertes Mädchen, und zwei Jungen, im Alter von vierzehn bis sechzehn Jahren, kamen aus drei verschiedenen Teams, neun Jahrgangsklassen, der Kölner „Gesamtschule Holweide", die das Team-Kleingruppen-Modell praktiziert. Sie hatten den von mir initiierten Kombinationskurs „Pädagogik und Philosophie" im Wahlpflichtfach II[1] (dreistündig im 9. und 10. Jahrgang, 1996–98) gewählt, weil sie hofften, gerade hier ihre Fragen klären zu können nach der eigenen Identität, dem Sinn des Lebens, nach Sterben und Tod, Freundschaft und Liebe, Gewalt und Sucht, Erziehung in Familie und Schule, Berufsfindung und eigener Familiengründung. Obwohl die Schülerinnen und Schüler zu Unterrichtsbeginn meinten, schon viel über diese Sinn- und Wertungsfragen zu wissen, zeigten sie sich sehr aufgeschlossen gegenüber dem Bezug von Selbst und Sache, „interessanten, neuen Themen" und „praktischem Tun", gegenüber Selbstreflexion, Aufklärung und Handlungsorientierung. Als Lehrerin dieses Kurses verdeutlichte ich den Schülerinnen und Schülern, die mir nicht alle bekannt waren und die sich untereinander nicht alle gut kannten, mein Interesse an einem kreativen Unterricht in sozialer Verantwortung[2] und erweiterte ihr Vorverständnis („Kreativität ist vor allem das eigene künstlerische Tun in den Fächern Kunst und Musik.") zunächst ansatzweise um das Gespräch über die Fragen: „Ist nicht jedes Kind kreativ? Wie fördert oder behindert die Umwelt, die Familie, die Gruppe, die Gesellschaft, kreatives Handeln? Wie können wir unseren Unterricht kreativ gestalten?"

Im Zentrum der folgenden Ausführungen soll die Sicht der Schülerinnen und Schüler stehen: „Haben sich unsere anfänglichen Vorstellungen im Unterricht erfüllt?" Die Antwort auf die Frage erhielten wir während und am Ende des Kurses durch die gemeinsame Auswertung von Fragebögen, durch die bildhafte Phantasieproduktion: „Malt unseren Kurs als Haus!" und die Metakommunikationen im Unterricht. Das archetypische einfache Symbol „Haus" sollte eine kreative Projektionsmöglichkeit darstellen.[3] Vier Kleingruppen machten sich munter an die Arbeit. Das Bildprodukt einer Gruppe, das besonders eingehend vom Kurs kommentiert wurde, sei hier beispielhaft, aber umständehalber leider verkleinert und nicht farbig abgebildet:

Zunächst lachten die Jugendlichen über das Werk: „Ist ja wie in der Grundschule gemalt!" Sie waren etwas enttäuscht – „Es ist nicht so kreativ." – über das schlichte, konventionelle, fröhliche, in kräftigen, bunten Farben gemalte Bild. Erst die Beziehung der Bildmetaphorik auf die Kursgeschichte, die Verbalisierung der emotionalen Erlebnisinhalte, die Interpretation der Signifikanz stellten die kreative Leistung des Kurses dar.

Abb. 1 „Unser Kurs ist ein Kreativhaus"

Ihren Traum von „gutem Unterricht" scheinen Schülerinnen und Schüler aller Jahrgangsstufen immer in der freien Natur zu lokalisieren, ähnlich einem reformpädagogischen Landerziehungsheim, dem Gegenmodell der reinen Unterrichtsschule. Der Kurs war einhellig der Meinung, sein idyllisches Bild zeigte, daß dieser Kombinationskurs „so ganz anders als alle anderen Kurse und Fächer" gewesen wäre und daß sich die Vorstellung von einem „guten Päda- und Philo-Unterricht" weitgehend realisiert hätte. Die starken Farben (Rot, Blau, Grün, Gelb) würden die positiven Gefühle gut ausdrücken. Das Haus, der Baum, die Blumen wären gerade gemalt, stabil im Gras, in der Realität, verankert. Es würde sich nicht um ein märchenhaftes Luftschloß handeln, sondern „alles wächst gut". Sämtliche Bildteile wären verbunden durch das Gras und die Sonne, ganzheitlich integriert. Das Haus würde den Unterricht gut wiedergeben. Die Schülerinnen und Schüler assoziierten mit den detailliert ausgemalten, vielfarbigen „Backsteinen" die selbst mitgestalteten, komplexen, interessanten, an Immanuel Kants vier philosophischen Leitfragen („Was ist der Mensch? Was kann er wissen? Was soll er tun? Was darf er hoffen?") orientierten Unterrichtsinhalte[4], die Vielfalt der Unterrichtsmaterialien und Arbeitsformen und ihr großes Engagement (z. B. beim Argumentieren, bei der Filmanalyse, bei den umfangreichen Referaten und Facharbeiten, gruppendynamischen Übungen, Rollenspielen, der Projektarbeit und der Video-Befragung in unserer Schule), da sie ihre Interessen hätten aushandeln können und viel von ihnen erwartet worden wäre. Das wäre „zwar toll, aber auch schwer" gewesen, aber darauf würden sie jetzt stolz sein als Expertinnen und Experten, z. B. für „Adoption" oder die „Gedankenwelt von Sokrates". Nach Meinung des Kurses symbolisierte die Hauswand trotz aller bunter Füllungen auch die strukturierten Unterrichtsplanungen, Wiederholungen, Regeln, Rituale – Systematik und spielerische Phantasie zugleich. Die offene Tür stellte den offenen Unterricht dar, ihre Neugier auf neue Erfahrungen, Besucher, Bezüge zur Schule, u. a. Schulbibliothek, zu anderen Institutionen, zur Historie, zu Gesellschaftsproblemen.

Den blauen „Dampf aus dem Schornstein" interpretierten die Schülerinnen und Schüler als „die viele Arbeit, die wir hatten, das viele (Nach-)Denken". Der Dampf verdichtete sich zu den „Wolken": „Es ist schwer zu arbeiten, zu denken, sich zu konzentrieren, zu begründen. Es konnte auch frustrierend sein. Wolken bedrükken, aber sie sind durchsichtig, schwebend gemalt. Es ist gut, Durchblick zu bekommen. Wir haben sehr viel diskutiert und geschrieben, hatten gute Ideen ('Vögel'). Die Gruppe hatte viel mehr Ideen als ich. Ängste wurden langsam abgebaut. Die eigene Anstrengung hat auch Spaß gemacht. Die Vögel verbinden die blauen Wolken und die gelbe Sonne. Die steht für Licht, Fröhlichkeit, Wärme, Ruhe. Wir haben uns gut verstanden." So würden sie denn auch alle lachend aus ihren offenen Fenstern in den zwei oberen Stockwerken (9./10. Jahrgang) blicken und in der geöffneten Tür stehen, winkend, jede und jeder für sich, eine eigene Persönlichkeit und zugleich als „Wir"-Gruppe integriert.

In dem „Baum" sahen die Schülerinnen und Schüler ihren „Lebensbaum". Der Unterricht wäre wichtig für ihr Leben. Die große, runde, grüne Baumkrone würde zeigen, wieviel sie gelernt hätten, theoretisches und praktisches Handlungswissen. Die reifen, roten „Früchte" symbolisierten unsere gemeinsamen Problemlösungen, die kreativen Produkte. Die überproportional großen, bunten „Blumen", harmonisch auf beiden Seiten des Lebensbaumes, bedeuteten für sie Schönes, Freude am Unterricht, Optimismus. Abschließend resümierten die Jugendlichen, ihre Erwartungen hätten sich in ihrem „Kreativhaus" mehr als erfüllt, auch wenn es Gruppen-, Leistungs- und Zeitdruck, Ängste vor dem Referieren und große private Probleme bei einzelnen gegeben hätte. Der Besuch eines Kindergartens wäre leider nicht möglich gewesen, und ich hätte oft auf meinen Forderungen, auch z. B. auf methodischen Übungen, bestanden, wäre aber immer „verständnisvoll, interessiert und hilfsbereit" gewesen.

Die These[5], je offener die Rahmenbedingungen eines Unterrichts sind (so gibt es kein Gesamtschulcurriculum für „Pädagogik" / Sekundarstufe I und bis 1997 nur ein Lehrwerk[6]), desto bedeutsamer ist die erzieherische Grundeinstellung der Lehrkraft, die die Beliebtheit eines Faches, das Wohlbefinden, die Mitarbeit und die Leistungsbereitschaft von Schülerinnen und Schülern stark beeinflußt, scheint auf diesen Wahlpflichtbereich-Kurs zuzutreffen. Eine schülerzugewandte Erziehungshaltung, ein gemeinsam geplanter, binnendifferenzierter, systematisch strukturierter, leistungsfordernder, -anerkennender, -fördernder und -kontrollierender Fachunterricht, der zur Bildung der Normentscheidungs- und Werturteilsfähigkeit beiträgt, eine ausgewogene Balance von Lenkung durch die Lehrperson und Eigenaktivität der Schülerinnen und Schüler und eine kontinuierliche Auswertung und Selbstreflexion schaffen Vertrauen, lassen positive Persönlichkeitswirkungen entstehen, sind kreativitätsfördernd, führen zu guten Leistungen und zu eigenwilligem, verantwortungsbewußtem Handeln. Aufgrund der erfreulich großen Handlungsspielräume auf sämtlichen schulpädagogischen Ebenen gestalteten wir gemeinsam unser eigenes „Kreativhaus" und versuchten immer wieder neu, unsere eigene Vorstellung von einem guten Unterricht zu realisieren. Die Integration von „Pädagogik" und „Philosophie" erwies sich als sehr fruchtbar für das Lernen in Zusammenhängen. Mein grundlegendes Interesse an sozialer Kreativität bot von Anfang an Orientierung und schien eine wesentliche Voraussetzung zu sein für die Förderung einer forschenden Fragehaltung, von Risikofreude, Frustrationstoleranz, Selbstvertrauen, Eigen- und Mitverantwortlichkeit, Empathie und Kooperationsfähigkeit in den kreativen Prozeßphasen der Gruppensensibilisierung, -reflexion und -evaluation.

Obwohl wir uns mit so mancher dunklen „Wolke" auseinandersetzen mußten, trug der große Arbeitsaufwand „reife, rote Früchte", zumal wir vielfältig unterstützt wurden von Eltern, Kolleginnen und Kollegen, Schülerinnen und Schülern inner- und außerhalb unserer Schule. Am Ende waren wir zufrieden – auch mit den „gerechten, vernünftigen Noten", so der Kurs – und dankbar. Die eine Hälfte der Jugendlichen wechselte mit mir in die Sekundarstufe II und wählte „im roten Dach des Kreativhauses" erneut „Pädagogik" und „Philosophie". Die andere Hälfte verließ unsere Gesamtschule.

## Anmerkungen

[1] Vgl. allgemein ein informatives Beispiel für NRW: G. Röken und F. Heindrihof: „Wahlen und Beratung zum Wahlpflichtbereich I unter dem Kriterium der Gesamtschulidentität", G. Röken (Hrsg.): *Gesamtschule in Nordrhein-Westfalen*. Essen 1996, S. 323–337.

[2] Vgl. mein Kreativitätskonzept und die zwei Unterrichtsmodelle: „Kreativitätsförderung in der Gruppe" (LK Pädagogik / 11. Jahrgang / Gymnasium) und „Auf den Spuren von Kreativität – Untersuchung der Erziehung der Jugend im Nationalsozialismus" (GK Pädagogik / 13. Jahrgang / Gesamtschule), in: G. Koumides: *Handlungsspielräume zur Förderung von Kreativität. Konzeption für das Unterrichtsfach Erziehungswissenschaft in der Sekundarstufe II*. Frankfurt 1993; G. Koumides: „Ist die Schule kreativitätsfeindlich? – Zum kreativen Handeln von Lehrerinnen und Lehrern", *Pädagogik und Schulalltag*, 49. Jg., H. 3 (August 1994), S. 404–414.

[3] Vgl. M. Schuster: *Kunsttherapie. Die heilende Kraft des Gestaltens*, 4. Aufl., Köln 1993.

[4] Beispielhaft seien hier die folgenden Unterrichtsinhalte genannt: Kreativität; Identität; Gruppe; Entwicklung; Denken; Intelligenz; gelingende und mißlingende Erziehung in Familie und Schule, heute und früher; (inter-)nationale Alternativschulen, im Vergleich mit „Holweide"; Jugendkriminalität; bedeutende PhilosophInnen und PädagogInnen; Tod; Liebe; Sinn des Lebens; Berufsfindung.

[5] Vgl. H. Fend: *Qualität im Bildungswesen. Schulforschung zu Systembedingungen, Schulprofilen und Lehrerleistung*. Weinheim 1998, S. 317ff.

[6] Vgl. zum Pädagogikunterricht / Sekundarstufe I: Ministerium für Schule und Weiterbildung des Landes NRW: *Richtlinien und Lehrpläne. Erziehungswissenschaft. Sekundarstufe I. Gymnasium*. Frechen 1997; J. Langefeld und S. Dück: *Auf dem Wege zum Selbst*, 4 Bde. (9.1.–10.2.), Erkrath / Wuppertal 1989; E. Stiller: *Dialogische Fachdidaktik Pädagogik*. Paderborn 1997, S. 128–129; K. Beyer: *PU auf der SI*. Hohengehren 1998; C. Storck, D. Paland und H.-J. Löhnenbach: *Menschen-Kinder – Menschenskinder*, Bd. 1, Hohengehren 1998; H. Dorlöchter u. a.: *Der kleine Phoenix*. Paderborn 1999; etliche Aufsätze in: *Pädagogik UNTERRICHT*, vgl. u. a. die Themenhefte: „Pädagogikunterricht in der Sekundarstufe I", 14. Jg., H. 2/3 (Juli/August 1994), und: „Der neue SI-Lehrplan in NRW", 16 Jg., H. 1 (Februar 1996). Aus Gründen der Platzersparnis muß hier auf die Auflistung von Materialien zum Philosophieunterricht / Sekundarstufe I verzichtet werden.

# 3.
# Pädagogigkunterricht und und Schulentwicklung im Bereich der Sekundarstufe II

WOLFGANG THIEM

# „Sisyphos" oder der beschwerliche Weg, einem neuen Unterrichtsfach zum Durchbruch zu verhelfen

Als sich die Professoren und Mitarbeiter des Instituts für Pädagogik der Universität Potsdam für eine historische Abbildung des **Sisyphos** als Logo der Homepage des Instituts im Internet entschieden, haben sie nicht in erster Linie an die Entwicklung des Unterrichtsfaches Erziehungswissenschaft in der gymnasialen Oberstufe gedacht. Aber das Bild kennzeichnet diesen Weg sehr anschaulich, wenn man nicht doch **Don Quijotes** Ritt gegen Windmühlenflügel bemühen möchte.

## 1. Ein Unterrichtsfach wird konstituiert – aber wird wohl für viele zum ungewollten „Kind"

Gegenüber 20 Jahren des Verbandes der Pädagogiklehrerinnen und -lehrer ist die von uns zu betrachtende Geschichte des Werden eines Unterrichtsfaches im „neuen" Land Brandenburg weitaus kürzer. Das Fach Erziehungswissenschaft wurde mit dem Ersten Schulreformgesetz für das Land Brandenburg (Vorschaltgesetz zum Landesschulgesetz) vom 25.4.1991, der Ausbildungsordnung für die gymnasiale Oberstufe (AO-GOST) vom 12.5. 1992 sowie der Prüfungsordnung (PO-GOST) vom 27.3.1993 als neues Fach in die gymnasiale Oberstufe aufgenommen. Im gesellschaftswissenschaftlichen Aufgabenfeld ist es somit neben Politische Bildung, Geschichte, Erdkunde und die neuen Fächer Psychologie, Philosophie, Recht und Wirtschaftswissenschaft gestellt.

Es kann als zweites Schwerpunktfach gewählt werden, was aber bisher noch nicht angeboten wird. Es wird in der gegenwärtigen Praxis als Wahlpflichtfach als Grundkurs zum dritten (Klausur) bzw. vierten Abiturprüfungsfach (mündliche Prüfung) gewählt, wozu es durchgängig von 11/I bis 13/II zu belegen ist.

Gleichzeitig ist in den entsprechenden Ordnungen die Installierung eines **berufsorientierten Schwerpunkts Sozialwesen** vorgesehen, wozu obligatorisch Psychologie (b)[1] oder Erziehungswissenschaft (b) als zweites Schwerpunktfach und jeweils das andere Fach als Grundkurs zu belegen wären.

Ein Vorläufiger **Rahmenplan für Erziehungswissenschaft (a)/(b)** entstand 1992 im Auftrag des Ministeriums für Bildung, Jugend und Sport (MBJS) am Pädagogischen Landesinstitut Brandenburg (PLIB) durch Mitarbeit von erfahrenen Wissen-

---

[1] (b) im Sinne von berufsorientiertem Schwerpunkt, wogegen (a) das allgemeinbildende Fach in der Gymnasialen Oberstufe kennzeichnet.

schaftlern und Lehrern des Faches aus Nordrhein-Westfalen. Die Autoren waren Eckehardt Knöpfel, Klaus-Uwe Kuchler, Jürgen Langefeld und Uwe Wyschkon. Allerdings reicht heute der Rahmenplan offensichtlich nicht aus, um bei der Kultusministerkonferenz (KMK) einen entsprechenden berufsorientierten Schwerpunkt zu beantragen.

Ein solches auf pädagogische Qualifikationen orientiertes Unterrichtsfach existierte in der Stundentafel der allgemeinbildenden polytechnischen und der erweiterten Oberschule (POS und EOS) der DDR nicht, obwohl die Notwendigkeit pädagogischer Kenntnisse der Heranwachsenden durchaus auch hier diskutiert wurde (vgl. im Vergleich dazu Vorstellungen zur „Grundausstattung aller Menschen" im 12. Lernbereich einer sich im Schulversuch konstituierenden Gesamtschule von H. v. Hentig [1969, 41]. Die „Lösung" wurde aber auch bei dieser Fragestellung – so wie beim muttersprachlichen Prinzip, dem polytechnischen Prinzip u. a. – in einem fachübergreifenden Prinzip der Erörterung von pädagogischen Fragen gesucht. Es gab somit keine ausgebildeten Lehrer für ein solches allgemeinbildendes Fach.

Deshalb organisierte das PLIB im Jahre 1992 gemeinsam mit der Universität Potsdam einen „Crashkurs" zum Erwerb einer Lehrbefähigung für das Fach, an dem 27 Lehrerinnen und Lehrer des Landes teilnahmen.

1993 übernahm das Institut für Pädagogik der Universität die weitere Ausbildung. Tatkräftige Unterstützung des Crashkurses, aber auch der weiteren universitären Ausbildung leisteten erfahrene Lehrerbildner und Lehrer des Faches aus Nordrhein-Westfalen – so neben den Autoren des Rahmenplans auch Heinz Dorlöchter, Winfried Nießen, Karl-Heinz Basten u. a.

1995 legten die ersten Absolventen beim Landesprüfungsamt nach § 55 der Ordnung der Ersten Staatsprüfung für Lehrämter an Schule (Lehramtsprüfungsordnung – LPO vom 14. Juni 1994) eine Erweiterungsprüfung für das Fach Erziehungswissenschaft ab.

Das Studium an der Universität – weitere Studierende nahmen ab 1994 jeweils mit Beginn des Wintersemesters ihr Studium auf – wird als **dreijähriger Aufbaustudiengang** mit zumindest **70 SWS** organisiert und ermöglicht nach der Ergänzungsprüfungsordnung des Landes von 1996 in der DDR ausgebildeten Diplomlehrern den Erwerb eines neuen Lehramts als Lehrer der Sekundarstufe II. Studierende mit erster Staatsprüfung nach neuer Ordnung legen eine Erweiterungsprüfung für ein weiteres Fach ab. Bisher haben **mehr als 35 Lehrerinnen und Lehrer** eine Lehrbefähigung für das Fach erworben.

Das Studium ist so aufgebaut, dass bereits von Beginn an **Fachdidaktik** auf der Grundlage weiterentwickelter Positionen der Allgemeinen Didaktik in ihrer Anwendung auf das Fach in die Ausbildung einbezogen ist (Gesamtanteil von 18 SWS). Anliegen und Zielstellungen des Faches sind bekanntermaßen nur mit **eigenständigem fachdidaktischen Vorgehen** zu erreichen, wozu insbesondere die unmittelbare problem- und handlungsorientierte Auseinandersetzung mit Erziehungswirklichkeit, die Aneignung und Anwendung wissenschaftlicher Methoden, ein verstärktes biographisches und regionales Lernen und die zielgerichtete Befähigung zur Kommunikation und Kooperation zählen.

Grundprinzip der Ausbildung ist es dabei, die spezifischen Anforderungen an die inhaltliche und didaktisch-methodische Gestaltung des Faches zu erläutern und insbesondere konkrete Lösungsansätze – auch auf der Basis der Erfahrungen der bereits praktizierenden Lehrer – zu diskutieren. Das versetzt die Lehrerinnen und Lehrer in die Lage, möglichst ab zweitem Studienjahr das Fach als Grundkurs oder fakultative Arbeitsgemeinschaft an ihrer Schule anbieten, um ihr weiteres theoretisches Studium so auch intrinsisch zu motivieren. Zugleich werden die Studierenden so befähigt, ihr weiteres Studium zu hinterfragen, ob die notwendigen Theorien und Erklärungsmuster bereitgestellt werden.

Schwierigkeiten bei der Entwicklung des Faches, wie sie G. Böhm als leitender Regierungsdirektor bei der Bezirksregierung Münster 1989 für Nordrhein-Westfalen feststellte (vgl. „Pädagogikunterricht", 2/3 1989, S. 1) treten auch in Brandenburg zugespitzt in Erscheinung, wobei ein solch engagiertes öffentliches Eintreten seitens von Vertretern der Schuladministration für unser Unterrichtsfach in Brandenburg vom mir bisher leider nicht beobachtet werden konnte. Nicht zu übersehen sind dagegen gegenteilige Argumentationen.

Waren beim ersten Kurs noch Abminderungsstunden für die Studierenden möglich, verringerte sich zunehmend das Interesse der Schuladministration an einer Ausbildung von Lehrern für dieses Fach. Gegenwärtige Studienbewerber müssen sich beispielsweise von ihren Schulräten sagen lassen, dass ein solches Studium ihre „Privatsache" sei (das Argument eines „Ordens am Schlafanzug" stellt dabei sicher eine besondere „Stilblüte" dar). Aber die Vielfalt der ablehnenden Argumentationen gegen ein im Schulgesetz gewünschtes Fach ist beinahe unbegrenzt. Beliebte Argumente von Schulräten und Schulleitern – so wiederholt sich auch hierbei die relativ kurze Geschichte des Faches – sind beispielsweise, dass man ein bundesweit anerkanntes Abitur auch ohne dieses Fach erwerben könne.

Nachdem im sogenannten Weiterbildungsprogramm für Mangelfächer (wozu allerdings Erziehungswissenschaft nicht gehört, obwohl es hierfür auch bisher nur wenige Lehrer gibt!) beispielsweise Studien von Englisch, Französisch, Kunst, Politische Bildung u. a. mit Abminderungsstunden ermöglicht werden, sind in der Regel für unsere Studierenden keinerlei Vergünstigungen möglich. Die Studierenden sind meist noch vollbeschäftigt, müssen somit ihre Pflichtstundenzahl auf vier Schultage verteilen. Zunehmend haben die Studierenden sogar Schwierigkeiten, den Studientag (Freitag) durch Stundenverlagerung „freizubekommen". Es gibt sogar „Angebote" der Schulbehörden, doch eine zeitweise Teilzeitbeschäftigung zu nutzen, um das Studium zu realisieren. Das aufwendige „Opfer" eines Studiums bei vollem beruflichen Engagement und damit doppelter Belastung soll also auch noch mit Gehaltsausfall „erkauft" werden.

Ablehnende Argumente der oben genannten Art gebrauchte auch der Vertreter des Bildungsministeriums (MBJS) in Diskussionen um Studienordnungen in den zuständigen Gremien an der Universität und brachte so Vorbehalte gegen ein von uns vorgesehenes und konzipiertes **grundständiges Studium** des Faches ein. Da durch ein „Hochschulentwicklungsprogramm" des Wissenschaftsministers ohnehin eine Kürzung des Stellenplans der Hochschulen festgelegt ist, wird ein solcher neuer Studiengang nur eingeführt werden können, wenn sich daraus keine kapazitären Forderungen ableiten. Damit wird er wohl auf den „Nimmerleinstag" verschoben, denn wenn auch viele fachliche Angebote in gleicher Weise für andere Lehrer- und Magisterstudierende gleichermaßen nützlich sind, werden die fachdidaktischen Lehrveranstaltungen für diesen Studiengang auf alle Fälle eigenständig angeboten werden müssen. Bleibt also die Frage, ob sich das Bildungsministerium Brandenburgs die Lehrer für in ihrer Stundentafel aufgenommene Fächer in anderen Ländern ausbilden lassen will oder das Fach früher oder später doch aussterben soll.

Misslich ist auch die Situation bei der Berufung eines Fachmoderators für Erziehungswissenschaft, wozu es mehrmalige Ausschreibungen gab, der letztlich aber offensichtlich aus finanziellen Gründen bisher nicht berufen wurde. Die Abituraufgaben werden also nach wie vor vom Fachschulrat mit „ehrenamtlichen" Aufgabenberatern (zusätzlich zu ihrer umfangreichen Arbeitsbelastung) geprüft. Aufgaben der Fachmoderatoren im Rahmen der regionalen Fortbildung können überhaupt nicht wahrgenommen werden.

Im Gegensatz dazu will aber das Land Brandenburg den oben schon genannten **berufsorientierten Schwerpunkt Sozialwesen** bei der KMK beantragen, wozu eigenständige Rahmenpläne für Erziehungswissenschaft (b) und Psychologie (b) notwendig sind, für deren Ausarbeitung 1998 Kommissionen berufen wurden. Alles in allem eine Situation voller Widersprüche, die allerdings schwerlich als Antrieb genutzt werden können.

Die Ursache für die Widersprüchlichkeit in diesen teilweise auch sehr subjektivistisch bestimmten Aussagen und Festlegungen liegt für mich insbesondere in der fehlenden theoretischen Reflexion eines (übernommenen) Fachkanons auf die spezifische Geeignetheit, die Ziele der gymnasialen Oberstufe wirklich zu erreichen.

## 2. Trotz alledem: Das vielerseits „ungewollte Kind" entwickelt sich und gedeiht aber in der Praxis

Die Lehrerinnen und Lehrer des Faches (ihre Zahl ist zugegebenermaßen noch nicht riesig, nimmt zwar langsam, aber beständig zu!) haben sich aber der auf ersten Blick unsinnigen Anstrengung des Sisyphos oder dem kühnen Ritt Don Quijotes gestellt. Sie verhelfen dem Fach in ihrer alltäglichen Arbeit zu Referenz und Bedeutung. Trotz vieler Erschwernisse **„lebt"** das Fach im Land Brandenburg.

Es wird an den Schulen, in denen es angeboten werden kann, von den Schülern **gut angenommen**, teilweise können gar nicht alle Interessenten in die Kurse aufgenommen werden. Das Fach wird durchaus zahlreich als drittes und viertes Prüfungsfach gewählt. An wenigen Schulen besteht auch eine einvernehmliche Koexistenz und kollegiale Kooperation mit dem konkurrierenden Fach Psychologie.

Das alles ist das **Verdienst engagierter Lehrerinnen und Lehrer**, die ihre neu erworbenen Erkenntnisse aus einem anstrengenden Studium auch mit Erfolg umsetzen wollen. Viele sind zu der Einsicht gekommen, dass vieles, was sie auf der Basis ihrer vorherigen pädagogischen Ausbildung (die ohne Zweifel ja recht einseitig, aber durchaus tragbar war!) versucht haben, in ihrem neuen Studium der Erziehungswissenschaft begründet und erklärt wurde.

Sie haben in ihrer Arbeit die Orientierung G. Böhms sehr ernst genommen, dass „das Fach Erziehungswissenschaft auf seinen Beitrag zur Erziehungs- und Bildungsarbeit in der Schule entscheidend aufmerksam machen muss ..." (ebenda, S. 3). Sie informieren Schüler und auch ihre Kollegen über das Anliegen des Faches, zeigen in anschaulicher Weise, welche Inhalte zu bearbeiten sind, welche Methoden dabei zu nutzen und welche Wege zu begehen sind.

Viele der Lehrerinnen und Lehrer haben dabei inzwischen auch einen speziellen inhaltlichen bzw. methodischen Schwerpunkt ihrer Arbeit – gewissermaßen eine Profilierung – gefunden, ohne dabei allerdings einseitig zu werden. So erfolgt die verstärkte Beschäftigung mit handlungsorientiertem Vorgehen, die Auseinandersetzung mit Sucht und ihrer pädagogischen Prävention, die Nutzung von Elementen der Gestaltpädagogik, die gezielte Nutzung von Ganzschriften u. v. a. Viele Kollegen griffen mit Erfolg die Anregungen des neuen Arbeitsbuchs „Phoenix oder der etwas andere Weg zur Pädagogik" (Schöningh, 1997) auf.

Dabei passiert es schon auch, dass andere Kollegen an der Schule fragen, was in unserem Fach eigentlich gemacht wird, weil Schüler bei ihnen zur Art und Weise des Unterrichts nachfragen. Es entstehen Nachfragen nach offensichtlich andersartigen methodischen Vorgehensweisen im erziehungswissenschaftlichen Unterricht, wobei dann durchaus auch der wissenschaftspropädeutische Charakter des Faches „hinterfragt" wird. Die Lehrerinnen und Lehrer verteidigen dann selbstbewusst ihr Fach. Befriedigt sind die Lehrerinnen und Lehrer allerdings besonders, wenn „beisitzende" Kollegen ihnen nach mündlichen Abiturprüfungen bescheinigen, wieviel an Wissen und Können die Schüler aufbringen mussten, um zu einer positiven Note zu gelangen (zumindest im Hinterkopf war also doch auch ein bestimmter Ruf vom „Laberfach"!).

Durch das Studium ist eine enge Kollegialität zwischen den Fachlehrern entstanden, so dass Erfahrungen regelmäßig informell ausgetauscht werden, im Unterricht nutzbare Videos und regionale Materialien, Anregungen für die Formulierung von Klausuraufgaben u. v. a. weitergegeben werden.

Deshalb ist es besonders erfreulich, dass ab 1999 auch die offizielle rahmenplanbegleitende Fortbildung wieder gefördert wird und eine Planungsgruppe vier „Bausteine" inhaltlich projektieren konnte und nun organisieren wird. Auch hierbei arbeiten engagierte Lehrerinnen und Lehrer, der Fachschulrat, je ein Vertreter vom PLIB und der Universität eng zusammen. Im Vordergrund der Fortbildung wird die Stärkung der fachlichen, didaktischen und methodischen Kompetenzen der Lehrerinnen und Lehrer stehen, wozu geeignete Dozenten und erfahrene Fachlehrer eingeladen werden. Ein wesentlicher Bestandteil der jeweils dreitägigen Bausteine (Donnerstag nachmittags bis Sonnabend, denn die Hälfte der Zeit soll nach Vorschrift des MBJS Freizeit sein!) sollen jeweils „Materialbörsen" sein, die von erfahrenen Lehrerinnen und Lehrern des Faches im Lande Brandenburg organisiert und moderiert werden.

## 3. Aufforderung zur Ausarbeitung neuer Rahmenpläne – berechtigter Optimismus?

Gesunder und realer Optimismus von Pädagogen darf wohl nie versagen. So erhoffen wir trotz aller oben genannten „An- und Rückschläge" auch einen wesentlichen Auftrieb für die Entwicklung des Faches von den inzwischen in Angriff genommenen Arbeiten an der Weiterentwicklung des Rahmenplans Erziehungswissenschaft (a) und der Ausarbeitung eines Rahmenplans (b) für den berufsorientierten Schwerpunkt. Berufen wurde eine Kommission aus erfahrenen Lehrerinnen und Lehrern des Faches aus der gymnasialen Oberstufe an Gymnasien, Gesamtschulen und Oberstufenzentren und dem Fachschulrat. Ich kann dabei als Vertreter der Universität Potsdam die Didaktik des Faches vertreten. In einem Erfahrungsaustausch mit Lehrerinnen und Lehrern des Landes haben wir Positiva und Kritikpunkte des vorläufigen Plans erfasst und Grundlinien der Überarbeitung konzipiert (vgl. „Pädagogikunterricht", 1/1998).

Der neue Rahmenplan Erziehungswissenschaft (a) soll genauer zwischen **Obligatorischem und Fakultativem** unterscheiden, aber die Freiräume von Lehrenden und Lernenden keineswegs einschränken. Konkrete Vorschläge von inhaltlichen Ansatzpunkten und zu nutzenden Erklärungsmodellen sollen die Entscheidung der Lehrerinnen und Lehrer erleichtern; methodische Anregungen sollen das verstärkte handlungsorientierte Vorgehen anregen und orientieren. Allgemeine Anforderungen an Unterricht sollen im Inhaltlichen konkret in Anregungen umgesetzt werden.

Als ein „alter" Streitpunkt in solcher Rahmenplanarbeit konkurrierender Fächer wird dabei wieder die Beziehung zur Psychologie deutlich. Erziehungswissenschaftlicher Unterricht kommt bei der Lösung pädagogischer Fragestellungen, bei der Analyse, Erklärung, Bewertung und Planung von erzieherischen Situationen nicht ohne psychologische und andere Erklärungsmodelle und Theorien aus. Entscheidende Frage ist es deshalb, wie der Rahmenplan verhindern kann, dass die Vermittlung solcher Theorien zum Selbstzweck wird, wodurch das Anliegen des Faches völlig verfehlt würde? Die geplante Fortbildung soll auch dazu dienen, Änderungen des Konzepts und des Aufbaus des Rahmenplans zu erläutern.

In einem zweiten Schritt soll die gebildete Rahmenplankommission einen gesonderten Rahmenplan Erziehungswissenschaft (b) für einen **berufsorientierten Schwerpunkt** Sozialwesen erarbeiten, wozu die Vorstellungen in den zuständigen Fachdezernaten allerdings nach wie vor sehr verschwommen sind. Für die weitere Entwicklung der gymnasialen Oberstufe nach den Richtungsentscheidungen der KMK ist ohnehin eine Verstärkung der Berufsorientierung und Berufsvorbereitung vorgesehen, so dass insbesondere zu klären sein wird, worin im Schwerpunkt eine spezielle Berufsorientierung bestehen kann, ohne eine doppelte Qualifizierung anzustreben, was offensichtlich nicht vorgesehen ist.

Ein besonderes Problem dieser Rahmenplanarbeit wird eine genaue Abstimmung der Ziele und Inhalte der (b) – Fächer Erziehungswissenschaft und Psychologie sein, weil von den Schülern nach bisherigen (allerdings durchaus nicht eindeutigen Orientierungen) **beide Fächer** (jeweils als Grund- oder Leistungskurs) zu belegen sind.

Die Bilder des **Sisyphos** oder des **Don Quijotes** kennzeichneten eingangs ein fast **aussichtsloses Unterfangen**. Der beherzte und einfallsreiche Einsatz von vielen für das Fach „Brennenden" zahlt sich jedoch offensichtlich aus und lässt Hoffnungen auf eine weitere Entwicklung des Faches zu. So sehe ich durchaus auch den Zeitpunkt gekommen, dass auch in Brandenburg die ersten Leistungskurse angeboten werden, an die sich die Lehrerinnen und Lehrer bisher noch nicht „herantrauten".

In diesem Prozess wollen wir selbstbewusst den eingeschlagenen Weg weiterverfolgen und hoffen, nach wie vor die Erfahrungen unserer Kolleginnen und Kollegen aus anderen Bundesländern nutzen zu können.

GUNTER GESPER

## Mathematik, Physik und Erziehungswissenschaft lehren – (k)ein Widerspruch
oder
Was kann Erziehungswissenschaft dem Naturwissenschaftler geben?

Schulpolitik und pädagogische Realität der Schule müssen nicht unbedingt vereinbar sein. Viele Erkenntnisse brauchen lange Reifezeiten, müssen immer wieder „neu" entdeckt werden und gelangen auf dem Amtsweg oft zur Überreife.

Einen solchen Streitpunkt stellen die mathematisch-naturwissenschaftlichen Fächer dar. Wieviel davon ist wirklich notwendig, was ist zu kopflastig und was kann ruhigen Gewissens gestrichen werden?

Meine persönliche Suche nach Antworten auf diese Fragen ließen mich als Lehrer für Mathematik und Physik nicht nur neue Perspektiven für meinen Unterricht finden, sondern ein weiteres, abgesehen von der allgemeinen Lehrerausbildung, nicht artverwandtes Fach studieren.

Bei uns im Land Brandenburg wurde 1992 vom Pädagogischen Landesinstitut Brandenburg (PLIB) ein Crashkurs Erziehungswissenschaft für interessierte KollegInnen angeboten. Ausführende waren KollegInnen aus Nordrhein-Westfalen. Dazu gehörte die damals noch sehr unsichere Möglichkeit, ein reguläres Studium an der Universität Potsdam aufzunehmen. Kurz gesagt: Unserer „bunten" Truppe gelang es, neben den nicht unerheblichen Anpassungsleistungen in den Sek. II – Schulen, ein komplettes Studium zu absolvieren, sowie einen stabilen Zusammenhalt im Seminar zu entwickeln. Das ist bis heute die Basis einer vielfältigen persönlichen Zusammenarbeit geblieben, denn vor allem im ländlichen Bereich sind die EW-KollegInnen alleinige Vertreter ihres Faches.

1996 konnten erstmals Abiturprüfungen abgenommen werden.

Neu und ertragreich für mich waren nach der einseitig materialistischen Orientierung meiner ursprünglichen Ausbildung, besonders die vielfältigen Sichtweisen auf Pädagogik, das große Angebot theoretischer Positionen, sowie das Recht, ja die Pflicht, an diese kritisch und konstruktiv heranzugehen.

Parallel zum Studium begann ich wie die Mehrzahl meiner KommilitonInnen Erziehungswissenschaft zu unterrichten. Aus der Unsicherheit, mehr auf meiner Seite als auf der der SchülerInnen, wurde zunehmend Begeisterung. Der von den Praktikern aus NRW ausgestrahlte Enthusiasmus wirkte weiter und ließ uns neue Wege erproben. Dabei prägten natürlich besonders die Herkunftsfächer den EW-Unterricht.

Bei den NaturwissenschaftlerInnen treten beispielsweise solche Merkmale wie besonders deutliche Strukturierung und Faktenorientierung, bei SprachlehrerInnen die geschickte Materialauswahl, größere Themenvielfalt sowie die komplexe Fragetechnik in den Vordergrund. Kombinationen mit Sport, Biologie, Deutsch, Kunst, Chemie oder politischer Bildung lassen noch viele andere Erfahrungen erwarten.

Resultat dieser Arbeit ist eine starke Etablierung „unseres" Faches an allen Schulen an denen ein EW-Lehrer tätig ist. Das heißt, daß EW selbst an kleineren, zweizügigen Gymnasien mit zwei Parallelkursen unterrichtet werden kann.

Aus Gesprächen mit Schülern ist zu entnehmen, daß zunächst der Lehrer, nicht das Fach angewählt wird. Mit zunehmender Fachkenntnis entsteht aber daraus später eine echte Identifikation der SchülerInnen mit den Inhalten der Erziehungswissenschaft.

Es ist eine Freude, zu hören oder zu sehen, mit welchem Stolz die TeilnehmerInnen der EW-Kurse in der Öffentlichkeit „ihr" Fach präsentieren. (z. B. bei Tagen der offenen Schultür oder einfach nur in der Diskussion mit MitschülerInnen).

Besonders erfreulich ist die Tatsache, daß ca. 50 % der Kursteilnehmer männlichen Geschlechts sind .

Zurück zum eigentlichen Thema. Immer wieder werde ich gefragt, wie man denn mit so gegensätzlichen Fächern in der Praxis umgehen kann. Meine Antwort lautet stets: „ausgezeichnet", denn ich kann mir keine intensivere Weiterbildung zu beiden Fachgebieten vorstellen.

Erkenntnisse und Methoden der Erziehungswissenschaft lassen mich immer wieder von neuem über den Ablauf und die Gestaltung meines Mathematik- oder Physikunterrichts nachdenken.

Seien wir doch ehrlich: Im Laufe der Jahre schleicht sich didaktische Routine ein. Nicht so bei denjenigen, welche beispielsweise durch Inhalte aus dem Bereich des Lernverhaltens angeregt werden, kritisch den eigenen Stil zu betrachten und zu verändern. Dazu kommt der Effekt, daß man von den SchülerInnen der EW-Kurse in anderen Fächern „erlebt" und unter erziehungswissenschaftlichen Gesichtspunkten beobachtet wird. Hier zählt die Einheit von Wort und Tat – daran wird die eigene Glaubwürdigkeit und Überzeugungskraft gemessen.

Auf diese Weise wird der Unterricht in den „Herkunftsfächern" stets neu belebt. Sei es durch anders strukturierte Arbeitsweisen (Gruppen- und Projektarbeit, problemorientierte Tätigkeiten, Anregungen zur Selbstreflektion oder durch Aufgabenmaterial aus dem EW-Bereich). Selbstverständlich sind die hier genannten Beispiele für jeden Lehrer erstrebenswert, doch werden sie durch den EW-Unterricht in ihrer Wirksamkeit verstärkt.

Auf der anderen Seite gewinnt der erziehungswissenschaftliche Unterricht durch typisch mathematisch – naturwissenschaftliche Denkweisen eine, meiner Meinung nach sehr gesunde Straffung, ohne dabei die notwendige Vielfalt und Breite der Betrachtung einzubüßen. Das wird z. B. in der Strukturierung und der übersichtlichen Anordnung wesentlicher Inhalte deutlich.

Eine meines Erachtens äußerst wichtige Arbeitsweise ist die stufenweise Verdichtung komplexer theoretischer Zusammenhänge bis hin zu einer grafischen Veranschaulichung.

Von meinen SchülerInnen wird diese Methode als sehr produktiv und lernfördernd empfunden. Sie greifen bei Wiederholungen, Vergleichen und Anwendungen gern auf derartige Grafiken zurück, weil sie einen engen persönlichen Bezug dazu haben.

Als ein zweites Beispiel für den Transfer von Arbeitsmethoden möchte ich die selbständige Vorbereitung, Durchführung und Auswertung von Experimenten in der Erziehungswissenschaft anführen. Das Vorgehen im EWU entspricht den bei der Durchführung von physikalischen Experimenten und bei der Anfertigung von Protokollen geübten Arbeitsschritten des Physikunterrichts. Diese Methode hat sich bereits über fünf Jahre hinweg sehr gut bewährt. Nicht nur für die SchülerInnen entsteht dadurch ein fester Handlungsrahmen, sondern durch die gute Strukturierung wird auch die Bewertung erleichtert, da mehr konkret ansprechbare Orientierungspunkte als in einem geschlossenen Text vorhanden sind.

Alle genannten besonderen Aspekte des EWU im Land Brandenburg führten dazu, daß es uns gelungen ist, das bereits erwähnte Geschlechterverhältnis in den EW-Kursen ohne Abstriche bei der Unterrichtsbeteiligung zu bewahren.

Ich könnte noch eine Reihe weiterer nützlicher Auswirkungen „meiner" Fächerkombination aufzählen, was jedoch nicht Anliegen dieses Beitrages ist. Vielmehr wollte ich auf den Nutzen solcher unkonventioneller Verbindungen aufmerksam machen, welche in Zukunft hoffentlich häufiger anzutreffen sein werden. Ich wünsche mir und uns LehrerInnen, daß durch unser Wirken im EW-Unterricht viele neue Ideen für pädagogisches Denken und Handeln entstehen und vor allem wirksam werden.

ANNEGRET EICKHORST

## „Das Fach kommt vor". –
Zur Situation des Pädagogikunterrichts im allgemeinbildenden Schulwesen von Bremen, Hamburg und Niedersachsen

„Im Lehrangebot der Hochschulen nicht ausgewiesen; in der Lehrerfort- und -weiterbildung kaum präsent – und doch im Fächerspektrum der Gymnasialen Oberstufe vertreten": In dieser Weise etwa könnte man die Situation des Pädagogikunterrichts im allgemeinbildenden Schulwesen der nördlichen Bundesländer Bremen, Hamburg und Niedersachsen umreißen.

Lassen Sie uns diese Kurzformel hier eingehender und differenzierter untersuchen: Als Rahmenbedingungen des Unterrichts im Fach Pädagogik fungieren zunächst einmal die unterschiedlichen Organisationsformen der Gymnasialen Oberstufen in den genannten Bundesländern.

Die Gymnasiale Oberstufe in **Bremen** (vgl. Senator für Wissenschaft, Kunst, Sport 1995; 1998/99) umfasst die 11. Jahrgangsstufe (Einführungsphase) sowie die Klassenstufen 12 und 13 als Qualifikationsphase. Sie gesteht den Schülerinnen und Schülern durch die Wahl von Leistungs- und Grundfächern eine Mitentscheidung über den Bildungsweg – und damit über die individuelle Gestaltung der eigenen Schullaufbahn im Rahmen bestimmter Auflagen – ausdrücklich zu. Durch die Auflösung der Klassenverbände findet der Unterricht in von Fach zu Fach wechselnden Lerngruppen statt. Innerhalb der Fächer ist der Unterricht in Halbjahreskurse gegliedert, die inhaltliche und thematische Einheiten darstellen, jedoch aufeinander aufbauen.

In allen Jahrgangsstufen werden zwei individuell gewählte Fächer als Leistungsfächer mit 5 Stunden pro Woche betrieben; der übrige Unterricht findet in Grundfächern statt und umfasst in der Regel 3 Wochenstunden. Zudem werden Arbeitsgemeinschaften und in der 11. Jahrgangsstufe beispielsweise auch Förderkurse angeboten.

Um eine gemeinsame Grundbildung zu gewährleisten, ist das Belegen von Fächern und Kursen an Auflagen gebunden, die sich u. a. auf bestimmte Aufgabenfelder beziehen. Das Fach Pädagogik ist im zweiten – dem gesellschaftswissenschaftlichen – Aufgabenfeld vertreten, das abgegrenzt wird gegenüber dem sprachlich-literarisch-künstlerischen wie auch gegenüber dem mathematisch- naturwissenschaftlich- technischen Aufgabenfeld. Neben Pädagogik sind hier zugeordnet die Fächer Geografie, Geschichte, Philosophie, Politik, Psychologie, Rechts- und Religionskunde, Soziologie und Wirtschaftslehre.

Nach Auskunft der Bildungsbehörde (Oktober 1998) gab es Pädagogikunterricht in Bremen im vergangenen Schuljahr in den Klassenstufen 11, 12 und 13 an insgesamt

13 Schulen. Die Schülerzahlen variieren an den einzelnen Standorten und Jahrgangsstufen. Es kommen 9 bis 15 Schüler für einen Jahrgang vor wie auch – an anderen Schulen – 41 bis 53 Schüler. Überwiegend waren Grundkurse eingerichtet; Leistungskurse gab es lediglich an zwei Schulen in der 12. Klasse.

Die **niedersächsische** Gymnasiale Oberstufe gliedert sich in die Vorstufe (Schülerjahrgang 11) und die Kursstufe mit den Schuljahrgängen 12 und 13. Während im 11. Schuljahr die Schülerinnen und Schüler überwiegend im Klassenverband verbleiben, können sie ab der 12. Klasse in Grund- und Leistungskursen individuelle inhaltliche Schwerpunkte setzen. Entsprechend der Informationsschrift des Kultusministeriums (Hannover 1997) kommt das Fach erst in der Kursstufe der Gymnasialen Oberstufe vor und ist auch hier dem gesellschaftswissenschaftlichen Aufgabenfeld zugewiesen.

Der statistische Erhebungsbogen für den Sekundarbereich II (Stichtag: September 1997) weist auch schon für die Vorstufe (im Wahlpflicht- und Wahlbereich) Pädagogikunterricht für 19 Lerngruppen im Bereich der Gymnasien aus. 627 Schülerinnen und Schüler sind es gar, die das Fach in den Grundkursen der Kursstufe gewählt haben; 267 kamen aus dem zwölften und 360 aus dem dreizehnten Schuljahr. Lediglich ein Leistungskurs (mit 18 Schülern) in einer 13. Klasse wird für diesen Zeitraum angegeben. Für die integrierten Gesamtschulen des Landes werden 11 Lerngruppen mit insgesamt 259 Schülerinnen und Schülern genannt, die sich im Wahlpflicht- und Wahlbereich mit den Inhalten des Faches Pädagogik vertraut gemacht haben. Zudem gab es 15 Grundkurse und 4 Leistungskurse mit insgesamt 81 Schülerinnen und Schülern.

In **Hamburg** ist Pädagogikunterricht vor dem Hintergrund der Konzeption des neunstufigen Gymnasiums zu sehen, das gegliedert ist in eine 2jährige Beobachtungsstufe (Klasse 5 und 6), die Mittelstufe (Klasse 7 bis 10) sowie die Vor- und Studienstufe der Oberstufe (Hamburgisches Schulgesetz 1997). Der Besuch der Oberstufe ist mit mindestens zwei und höchstens vier Jahren variabel angelegt. Nach einer Einführungszeit wird in einem Kurssystem unterrichtet, das individuelle Schwerpunktbildungen erlaubt. In der Vorstufe boten drei Schulen Pädagogikunterricht an (Erhebungszeitpunkt Herbst 1996). Daraus ergaben sich vier Kurse mit insgesamt 97 Schülern; im Schuljahr 1997/98 waren es nach Auskunft der Bildungsbehörde in der Vorstufe 83 Schülerinnen und Schüler. Für die Oberstufe ergibt sich nach der Statistik des dritten Halbjahres (1996), dass an 9 Schulen (Gymnasien und Gesamtschulen) 12 Grundkurse mit 202 Schülern eingerichtet waren. Als Leistungskurs trat das Fach in diesem Schuljahr nicht auf. Die Angaben für das aktuelle Schuljahr haben sich kaum verändert.

Angesichts der Zahlenangaben lässt sich nur vermuten, dass eine Ausweitung des Angebots von Pädagogik an den Schulen in der Vor- bzw. Kursstufe auch höhere Schülerzahlen bzw. eine häufigere Wahl von Pädagogik als Leistungsfach zur Folge haben könnte.

Als zusätzliche Bedingung wäre hier ganz entschieden auch die **Lehreraus- und -weiterbildung** gefragt. Gälte es doch ein entsprechendes Angebot für die vermutlich häufig „fachfremd" tätigen Kolleginnen und Kollegen bereitzustellen wie auch darüber hinaus Interessierte für das Fach zu gewinnen. Die für die Lehrerausbildung zuständigen Fachbereiche in den Hochschulen dieser Länder weisen in den aktuellen Vorlesungsverzeichnissen durchgängig kein Angebot für das Fach Pädagogik und seine Didaktik auf. Auch die Fortbildung hat sich des Faches kaum angenommen. Lediglich am Landesinstitut für Schule in Bremen (Verzeichnis 1998/99) gibt es einen Gesprächskreis, der sich in monatlichen Abständen zu verabredeten Themen trifft und welcher die Erweiterung methodischer Kompetenz sowie den Materialaustausch betreiben will. Hamburg und Niedersachsen haben in diesem Bereich offensichtlich keine Initiative entwickelt (vgl. Jahresverzeichnis des Instituts für Lehrerbildung 1998 bzw. Programm des Niedersächsischen Instituts für Lehrerfortbildung in Hildesheim 1998), wenngleich Hamburg im „Vorwort" zu seinen Rahmenrichtlinien (1977, S. 3) eine fachliche Qualifikation der Lehrkräfte einfordert. Ein Anschluss an die derzeit geführte fachdidaktische Diskussion dürfte auf dieser Basis nur schwer zu realisieren sein.

Konkretere Angaben zur Situation des Faches lassen sich ohne eine differenzierte empirische Bestandsaufnahme (z.B. im Blick auf die eingesetzten Schulbücher, Materialien, Eigeninitiativen der Lehrkräfte, Austausch mit anderen Bundesländern ...) nicht machen.

Die in schriftlich fixierter Form vorliegenden gültigen **Lehrpläne** vermögen so etwas wie das „Inhaltskonzept" des Faches (vgl. Thiem 1997, S. 77 ff.) in den einzelnen Ländern widerzuspiegeln. Dies schließt auch methodische Vorgaben für die Unterrichtsarbeit ein.

Den ältesten – gleichwohl gültigen – Lehrplan (aus dem Jahre 1977) finden wir in Hamburg. Eine Neufassung ist geplant, wird aber nach Auskunft der Bildungsbehörde (vom 2.10.1998) nicht vor dem Jahr 2000 bzw. 2001 realisiert werden können. Die Konzeption des Lehrplans erfolgt angesichts einer noch nicht existenten Fachdidaktik und sieht sich entsprechend herausgefordert, diese Lücke zu schließen. Die Begründung der Inhalte geschieht entsprechend dem curriculumtheoretischen Ansatz von Robinsohn (1967). Dieser sieht das grundlegende Anliegen von Schule darin, über die Vermittlung von „Qualifikationen" die Jugendlichen zur Bewältigung von Lebenssituationen zu befähigen. Der Unterricht kann an praktische Erfahrungen in bestimmten Situationen – z.B. in Familie, Schule und Gruppe, in Betrieben und Jugendverbänden – anknüpfen. Im Hinblick auf ein solches Handeln ist ein Wissen und Verstehen erforderlich, das letztlich die Bedeutsamkeit von Schwerpunktbereichen der Unterrichtsinhalte begründet: Interaktion in Gruppen – Lernen – Erziehung als konstitutives Element menschlichen Verhaltens – Gesellschaftliche Relevanz der Erziehung.

Hilfreich ist die Vorgabe eines didaktischen Rasters, das zum einen die „Elemente" der Pädagogik enthält: Zögling, Erzieher, Normen, Medien, Erziehungsfelder wie auch die sogenannten „Determinanten", die als nicht originär pädagogische Faktoren das Erziehungsgeschehen wesentlich beeinflussen: anthropologische, biologisch-medizinische gesellschaftliche, ökonomische und ökologische Faktoren sowie rechtliche Bestimmungen. Beide Bereiche konstituieren die pädagogischen Prozesse in verschiedenen Erziehungsfeldern.

Auf diese Weise gerät ein umfassender Rahmen in den Blick, der es für die Planung einzelner Unterrichtsvorhaben ermöglicht, Bezüge zu den Determinanten und Elementen aufzuzeigen.

Die inhaltlichen Ziele entsprechen z. T. mehr wissenschafts- bzw. handlungsbezogenen Anliegen. Auch die „methodische Seite" öffnet sich einer wissenschafts- wie praxisbezogenen Arbeitsweise und ist gegenüber der inhaltlichen spärlicher ausgeführt: Stereotypen vermeiden, Fallanalysen und Quellentexte problemorientiert auswerten können, Einsichten anderer Humanwissenschaften als Hilfswissenschaften verwenden; mit Ergebnissen hermeneutischer und empirischer Arbeitsweisen im Unterricht umgehen können; Gruppen-, Partner- und Einzelarbeit zum Einsatz kommen lassen. Es ist angesichts des Veröffentlichungszeitpunktes der Richtlinien nicht verwunderlich, dass die beigefügten Literaturhinweise dringend der Aktualisierung bedürftig sind.

Auch die Bremer Rahmenrichtlinien mit „Kursleisten" (1986/87) werden derzeit überarbeitet. Das Angebot des Faches weiß sich dem Anliegen der Gymnasialen Oberstufe in Bremen verpflichtet, größtmögliche fachliche Wahlmöglichkeiten bereitzustellen. Die Ziele des Pädagogikunterrichts weisen neben der wissenschaftspropädeutischen Ausrichtung (z. B. Einführung in Arbeits- und Denkmethoden der Erziehungswissenschaft) eine deutliche Akzentuierung des Schülers als durch Maßnahmen der Erziehung *betroffene* Person auf. Gilt es doch, die eigenen „... Erziehungserfahrungen in Familie, Schule und Altersgruppe angemessen verstehen und verarbeiten" zu lernen (ebd., S. 15). Neben den eigenen Erfahrungen sollen jedoch auch systematisch Praxiserfahrungen über Unterricht ermöglicht werden (z. B. Besuch in pädagogischen Institutionen). Deutlich gesehen wird das Interesse des Jugendlichen, selbstständig werden zu wollen, sich als Person zu finden und auch Erziehungsdefizite bei anderen wahrnehmen zu können.

Entsprechend wird auch für den Unterricht das Anknüpfen an die Wissenschaftsdisziplin Pädagogik wie auch an die je eigenen Erfahrungen der Schüler gefordert und die Ermöglichung praktischer Erfahrungen vorgesehen. Der Unterricht in der Klassenstufe 11 soll zurückgreifen auf Vorkenntnisse des Deutsch-, Geschichts- und Gemeinschaftskundeunterrichts.

Verpflichtend ist der Themenbereich „Wissenschaftspropädeutische Zugänge zu Erziehungsfragen" sowie die Aneignung bestimmter Methoden und Fertigkeiten

als Voraussetzung für die Hauptphase. In dieser tauchen drei weitere Themenbereiche mit fortschreitender Komplexität in den weiteren Klassenstufen wieder auf:
- Pädagogische Probleme des frühen Kindesalters
- Sozialisationsfelder
- Sozialpädagogische Fragen.

Im Umgang mit diesen Themen liegt das Gewicht auf der Einübung in wissenschaftliches Arbeiten (Erwerb „methodischer Fähigkeiten") mit einer starken Akzentuierung eigener Rollenfindung im engeren und weiteren sozialen Umfeld. Die beigegebenen „Kursleisten" (Bremen 1987) führen die in den Rahmenrichtlinien dargestellten Inhalte näher aus. Sie beanspruchen jedoch keine Verbindlichkeit, wollen mit der detaillierten Auflistung von Einzelthemen und deren möglicher Verknüpfung lediglich anregend auf die Unterrichtsgestaltung wirken.

Obwohl seit 1985 in Kraft, plant Niedersachsen derzeit keine Überarbeitung der geltenden Rahmenrichtlinien (Auskunft des Kultusministeriums vom 22.09.98). Die Richtlinien gehen von einem umfassenden Aufgaben- und Zielkatalog aus, der deutlich nicht die Vermittllung erzieherischen bzw. bildungspolitischen Spezialwissens als sein grundlegendes Anliegen ausweist. Vielmehr wird der Aufbau von Werthaltungen und Ansichten angestrebt, die im späteren Leben wirksam werden können. Sie sind dem übergeordneten Ziel verpflichtet, „... verantwortlich an der demokratischen Gestaltung der Gesellschaft mitzuwirken" (Der Niedersächsische Kultusminister 1985, S. 4).

In der Vorstufe soll dem Schüler die Möglichkeit gegeben werden, das Fach mit seinen grundlegenden Begriffen, Denkweisen und Erklärungsmodellen zu überschauen. Im Zusammenhang der übergeordneten Thematik „Erziehung als individueller und sozialer Prozeß" geht es um die drei Inhaltsbereiche „Erziehungsfelder", „Notwendigkeit von Erziehung" sowie „Historische Gesichtspunkte der Erziehung". In der Kursstufe sind vier verpflichtend angebotene Halbjahresthemen vorgesehen. Unter den Gesichtspunkten von „Erziehung und Entwicklung", „Erziehung und Lernen", „Erziehung und Mündigkeit" bzw. „Erziehung und Gesellschaft" wird ein fachliches Spektrum erfasst, das unter der systematischen Bündelung in den darauf bezogenen Inhaltsbereichen und differenziert aufgelisteten Inhaltsaspekten durchaus auch handlungspropädeutische Anliegen deutlich macht.

Unterrichtsverfahren sind nur relativ knapp aufgelistet und werden nicht auf einzelne Themen bezogen. So sollen Verfahren der Analyse und Textinterpretation gegenüber den empirischen (Beobachtung, Interview, Befragung) abgegrenzt werden können. Daneben sind aufgeführt: Protokoll führen, Referate halten sowie Projekte, Fallstudien, Rollen- und Planspiele, Praktika.

Pädagogik – in den norddeutschen Bundesländern ein Fach „am Rande"? – Der ausgewiesenen gesellschaftlichen Bedeutung entsprechen zumindestens nicht die geringe zahlenmäßige Ausprägung und weitgehende Nichtbeachtung in der Lehreraus- und -weiterbildung. Es wäre dringend geboten, über Entwicklungsperspektiven nachzudenken.

## Literatur

Behörde für Schule, Jugend und Berufsbildung der Freien und Hansestadt Hamburg: Rahmenrichtlinien Pädagogik im Vorsemester und in der Studienstufe. Hamburg 1977.

Behörde für Schule, Jugend und Berufsbildung der Freien und Hansestadt Hamburg: Hamburgisches Schulgesetz vom 16. April 1997.

Behörde für Schule, Jugend und Berufsbildung der Freien und Hansestadt Hamburg: Institut für Lehrerfortbildung; ifl: aktuell. Hamburg 1998.

Niedersächsisches Kultusmnisterium: Rahmenrichtlinien für das Gymnasium. Pädagogik. Gymnasiale Oberstufe. Hannover 1985.

Niedersächsisches Kultusministerium (Hrsg.): Die gymnasiale Oberstufe und das Fachgymnasium. Informationen für Eltern, Schülerinnen und Schüler. Hannover 1997.

Niedersächsisches Landesamt für Statistik. Erhebungsbogen für den Sekundarbereich II. Stichtag 8. September 1997.

Niedersächsisches Landesinstitut für Fortbildung und Weiterbildung im Schulwesen und Medienpädagogik (NLI): nli-Programm 98/2. Hildesheim 1998.

Robinsohn, S. B.: Bildungsreform als Revision des Curriculum. Neuwied, Berlin 1967.

Senator für Bildung, Wissenschaft, Kunst und Sport: Rahmenrichtlinien und Kursleisten für das Grund- und Leistungsfach Pädagogik. Freie Hansestadt Bremen 1986.

Senator für Bildung, Wissenschaft, Kunst und Sport: Bremer Schulgesetze. Die neuen Gremien. Bremen 1995.

Senator für Bildung, Wissenschaft, Kunst und Sport: Die Gymnasiale Oberstufe im Lande Bremen. Eine Informationsschrift für Schülerinnen und Schüler und Eltern. Ausgabe Schuljahr 1998/99.

Thiem, W.: Einführung in das Studium der Pädagogik als Unterrichtsfach. (Didactica Nova, Band 1). Hohengehren 1997.

RUDOLF NOTTEBAUM

# Erziehungswissenschaft als Grundlagenfach für die ErzieherInnenausbildung in NRW

Im Kanon der 12 Unterrichtsfächer, die zur Zeit für die ErzieherInnenausbildung in NRW verbindlich vorgeschrieben sind, steht das Fach Erziehungswissenschaft (EW) mit 320 Stunden während des zweijährigen – vorwiegend fachtheoretischen – Ausbildungsabschnittes in der Fachschule für Sozialpädagogik an exponierter Stelle. Seit der vorläufigen Neuordnung des Fachschulwesens aus dem Jahr 1994 stellt es eine Kombination der bis zu diesem Zeitpunkt getrennt unterrichteten Fächer Pädagogik, Psychologie und Soziologie dar. Es ist auch das obligatorische Klausurfach (5 Stunden), während die beiden anderen Klausurfächer (3 Stunden) jährlich neu von der Schule festgelegt werden. Im Idealfall wird EW von einem Kollegen unterrichtet. Das Fach EW soll den ErzieherInnen das nötige Theoriewissen vermitteln, um ihr eigenes praktisches Handeln kritisch hinterfragen zu können.

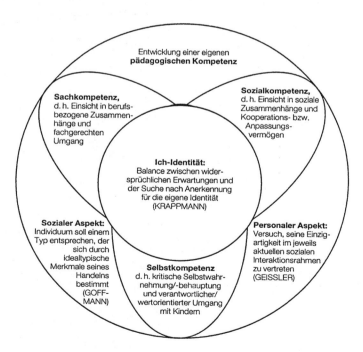

Abb. 1 Komponenten einer Erzieherpersönlichkeit

Die angehenden ErzieherInnen sollen nach der insgesamt dreijährigen – stark verschulten – Ausbildung in der Lage sein, in sozialpädagogischen Arbeitsfeldern selbständig tätig zu sein. In diesem Sinne fordern die Richtlinien, daß sie lernen, Kinder und Jugendliche in ihrer Entwicklung zu unterstützen, ihr sozialverantwortliches Handeln zu fördern, ihr Urteilsvermögen zu stärken und sie zu geistiger Beweglichkeit und schöpferischem Tun anzuregen. Ob eine Theorieausbildung von rund 45 Wochen in 2 Jahren und das anschließende 1-jährige Berufspraktikum dies in ausreichendem Maße erreichen können, wäre kritisch zu hinterfragen! Inwieweit außerdem das Zwangsaggregat 'Klasse' für volljährige Schüler, die über die Fachoberschulreife und in der Regel bereits über eine abgeschlossene berufliche Erstausbildung verfügen sowie z. T. die Familiengründungsphase abgeschlossen haben, das geeignete Lernumfeld bietet, sei ebenfalls dahingestellt.

Die Arbeit der ErzieherInnen nimmt immer mehr einen familienersetzenden und weniger familienergänzenden Charakter an, denn die Kinder haben vielfach in den Kindertagesstätten längeren Kontakt mit den ErzieherInnen als mit ihren leiblichen Eltern.

Um dieser Aufgabe gerecht werden zu können, sollen sie während der Ausbildung durch den Erwerb von Sachkompetenz, Sozialkompetenz und Selbstkompetenz schließlich zu einer individuellen pädagogischen Kompetenz gelangen. Gleichzeitig soll auch die Personalkompetenz gestärkt werden. Dies bedeutet, daß die zukünftigen ErzieherInnen durch das Finden ihrer unverwechselbaren eigenen Ich-Identität in die Lage versetzt werden, bei gleichzeitiger Wahrung des personalen Aspektes Bestandteile des sozialen Aspektes für den Aufbau ihres künftigen Selbstkonzeptes heranzuziehen, wie es Abb. 1 zeigt. Die Ich-Identität verdeutlicht nach Krappmann, wie z. B. die ErzieherInnen eine Balance halten können zwischen den – zum Teil widersprüchlichen – Anforderungen der Praxis bzw. Schule und den eigenen Bedürfnissen bzw. dem Verlangen nach Darstellung dessen, worin man sich von anderen unterscheidet, und der Notwendigkeit, die Anerkennung der anderen, d. h. Praxis und Schule, für die Darstellung der eigenen Identität im Berufsalltag zu finden.

Wenn die angehenden ErzieherInnen auch im Verlauf der Ausbildung im Mittelpunkt der didaktischen Entscheidungen stehen sollen, so sind sie in einer Doppelfunktion zu sehen, nämlich einmal als Lernende (in der Schule) und als Erziehende (als PraktikantInnen in den Praxisstellen), wiewohl sie zur Bewältigung der zweiten Funktion erst durch die Schule befähigt werden sollen (vgl. Abb. 2). Praxisanleiter, Team, Träger, Eltern, und Kinder – alle stellen Anforderungen an die PraktikantInnen. Das bedeutet aber, daß die PraktikantInnen das, was ihnen von Schule und Praxis entgegengebracht wird, vergleichen, bewerten und zu einer Einheit zusammenfassen müssen, die es ihnen ermöglicht, unter Einbezug der individuellen Möglichkeiten den jeweiligen situativen Kontext befriedigend zu lösen.

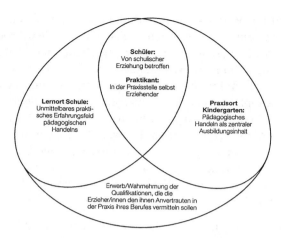

Abb. 2 Doppelrolle der angehenden Erzieher

Neben allem Wissenschaftsbezug steht jedoch gleichberechtigt der Praxisbezug, d. h. die unverzichtbaren Theoriekenntnisse sind kein Selbstzweck, sondern die unabdingbare Voraussetzung dafür, die erzieherische Praxis, wie man sie während der insgesamt 16 Wochen Praktika in den beiden Jahren der vorwiegend fachtheoretischen Schulausbildung bzw. im Berufspraktikum erlebt hat, zu analysieren, kritisch zu hinterfragen und ein eigenes Handlungskonzept zu erstellen.

Dazu sollen sie sich in der ersten Phase ('sich orientieren') nach den Vorstellungen der Richtlinienautoren im Fach EW u. a. zunächst ihre eigenen Vorstellungen von ihrem künftigen Beruf hinterfragen, sich auf den Perspektivenwechsel (Erzogener-Erziehender) vorbereiten, ihre Bereitschaft zum Erwerb einer Kommunikations- und Interaktionskompetenz erkennen lassen und Sensibilität für Wahrnehmungen entwickeln. In der zweiten Phase ('koordinieren') sollen sie die Bedeutung von Entwicklung und Sozialisation erkennen, Entwicklungsverläufe aus wissenschaftlicher Sicht analysieren und daraus begründet Schlüsse für pädagogisches Handeln ziehen. Dies ist besonders wichtig, da beim Kind bis zum 5. Lebensjahr bereits das Gehirn zu 80% seiner späteren Größe ausdifferenziert ist und der Mensch zu keiner Zeit seines Lebens so lernfähig ist wie im Kindergartenalter. Die dritte Phase ('konzipieren') dient dem Erkennen von Rolle und Zielen der ErzieherInnen in Lernprozessen, der Planung von Gruppenprozessen und der Bewertung bzw. Umsetzung pädagogischer Konzeptionen. Amerikanische Studien beweisen, daß eine sehr hohe Korrelation zwischen dem Ausbildungsniveau einer Erzieherin und der intelektuellen Entwicklung der ihr avertrauten Kinder besteht. In der vierten Phase ('sich weiterentwickeln') sollen sich die angehenden ErzieherInnen neben der Analyse der Handlungsbedingungen und Arbeitsweisen sozialpädagogischer Praxis vor allem mit Problemen in erzieherischen Handlungsfeldern, z. B. Jugendkriminalität, sexueller Mißbrauch, Suchtverhalten oder Mißhandlung von Kindern befassen und mit den Problemen organischer Erkrankungen und seelischer Fehlentwicklungen beschäftigen.

Bei allem sollen sich die angehenden ErzieherInnen aber vor Augen halten, daß die Zukunft eines Kindes nicht erst in der Grundschule beginnt, wie es Faust-Siehl und andere HochschulprofessorInnen behaupten, sondern schon im Kindergarten. Hier wird das Fundament für alle weiteren Bildungsprozesse gelegt, denn nicht zu Unrecht bezeichnet das 'Gesetz über Tageseinrichtungen für Kinder in NRW' (GTK) den Kindergarten als den Elementarbereich des Bildungswesens, der einen eigenen Erziehungs- und Bildungsauftrag besitzt! Leider erkennen viele bundesdeutsche Bildungspolitiker diese Tatsache nicht und verteidigen standhaft die negative Sonderstellung Deutschlands in der EU, getreu dem Motto: Je älter die Schüler, umso besser muß für sie das pädagogische Personal ausgebildet sein!

NORBERT KÜHNE

# Die Systematisierung pädagogischer Auffassungen in Unterricht und Praktikum
– ein Orientierungsmodell –

> Alles sollte so einfach wie möglich gemacht werden, aber nicht einfacher.
> Albert Einstein

## 1. Orientierung

> Pit (3 J.) kommt zum erstenmal in den Kindergarten und erkennt innerhalb weniger Minuten.
> Ich will jeden Tag hierher kommen.

> Susanne (17 J.) kommt zum erstenmal in den Kindergarten „Lange Wanne", um sich als Praktikantin vorzustellen. Innerhalb weniger Sekunden weiss sie:
> Hier hälst du es keinen einzigen Tag aus.

Andere Kinder, andere Praktikantinnen kommen nicht so schnell zu einem Ergebnis. Doch die Urteile von Pit und Susanne sind möglich. Das wissen wir inzwischen (u. a.) aus linguistischen Forschungen (Pinker, S. 345 ff.):
Wahrnehmen, Urteilen und Reagieren kann innerhalb von Sekundenbruchteilen sehr exakt ablaufen.

> Nach drei Monaten sagt Pit zur Mutter:
> Ab morgen geh ich nicht mehr in den Kindergarten. Der ist mir viel zu laut.

> Gegen starke innere Widerstände hatte Susanne das Praktikum doch im Kindergarten „Lange Wanne" angetreten (denn Praktikantenstellen sind heutzutage rar). Nach drei Tagen revidiert sie ihr anfängliches Urteil. Sie hat in Erzieherin G. eine phantastische Praxisanleiterin gefunden.
> Frau G. hatte am Tag ihrer Vorstellung Urlaub.

Pit und Susanne wurden – nach ihrem Eintritt in den Kindergarten – mit alternativen Reizsituationen konfrontiert. Ihr Urteil über die Institutionen und ihren Alltag hat sich verändert. Die angedeutete Dynamik ergibt sich auf den ersten Blick aus der Auseinandersetzung mit den Realitäten:

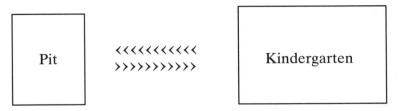

Man könnte behaupten:
Pit und Susanne orientieren sich in der neuen Situation und fortlaufend. Ihre Orientierung ist mindestens durch den ständigen Wechsel realer Situationen Veränderungen unterworfen.

**Wir stehen also vor den Fragen:**
Wie lässt sich der komplexe Vorgang der Orientierung für den Pädagogik-Unterricht nutzbar machen?
Welche Möglichkeiten hat der differenzierte Orientierungsbegriff im Pädagogik-Unterricht?

# Exkurs

zum Pädagogik-Unterricht (das Fach heißt eigentlich „Erziehungswissenschaften", denn es integriert Inhalte aus den Fächern Pädagogik, Psychologie, Soziologie) am Berufskolleg – früher Kollegschule bzw. Berufsschule (in NRW):

- Seit der Entwicklung der neuen Kollegschuldidaktik (um 1980) in der Erzieherinnen-Ausbildung sahen wir uns veranlaßt, den Schülerinnen komplizierte pädagogische Konzepte, komplexe Erziehungssituationen und begründbare Interventionen begreifbar zu machen.
- Wir wollten ferner pädagogische Auffassungen strukturiert miteinander vergleichen können.
- Pädagogisches Handeln in schwierigen – auch einfachen Situationen – mußte transparent gemacht werden.
- Konfliktpotential in alltäglichen Erziehungssituationen sollte überschaubar beschrieben werden können.
- Die Orientierungen von Kindern und Jugendlichen sollten denen der Erzieherinnen produktiv gegenübergestellt werden können.

In jahrelanger Arbeit an der didaktischen Struktur der Kollegschule (in NRW) und in Diskussionen mit den Schülerinnen haben wir das entwickelt, was wir heute

**Orientierungsmodell**

nennen. Wir wollten analysieren lernen, wie sich Erzieherinnen, Praktikantinnen, Kinder und Jugendliche orientieren, um besser zu begreifen, was in konkreten Situationen geschieht.

## 2. Ein System der Orientierung

Nicht weil wir es wissenschaftlich erforschen könnten, sondern weil wir es für praktikabel hielten, haben wir den Vorgang der Orientierung in folgende Abschnitte eingeteilt und jedem dieser Abschnitte eine Funktion zugeschrieben:

**Anlage 1**

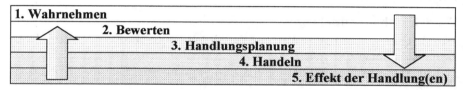

Daß Unterscheidungen dieser Art innerhalb des Orientierungsprozesses Sinn machen, ergibt sich aus der Diskussion der Karikatur:

Abb. 1 „Ruhe da unten" (Papan, Berlin 1981)

# Systematisierung pädagogischer Auffassungen

1. (Wahrnehmen) „Der Herr" im Erker nimmt zweifellos wahr, was andere Bewohner des Hauses wahrnehmen:
Ein Flugzeug donnert gefährlich übers Haus.

2. (Bewerten) „Der Herr" muß zur Bewertung gelangt sein, daß Kinder üble Störenfriede sind.

3. (Handlungsplanung) – hier nicht erkennbar –

4. (Handeln) Deshalb beschimpft er die Kinder – die Tatsache, daß das Flugzeug einen Teil des Daches mitnimmt, wird von ihm bei 1. und/oder 2. bereits vernachlässigt.

5. (Effekt der Handlung) – hier nicht erkennbar –

Aus diesen bzw. ähnlichen Überlegungen haben wir das Orientierungsmodell entwickelt, das uns ermöglichen soll, eine prozesshaft verlaufende Orientierung nachzuvollziehen:

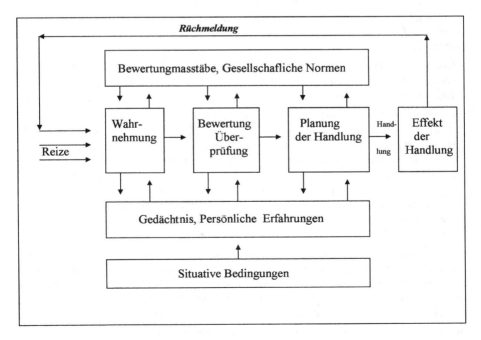

Abb. 2 Modell der Orientierung (N. Kühne, 1997)

## 3. Möglichkeiten des Orientierungsmodells im Unterricht
Lediglich eine Kleine Auswahl an Möglichkeiten sei hier aufgezeigt.

### 3.1 Systematisierung von Erziehungssituationen, die Schülerinnen vorfinden

Als erstes Beispiel eine Aufgabe im Anschluss an den Bericht einer Schülerin (Nicole Molzberger, nach Kühne 1997, S. 34):

Analysieren Sie das Konfliktpotential mit Hilfe des Orienterungsmodells. Achten Sie besonders auf die unterschiedlichen Werte bzw. Bewertungen durch die Erzieher / Sozialpädagogen. Formulieren Sie die Werte mit eigenen Worten und interpretieren Sie diese.

Am 26.3.19... gab es bei der Teamsitzung u. a. folgenden Tagesordnungspunkt: Das Verhalten der ausländischen Jugendlichen während der Disco.

Die Mitarbeiter des Freizeitheims hatten in letzter Zeit beobachtet, dass die Stimmung während der Disco beeinträchtigt wurde, da die älteren türkischen männlichen Jugendlichen sich aggressiv benahmen, so dass es Probleme beim Ablauf gab. Das Verhalten der ausländischen Jugendlichen war sehr aggressiv gegenüber den deutschen männlichen Besuchern. Die Mitarbeiter schilderten nacheinander ihre Eindrücke zum Ablauf der letzten Discoveranstaltung. Es bestand Einigkeit im Team darüber, dass das Verhalten der ausländischen Jugendlichen eine Reaktion vom Haus erforderlich machte.

Es wurde erwähnt, dass die Mitarbeiter handgreifliche Auseinandersetzungen beobachtet hatten und dass türkische Jugendliche während der Veranstaltung Waffen (Messer, Gaspistole) bei sich trugen. Während des Gesprächs wurden zwei Einstellungen zu der Problematik deutlich:

– Ein Mitarbeiter vertrat die Meinung, dass diese Jugendlichen nichts im Haus zu suchen haben, da sie sowieso nur Ärger machen. Man sollte die Disco nur für deutsche Jugendliche veranstalten, er befürwortete ein Hausverbot für türkische Jugendliche.

– Ein anderer Mitarbeiter meinte, man müsse zwar auf das Verhalten der ausländischen Jugendlichen reagieren, wollte aber auf keinen Fall ein Hausverbot unterstützen. Er begründete seine Meinung mit der Konzeption des Hauses, die vorsieht, dass das Jugendhaus ein Ort sein soll, in dem Kinder und Jugendliche aus allen sozialen Schichten zusammmgeführt werden. Es ist das Ziel der Arbeit, dass sie miteinander Spaß haben können und dass Vorurteile berichtigt bzw. beseitigt werden können. Ein Hausverbot würde dieser Zielsetzung widersprechen, da Kontakte nicht mehr möglich wären und das aggressive Verhalten gegenüber deutschen Jugendlichen möglicherweise noch verstärkt würde.

Da das Verhalten der ausländischen Jugendlichen eine Reaktion erforderte, einigte sich das Team darauf, zwei der älteren ausländischen Jugendlichen zu einem Gespräch einzuladen. Bei diesem Gespräch stellte sich heraus, dass diese Jugendlichen selber in Ruhe die Disco besuchen möchten. Sie erklärten sich bereit, bei eventuellen Schwierigkeiten selbst schlichtend auf die ausländischen Jugendlichen einzuwirken.

Daraufhin kam es nicht zu weiteren Auseinandersetzungen. Ich unterstützte die Entscheidung des Teams, ein Gespräch mit den Betroffen zu führen.

(Nicole Molzberger)

Als zweites Beispiel die Analyse einer Erziehungssituation durch eine Schülergruppe (am Hans-Böckler-Berufskolleg, Marl: Th. Böning, R. Kernbach, O. Stratmann; aus Kühne 1998, S. 106):

## Die Erziehungssituation

Eine Lehrerin berichtete Folgendes von einem Praxisbuch (der Name ist verschlüsselt):

**Szene mit Lola Lieblich:**

Die Berufspraktikantin Lola Lieblich sitzt mit den Kinder der Gruppe zusammen. Die Kinder malen Bäume.
Ein Junge sitzt dabei, malt aber nicht. Er sagt, nachdem er von Lola bedrängt wird: „Zu Hause muss ich auch keine Bäume malen, außerdem kann ich das nicht!" Frau Lieblich aber ist unnachgiebig. Sie redet auf den Jungen ein, etwa 20 Minuten. Der Junge beginnt zu weinen. Dann zeigt sie ihm Bilder, die die anderen Kinder gemalt haben. „Schau her", sagt sie, „und das willst du nicht können?" Schließlich fängt der Junge an und malt. In der Reflexion sagt Lola Lieblich, sie sei stolz darauf, das Kind zum Malen motiviert zu haben.

Und nun zeigen wir die Analyse der Schüler als Verlaufsmodell mit vier Durchgängen. Die Analyse ist weitgehend frei von Wertungen, aber doh in Ansätzen interpretativ, was auch (im Unterricht) gefordert war. In sich scheint die **Orientierung** der **Praktikantin Lola Lieblich** stimmig, die Normen der Erzieherin werden von der Situation bzw. ihrer Wahrnehmung der Situation bestätigt. Sobald aber bestimmte Bedingungen der Situation, veränderte Normen oder andere Reize eingeführt würden, könnte sich die Orientierung ein wenig oder entscheidend wandeln.

Hier nun die Analyse:

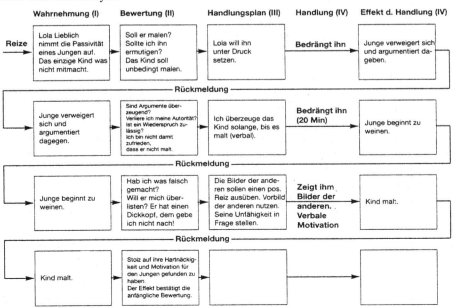

## 3.2 Die systematische Gegenüberstellung pädagogischer Konzepte

In ähnlicher Weise lassen sich die Theorien und Vorstellungen verschiedener PädagogInnen (anhand konkreter Texte / Materialien) einander gegenüberstellen:

| Orientierungsstufen | Maria Montessori | A. Krenz | J. Korczak |
|---|---|---|---|
| Wahrnehmung der Kinder / Jugendlichen | | | |
| Werte / Wertungen / Normen | | | |
| Handlungsplanung / Zielvorstellungen | | | |
| konkretisierte Handlungen | | | |
| erwartete / erwiesene Effekte | | | |

Dabei braucht es nicht zu stören, daß das eine oder andere Feld weiß bleibt.
- Aus dem Handlungsplanungsfeld etwa lassen sich Vermutungen über Effekte anstellen,
- aus dem Bewertungsfeld lassen sich Spekulationen über vermutete Handlungsplanungen entwickeln.

Besonders interesant aber finde ich z. B. Diskussionen über Widersprüche innerhalb einer Orientierung:

- etwa zwischen Bewertungen und Handlungsplanung oder
- zwischen Handlungsplanung (Zielvorstellungen) und konkreten Handlungen.

Solche Gespräche machen auch die Aufarbeitung der Unterlagen aus dem Praktikum interessant und spannend. Widersprüche kann man selbstverständlich auch innerhalb der eigenen Orientierung herausfinden.

## 3.3 Aufarbeitung von Konflikten

Das Konfliktpotential zwischen Erzieherin A. und Erzieherin B. läßt sich im o. a. Verfahren (3.2) sehr schön
- analysieren und
- aufarbeiten.
(ähnliche Grafik wie in 3.2; siehe dazu auch 3.1 erster Teil).

Im Gegensatz zu diesen mageren Andeutungen sind Diskussionen konkreter Erziehungssituationen in Unterricht und Praktikum fruchtbar und in der Regel lebhaft und motivierend (Analyse beschriebener Handlungsweisen usw.).

Desgleichen lassen sich Erziehungssituationen simulieren
- in Rollenspielen und
- in begonnenen Geschichten, die von den Schülerinnen zuende geschrieben werden usw.

### 3.4 Die Orientierungen von Kindern / Jugendlichen

Mit Hilfe von Interviews, Dokumenten, Texten und Aussagen kann man die Orientierung von Kindern und Jugendlichen (nach dem o. a. Schema) erörtern. (Siehe dazu auch: N. Kühne: „30 Kilo Fieber – die Poesie der Kinder", Ammann-Verlag Zürich 1997: Sammlung von Kinderanekdoten – Alter: 2–12 Jahre).

## 4. Wort zum Montag

Erörterungen pädagogischer Orientierungen gehören bei uns zum Interessantesten. Man sollte nicht ängstlich sein! Die Problematik der Trennung von Wahrnehmung und Wertung, wie sie die Psychologie gerne sieht, braucht man nicht zu ernst zu nehmen. Wichtig ist: Welche Erkenntnisse bringt ein System.

Probieren Sie das Verfahren aus! Lassen Sie die SchülerInnen ruhig spekulieren und vermuten! Sie werden sich gegenseitig korrigieren.

## 5. Literatur

Kühne, N.: 30 Kilo Fieber – die Poesie der Kinder. Zürich: Ammann-Verlag 1997.
Kühne, N.: Pädagogik für Fachschulen. Köln: Stam-Verlag 1997.
Kühne, N.: Psychologie für Fachschulen und Fachoberschulen, 6. Auflage. Köln: Stam-Verlag 1998.
St. Pinker: Der Sprachinstinkt. München: Knaur-Verlag 1998.

GERNOD RÖKEN

## Schule als Lernort für erzieherisches Handeln
– Erwartungen an einen guten Pädagogikunterricht –

> Ich bin nicht nur überzeugt, dass das, was ich sage, falsch ist, sondern auch das, was man dagegen sagen wird. Trotzdem muss man anfangen, davon zu reden. Die Wahrheit liegt bei einem solchen Gegenstand nicht in der Mitte, sondern rundherum wie ein Sack, der mit jeder neuen Meinung, die man hineinstopft, seine Form ändert, aber immr fester wird.
>
> Robert Musil

Wenn es in dieser Zeit darum geht, Aussagen über die eigenen Erwartungen an einen guten Unterricht zu formulieren, dann kann die aktuelle Diskussion um Qualität im Bildungswesen nicht völlig unbeachtet bleiben. Sie fand daher auch Eingang in die Arbeit des „Didaktischen Ausschusses" der Gesamtschule Waltrop, in dem Eltern, Schülerinnen und Schüler und Vertreter der Fächer und Lernbereiche (Lehrerinnen und Lehrer) einen Diskurs über die Qualität von Unterricht und über eine sinngebende Schulkultur führten. Ausgangspunkt für einen schulischen Weiterentwicklungsprozess war eine systematische Reflexion und Bilanzierung (Selbstevaluation) des Unterrichts. Die Wirksamkeit der Unterrichtsarrangements, die Effekte unterrichtlicher Bemühungen und somit die Wirksamkeit schulischer Lernprozesse (Erfolge und Misserfolge) sollten untersucht werden, um seriöse Rückmeldungen über die eigene Leistungsfähigkeit zu erhalten und um die Dynamik der Schule von den Beteiligten her zu verändern. Mit Selbstbewusstsein redeten und erörterten die Beteiligten die vorhandenen Stärken, stellten sich aber auch offen den selbstkritischen Anfragen, um die bestehende Praxis weiter zu verbessern. Dazu nutzte die Schule ihre bestehende Infrastruktur (Teams als Qualitätsgruppen) ebenso wie ihre engagierte und auf das Schulprogramm bezogene Elternarbeit (z. B. Fragebogen über die Zufriedenheit der Eltern mit dem Unterricht ihrer Kinder als Feedback der Eltern). Um aus dem auf Unterricht bezogenen Teil der schulinternen Evaluation Konsequenzen im Sinne einer Optimierung der Chancen für eine Verbesserung der Unterrichtsqualität zu ziehen, wurden <u>gemeinsam</u> (kein Vordenken durch eine Gruppe) Leitideen bzw. ein Leitbild für guten Unterricht als Orientierungsrahmen festgelegt.[1]

Er hatte die folgenden Konturen bzw. Bestimmungsmerkmale:

---

[1] Vgl. Strittmater, Anton: An gemeinsamen Leitideen arbeiten. Hilfen zur Entwicklung von Schulleitbildern bzw. Leitideen. Sempach 1996.

# Schule als Lernort für erzieherisches Handeln 117

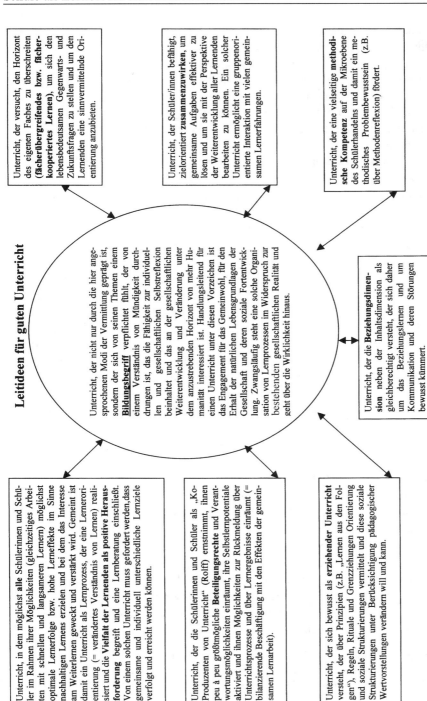

## Leitideen für guten Unterricht

Unterricht, der versucht, den Horizont des eigenen Faches zu überschreiten (**fächerübergreifendes bzw. fächerkooperiertes Lernen**), um sich den lebensbedeutsamen Gegenwarts- und Zukunftsfragen zu stellen und um den Lernenden eine sinnvermittelnde Orientierung anzubieten.

Unterricht, der Schüler/innen befähigt, zielorientiert **zusammenzuwirken**, um gemeinsame Aufgaben effektiver zu lösen und um sie mit der Perspektive der Weiterentwicklung aller Lernenden bearbeiten zu können. In solcher Unterricht ermöglicht eine gruppenorientierte Interaktion mit vielen gemeinsamen Lernerfahrungen.

Unterricht, der eine vielseitige **methodische Kompetenz** auf der Mikroebene des Schülerhandelns und damit ein methodisches Problembewusstsein (z.B. über Methodenreflexion) fördert.

Unterricht, der nicht nur durch die hier angesprochenen Modi der Vermittlung geprägt ist, sondern sich von seinen Themen einem <u>Bildungsbegriff</u> verpflichtet fühlt, der von einem Verständnis von Mündigkeit durchdrungen ist, das die Fähigkeit zur individuellen und gesellschaftlichen Selbstreflexion beinhaltet und das an der gesellschaftlichen Weiterentwicklung und Veränderung unter dem anzustrebenden Horizont von mehr Humanität interessiert ist. Handlungsleitend für einen Unterricht unter diesen Vorzeichen ist das Engagement für das Gemeinwohl, für den Erhalt der natürlichen Lebensgrundlagen der Gesellschaft und deren soziale Fortentwicklung. Zwangsläufig steht eine solche Organisation von Lernprozessen im Widerspruch zur bestehenden gesellschaftlichen Realität und geht über die Wirklichkeit hinaus.

Unterricht, der die **Beziehungsdimension** neben der Inhaltsdimension als gleichberechtigt versteht, der sich daher um das Beziehungslernen und um Kommunikation und deren Störungen bewusst kümmert.

Unterricht, in dem möglichst **alle** Schülerinnen und Schüler im Rahmen ihrer Möglichkeiten (gleichzeitiges Arbeiten mit schnellen und langsameren Lernern) möglichst optimale Lernerfolge bzw. hohe Lerneffekte im Sinne nachhaltigen Lernens erzielen und bei dem das Interesse am Weiterlernen geweckt und verstärkt wird. Gemeint ist damit ein Unterricht als Lernprozess, der eine Lernerorientierung (= verändertes Verständnis von Lernen) realisiert und die **Vielfalt der Lernenden als positive Herausforderung** begreift und zur Lernberatung einschließt. Von einem solchen Unterricht muss gefordert werden, dass gemeinsame und individuell unterschiedliche Lernziele verfolgt und erreicht werden können.

Unterricht, der die Schülerinnen und Schüler als „Ko-Produzenten von Unterricht" (Rolff) ernstnimmt, ihnen peu à peu größtmögliche **Beteiligungsrechte** und Verantwortungsmöglichkeiten einräumt, ihre Selbstlernpotentiale aktiviert und ihnen Möglichkeiten zur Rückmeldung über Unterrichtsprozesse und über Lernergebnisse einräumt (= bilanzierende Beschäftigung mit den Effekten der gemeinsamen Lernarbeit).

Unterricht, der sich bewusst als **erziehender Unterricht** versteht, der über Prinzipien (z.B. „Lernen aus den Folgen"), Regeln, Rituale und Grenziehungen Orientierung und soziale Strukturierungen vermittelt und diese soziale Strukturierungen unter Berücksichtigung pädagogischer Wertvorstellungen verändern will und kann.

Anmerkung: Alle viereckigen Kästchen (Leitideen) stehen auch untereinander in einem Interdependenzzusammenhang.

Diese einzelnen Elemente des Schaubildes wurden eingebettet in eine breit und gründlich gefasste Bestimmung schulischer Qualität (statt Reduktion auf Wissensaneignung in möglichst kurzer Zeit und mit Auswertungen nach dem Muster von Warentests verbunden), die Fragen enthielt, inwieweit es bisher gelungen war, Schule für alle sinn- und orientierungsgebend und damit in produktiver Weise zu gestalten, aber auch Fragen einschloss, was zu tun sei, um den Prozess der Qualitätsentwicklung weiter voranzutreiben. Nach Vereinbarung der hier aufgeführten Leitideen sollten dann einzelne Lernbereichs- und Fachkonferenzen unter Beachtung ihrer jeweiligen besonderen Zugriffsweise versuchen, diesen Anspruch einzulösen, um dann noch den Versuch der Umsetzung zu evaluieren.

Für den Pädagogikunterricht bedeutete das, seinen besonderen Akzent zu betonen und die Spezifika des Faches zu konturieren. Um das fachliche Selbstverständnis über die für alle Fächer geltenden Ziele und Aufträge hinaus zu bestimmen, wurden diese in der Fachkonferenz erweitert und ergänzt durch einen Rückgriff auf Klaus Beyers Bestimmung der „paideutischen Kompetenz"[2] (S. 84). Es ging im Anschluss an Beyer darum, die drei Rollen (Rolle des Erziehers, Rolle des Edukanden und Rolle des für die Bedingungen des Erziehens mitverantwortlichen Gesellschaftsmitgliedes – S. 83) aufeinander zu beziehen und in ihrer „Bedeutung für die pädagogische Praxis" (ebd.) in einem Unterrichtskonzept so anzulegen, dass die Schülerinnen und Schüler in diesen Rollen qualifiziert werden sollten, auf dass ihre Persönlichkeitsentwicklung eine Erweiterung erfahren könne und ihre pädagogische Handlungskompetenz zur Ausbildung gelangen werde. Diese Ansprüche galt es nun umzusetzen. Wie dies versucht wurde, darüber soll hier ein kurzer Überblick gegeben werden, um so zu konkretisieren, wie ein Unterrichtsvorhaben im Pädagogikunterricht sich diesen Leitideen stellte. Das umseitige Schaubild war für den Pädagogikunterricht um diese Zieldimension zu ergänzen. Die einzelnen Leitideen galten aber weiter. Der Gesamtzugriff sollte den Versuch darstellen, eine Annäherung an die einzelnen Aspekte zu erreichen.

Im Leistungskurs Erziehungswissenschaft, der einen fachlichen Schwerpunkt unter dem Anspruch eines fächerkoordinierenden Unterrichts mit dem Grundkurs Sozialwissenschaften an der Gesamtschule Waltrop bildet[3], wurde zum Ende der Jahrgangsstufe 12/2, nachdem grundlegende Kenntnisse über Entwicklung und Sozialisation unter Einschluss z. B. der Vermittlung von Grundlagen der Individualpsychologie[4] vorausgesetzt werden konnten, den Lernenden die Möglichkeit der Mitentscheidung geboten, in welchem Bereich bzw. auf welchem Feld und in welcher Weise sie Möglichkeiten pädagogischen Denkens und Handelns auf der Grundlage der erworbenen Erkenntnisse erproben und reflektieren wollten. In

---

[2] Beyer, Klaus: Handlungspropädeutischer Pädagogikunterricht, Teil I, Didactica Nova, Band 2. Hohengehren 1997.
[3] Röken, Gernod/Waterkamp, Ulrike: Profilfach Pädagogik. In: Stiller, Edwin (Hrsg.): Dialogische Fachdidaktik, Bd. 2. Paderborn 1999 (erscheint in Kürze im Schöningh Verlag).
[4] Röken, Gernod: Die Individualpsychologie – Ein Thema für den Pädagogikunterricht? In: Der Pädagogikunterricht, 7. Jg. (1987), Heft 4, S. 21–41.

systematischen Rückmeldearrangements und Lernbilanzierungsrunden mit den Schülerinnen und Schülern des Kurses kristallisierte sich schnell der Wunsch heraus, die eigene Schule als Lernort zu nutzen, um zu erkunden, ob diese nicht nur im Unterricht Möglichkeiten der Partizipation, sondern auch außerunterrichtliche und evtl. auch über die Schule hinausgehende (Schulumfeld) entwicklungsangemessene Handlungs- und Gestaltungsmöglichkeiten für sie als Adressaten schulischer Bildungsbemühungen bot. Die Fachlehrerin sah im Anschluss an Hentigs Verständnis von „Schulpolis"[5] eine Chance, über den bloßen Wissenserwerb hinaus eine pädagogische Haltung aufzubauen, die die Notwendigkeit zum mehrfachen Perspektivenwechsel (eigene Schülerrolle, Rolle jüngerer Schülerinnen und Schüler, Lehrerinnen- und Lehrerrolle unter den jeweiligen entwicklungs- und sozialisationsbedingten Voraussetzungen) einschloss. Ihr ging es darum, eine Handlungskompetenz entstehen zu lassen, die über eine bloße Handlungsorientierung hinausgehen sollte, die vielmehr über ein geplantes Vorgehen und eine vorbereitete methodisch-handwerkliche Kompetenz eine andersartige Wirklichkeitsrezeption und einen vertieften Sinnbezug entstehen lassen sollte. Ein solches Verständnis pädagogischer Handlungskompetenz schloss a priori aus, dass der Unterricht sich damit begnügen könnte, dass Lernerfahrungen in bloßer Betriebsamkeit oder in einem oberflächlichen Aktionismus verliefen, sondern es musste um vorbereitetes Erforschen und Entdecken von pädagogischen Prozessen, deren Reflexion und produktive Verarbeitung gehen.

Die Lehrerin schlug den Schülerinnen und Schülern daher vor, eine Untersuchung von altersangemessenen Teilhabemöglichkeiten am Klassen- und Schulleben unter der Perspektive einer möglichen Verbesserung dieser Mitgestaltungschancen und einer Erprobung eigener Handlungskompetenzen bei Gestaltung von Sach- und Beziehungsdimensionen in einer Gruppe am Beispiel des Klassenrates in der Wochenausgangsstunde vorzunehmen. Im Rahmen der gemeinsamen Planung (Was wollen wir? / Was wollen wir vermeiden?) teilte die Lehrerin den Schülerinnen und Schülern die im „Didaktischen Ausschuss" vereinbarten Leitideen als Maßstab für das gemeinsame Vorhaben mit, holte ihr Einverständnis ein, diese als Kriterien für eine Selbstreflexion im Kurs und darüber hinaus (z. B. „Didaktischer Ausschuss") zu nutzen.

Da alle Schülerinnen und Schüler im Rahmen ihrer eigenen schulischen Sozialisation (abgesehen von „Neueinsteigern" in die Jahrgangsstufe 11) Erfahrungen mit einem Element einer lerngerechten Rhythmisierung der Woche (Wochenausgangsstunde) und mit dem Klassenrat als Gremium des sozialen Lernens, der konstruktiven Konfliktlösung und der Mitbestimmung hatten, waren sie schnell einverstanden, sich beobachtend, selbst handelnd und reflektierend auf die sechs Klassen

---

[5] Hentig, Hartmut: Die Schule neu denken. München, Wien, 1993, S. 180f. Vgl. dazu kritisch: Hätich, Manfred: Der Polisgedanke und seine Anwendung auf die Schule. In: Hepp, Gerd / Schneider, Herbert (Hrsg.): Schule in der Bürgergesellschaft, Schwalbach/Ts. 1999, S. 178–183.

des sechsten Jahrgangs zu verteilen und diese in Absprache mit den beiden KlassenlehrerInnen zu besuchen. Aufgrund ihrer eigenen Vorerfahrungen und ihrer neu erworbenen Kenntnisse konnten Beobachtungsprofile (z. B. Methoden der empirischen Sozialforschung: teilnehmende Beobachtung, Gruppenbefragung, Methoden des analytischen Gespräches etc.) und in Kooperation mit der Video-Arbeitsgemeinschaft Klassenratssitzungen zur nachträglichen Rekonstruktion aufgezeichnet werden (Erwerb von Methoden- und Medienkompetenz). Nach Klärung der Ausgangslage, der situativen Bestimmtheit und der Erkundung der Voraussetzungen der Lerngruppen wurden durch die SchülerInnen des Leistungskurses Pädagogik in Übereinkunft und unter unterstützender Begleitung durch die KlassenlehrerInnen selbst Klassenratssitzungen zu zweit geplant, durchgeführt und von anderen (Mitschülern und beiden KlassenlehrerInnen) nach vorher festgelegten Aspekten beobachtet. Gemäß eigenen Vorschlägen und Vorstellungen konnte eigenes pädagogisches Handeln erprobt werden und durch spiegelnde Fremdwahrnehmung bewusst gemacht werden. Das eigene erzieherische Agieren ermöglichte eine große Selbsttätigkeit und ein hohes Maß an Verantwortung freisetzender Aktivität, aber auch das Annehmen und Ertragen von konstruktiver Kritik, das Erfahren von vergeblichen Bemühungen und damit die Möglichkeit des Hinzulernens. Bisherige Kenntnisse konnten in der Angemessenheit ihrer Zielperspektiven und in ihrer Anwendungsdimension ausprobiert werden und zudem in ihrer Wirksamkeit analysiert und bewertet werden (z. B. individualpsychologische Grundlagen, um einen Klassenrat unter solchen Leitmaximen zu gestalten oder auch das Wissen über Kommunikation, Konfliktmediation oder themenzentrierte Interaktion). Unter dem Gesichtspunkt der Praktikabilität war es möglich, neue Erfahrungen zu gewinnen.

In der Nachbereitung im Leistungskurs wurde gemeinsam untersucht, was im Klassenrat geschehen war, welche Einflussmöglichkeiten die Schülerinnen und Schüler als GruppenleiterInnen gehabt hatten, wie ihre Gesprächs-, Verhandlungs- und Konferenzführung sich gestaltet hatte und welche Lernprozesse bei den Beteiligten zu verzeichnen gewesen waren.[6]

Gemachte Erfahrungen konnten aufgegriffen, theoretisch vertieft und somit Orientierungsmöglichkeiten für das Arrangieren neuer Erfahrungen und für konzeptionelle Überlegungen geboten werden. So erlebten die Lernenden im Kurs beispielsweise, wie wenig erfolgreich ihre pädagogischen Bemühungen gewesen waren, als sie mittels Überzeugung versucht hatten, Einstellungen bei jüngeren Schülerinnen und Schülern zu verändern, die sich durch ihre Intervention im Klassenrat in ihrem Selbstbild bedroht gefühlt hatten. Zum Verstehen solcher Vorgänge, die die eigene Einstellung bedrohten und zur tendenziösen Wahrnehmung und zur aktiven Rückweisung führten, setzten sie sich mit dem Konzept von Assimilation

---

[6] Vgl. Kiper, Hanna: Selbst- und Mitbestimmung in der Schule. Das Beispiel Klassenrat. Hohengehren 1997; Pullig, Karl-Klaus: Brevier der Konferenztechnik. Bern 1981.

und Kontrast von Sherif und Hovland auseinander und vertieften ihre bestehenden Kenntnisse durch die Theorie der kognitiven Dissonanz von Leon Festinger, um anschließend nach Möglichkeiten verbesserter pädagogischer Handlungsweisen – ausgehend von diesen Grundlagen – zu suchen.

Die Vordergründigkeit bestehender Erfahrung, die Erlebnisdimension wurde so durch bedeutsame kategoriale und theoriegeleitete Erkenntnisse überschritten. Gleichzeitig konnte die erzieherische Seite von Unterricht verdeutlicht werden. Da die Schülerinnen und Schüler des Kurses auch Gelegenheit gehabt hatten, an den regelmäßigen Sitzungen der LehrerInnen-Teams des sechsten Jahrgangs teilzunehmen, war es ihnen nicht nur möglich, zielorientiertes Zusammenwirken und pädagogische Reflexion von Lehrerinnen und Lehrern zu erleben, sondern es wurde ihnen erlaubt, sich mit ihren Fragen, Vorschlägen in die Zusammenarbeit und damit in den professionellen Diskurs einzubringen. Rekonstruktionen von Klassenratssitzungen wurden verglichen, Neukonstruktionen unter der Perspektive der erzieherischen Bearbeitung und der sukzessiven Erweiterung der Handlungsspielräume der jüngeren Schülerinnen und Schüler entworfen. Über die ihnen bekannte Arbeit in Tischgruppen hinaus (Unterrichtsprinzip in allen Schulstufen der Gesamtschule Waltrop) waren die Lernenden aufgefordert, zielorientiert zusammenzuarbeiten, Absprachen untereinander und mit den Lehrenden über Ziele und Aufgaben treffen zu müssen und eine Einordnung in den vorgegebenen Rahmen zu vollziehen.

Insgesamt konnten traditionelle Formen schulischen Lernens bei großer Eigenständigkeit der Lernenden erweitert werden. Über die Beschäftigung mit weiteren zusätzlichen Theorieansätzen, mit Lernstilen, Lerntypen und Lebensstilen wurden darüber hinaus wichtige fachliche Lernziele (z. B. Fragen nach einer adressatenorientierten Passung von Fördermöglichkeiten, von stufendidaktischen Akzentuierungen von Lernprozessen) erreicht. Es gelang nicht nur ein personaler und sozialer Kompetenzzuwachs, sondern eine vertiefte fachliche Erkenntniserweiterung. Trotz dieser Erfahrungen gelungenen und vertieften Lernens konnte einsichtig werden, dass auch die Schülerinnen und Schüler des Leistungskurses auf pädagogische Unterstützung und auf Kooperation angewiesen waren. Sie erlebten unterschiedliche Zugangsmöglichkeiten, konnten sich in unterschiedlicher Weise beteiligen, so dass offene und bewegliche Formen innerer Differenzierung stets für alle Teilnehmer gewährleistet waren. Die Lernenden bekamen die Gelegenheit und den Anreiz, am Lernprozess sachgerecht teilzuhaben. Alle erlebten aber auch, dass sie nur durch Anstrengung, Beharrlichkeit und ein gewisses Maß an Kontinuität Erfolge haben konnten. Ebenso mussten sie lernen, Rückschläge und Misserfolge zu verkraften und sich mit Widerständen auseinander zu setzen. Die eigene Person als ein in pädagogischen Situationen handelndes Subjekt, als ein Teil der eigenen Lerngruppe und in deren gruppendynamischen Prozess einbezogenes Individuum konnte in ausführlichen Auswertungsphasen in geregelter Form angesprochen werden. Lehrerin und Lernende des Leistungskurses Erziehungswissenschaft kamen in systematischer Auswertung des Unterrichtsvorhabens des Leistungskurses (durch einen Fragebogen) auch zu dem Ergebnis, dass sie den vorher genannten Zielen und Leitideen und den eigenen Erwartungen vor allem durch den Erfahrungs- und Handlungsbezug, durch die Möglichkeit der weitgehenden Mitsteuerung und durch den hohen Grad an Eigenständigkeit weitgehend entsprechen konnten. Vor allem aber konnte die eigene Schule als pädagogischer Handlungsraum für Lernende, als Ort pädagogischer Grunderfahrungen und als demokratische Institution erlebt werden (vgl. die Aussagen des neuen Lehrplans „Erziehungswissenschaften" zum Schulprogramm, Punkt 4). Schülerinnen und Schüler hatten die Möglichkeit, zu erziehungs- und handlungsfähigen, zu erziehungsbereiten und verantwortungsbewussten Menschen im Rahmen eines begrenzten Tätigkeitsfeldes zu werden. Sie konnten ihre Teilhabekompetenzen mittelbar oder unmittelbar stärken, die Regulierung und Steuerung von Prozessen für sich und andere real erfahren und sie hinsichtlich der in ihnen enthaltenen emanzipatorischen Möglichkeiten, aber auch unter Wahrnehmung ihrer institutionellen Begrenzungen und Antinomien (Autonomie und Heteronomie in der Institution Schule) bearbeiten. Für sie war erlebbar, was im Lern- und Lebensort Schule zu gestalten, zu verändern und weiterzuentwickeln war. Sie selbst konnten im schulischen Erfahrungsraum ihre Sensibilität gegenüber sich und anderen erhöhen. Es besteht somit die Hoffnung als konkrete Utopie, dass sie dadurch zunehmend sprachfähig geworden sind und u. U. bereit sind, sich mehr und mehr in Prozesse handelnd einzubringen, um gegen Ohnmacht gegenüber anonymen Mächten anzugehen. Die Ansprüche der zu Anfang aufgeführten Leitideen, die handlungsleitend sein sollten, sind zumindest in großen Teilen (nach Meinung der Beteiligten) für dieses Vorhaben zur Geltung gekommen.

Es soll aber hier nicht verschwiegen werden, dass dies nur durch ein außergewöhnliches Engagement aller Beteiligten erreicht werden konnte, das den Rahmen schulischer Routine deutlich überschritt. Dass dies trotzdem als lohnenswert auch vonseiten der beteiligten Lehrerinnen und Lehrer angesehen wurde, lag vor allem daran, dass auch sie durch eine gelungene Kooperation ihre Professionalität deutlich erweitern konnten. Die Aufgabe der Fachkonferenz besteht nun darin, den innerfachlichen Diskurs auf der Grundlage dieses Ansatzes von Unterricht zu erweitern, solche Konzepte und Erfahrungen zu dokumentieren und den gewonnenen Mut und die positive Rückmeldung für weitere Schritte in diese Richtung zu nutzen. Dabei ist stets zu beachten, dass es nicht nur einen Weg zu einem qualitätsorientierten Unterricht gibt.

# 4.
# Pädagogikunterricht
# Didaktische Reflexionen

CHRISTEL ADICK

# Fachdidaktik Pädagogik mit internationalem und interkulturellem Hintergrund – Eine persönliche Reminiszenz

Die Aufforderung zur Mitarbeit an diesem Jubiläumsband gab den denkbar größten Raum für die Gestaltung der Beiträge. Leitend sollte nur die Orientierung an der Frage „Meine Erwartungen an einen guten Pädagogikunterricht" sein, wobei es ausdrücklich erwünscht war, daß eigene Erfahrungen einbezogen würden. Sollte ich nun einen kurzen Fachartikel schreiben oder einen persönlich gefärbten Essay? Ich habe ich mich für letzteren entschieden. Grund dafür war vor allem, daß mir angesichts des Anlasses (20 Jahre VdP) bewußt wurde, wie lange ich mich schon mit dem Pädagogikunterricht beschäftige (fast 30 Jahre), wobei sich mir die Frage stellte, wie dies zu meinen sonstigen internationalen und interkulturellen Interessen paßt, die ich seit noch längerer Zeit pflege.

Nach dem Ersten Staatsexamen an der Pädagogischen Hochschule war ich damals ab dem Wintersemester 69/70 neu eingeschriebene Studentin an der Universität Münster und hatte das Glück, bei einem Rundgang durch das Institut für Erziehungswissenschaft einen Aushang zu entdecken, mit dem Peter Menck studentische Hilfskräfte suchte für ein Forschungsprojekt zum Pädagogikunterricht. „Forschungsprojekt"! – Dies Wort zog mich magisch an. Es signalisierte mir, daß ich dort nicht beliebig herumstudieren und Wissen akkumulieren, sondern hautnah erfahren würde, was Wissenschaft ist. Und so erlebte ich tatsächlich, zunächst als Studentin, dann als Wissenschaftliche Mitarbeiterin, die wissenschaftliche Begleitforschung zur Einführung dieses neuen Unterrichtsfaches. Wie man empirisch arbeitet und was Didaktik ist, habe ich insbesondere in diesen Projekten gelernt.

Auch nach Abschluß der Forschungsprojekte blieb der Pädagogikunterricht eins meiner kontinuierlichen Arbeitsgebiete, sei es im Rahmen der von Peter Menck in Kooperation mit dem Klett-Verlag ins Leben gerufenen Schulbuchreihe „Projekte für Erziehungswissenschaft in der Studienstufe" oder in der Lehre, inzwischen an der Universität-Gesamthochschule Siegen, wo regelmäßig fachdidaktische Veranstaltungen und schulpraktische Studien zum Pädagogikunterricht anzubieten waren. In der Forschung beschäftigte ich mich mit einer Bestandsaufnahme zur Schulbuchsituation im Pädagogikunterricht und führte eine Befragung aller Autorinnen und Autoren einschließlich der Herausgeber dieser Werke durch, deren Ergebnisse auch in unserer Verbandszeitschrift veröffentlicht wurden. Rückblickend muß ich sagen, daß diese mit den empirischen Forschungen und Curriculumentwicklungen zum Pädagogikunterricht verknüpfte langjährige wissenschaftliche Handwerkslehre bei Peter Menck bleibenden Einfluß genommen hat auf meine Berufsperspektive „Wissenschaft".

Und dennoch bin ich den meisten meiner Kolleginnen und Kollegen, mit denen ich in Deutschland und im Ausland zusammenarbeite, nicht als Fachdidaktikerin für Pädagogik oder als Curriculumforscherin bekannt; man kennt mich vielmehr als eine Kollegin, die seit langem in der Vergleichenden Erziehungswissenschaft arbeitet. Zunächst in der außerschulischen Jugendarbeit, später neben Studium und Beruf und teilweise auch in Verbindung dazu (z. B. bei Qualifikationsarbeiten an der Hochschule), verbrachte ich immer eine Menge Lebenszeit und Energie mit internationalen Fragen und Projekten aller Art, im Rahmen von internationalen Jugendbegegnungen, entwicklungspolitischer Bildungsarbeit oder Studienreisen ins Ausland. In meiner jetzigen Arbeit als Professorin für 'Vergleichende Erziehungswissenschaft' an der Ruhr-Universität Bochum beanspruchen mich diese Themen inzwischen hauptamtlich in Forschung und Lehre. D. h. seit einigen Jahren stellen die internationalen und interkulturellen Bezüge von Bildung, Erziehung, Sozialisation, von Kindheit, Jugend, Schule und außerschulischer Bildung den Schwerpunkt meiner beruflichen Arbeit dar – und nicht (mehr) der Pädagogikunterricht.

Fachdidaktik Pädagogik und Vergleichende Erziehungswissenschaft: Zwei Standbeine? Zwei Welten? Unvereinbar und beziehungslos nebeneinander? Nicht unbedingt: In dem von Johann-Wolfgang Reiling und mir in der o. g. Klett-Reihe edierten Schulbuch „Sozialisationsprozesse im Jugendalter: Generationskonflikte" aus dem Jahre 1979 finden sich bereits Ansätze interkulturellen Lernens: Es wird das Verhältnis der Generationen „gestern", „heute", „morgen" – und eben auch „woanders" thematisiert. Und bei den wissenschaftlichen Aussagen zu den Entstehungsbedingungen von Generationskonflikten wird auch ein Kapitel angeboten zur Frage: „Ist der Generationskonflikt kulturabhängig?" Damit war die interkulturelle Curriculumperspektive, so wie ich sie damals verstand und heute noch verstehe, nicht etwa ein exotisches Anhängsel, sondern integraler Bestandteil der unterrichtlichen Bearbeitung eines Themas, wie es ja heute insgesamt gefordert wird.

Das zweite von mir bearbeitete Schulbuch „Erziehung in verschiedenen Kulturen und Gesellschaften", erstmals 1983 erschienen, widmete sich dann explizit internationalen und interkulturellen Perspektiven. Das Buch wurde damals genehmigt, obwohl, wie mir der Verlag später mitteilte, bei seiner ministeriellen Begutachtung im Zulassungsverfahren kritisch vermerkt worden war, die Perspektive unserer heimischen Erziehung käme darin doch etwas zu kurz. Ich hielt und halte diese Kritik für eurozentrisch. Würde sie bei heutigen Schulbuchgutachtern auch noch so ausfallen? Meines Erachtens boten doch die zwischenzeitlich erlassenen Richtlinien von 1981 zumindest einige Ansatzpunkte für interkulturelle Vergleiche. Hieß es doch in diesen Richtlinien zu Kurs 11/I bei den möglichen thematischen Aspekten auch „Erziehung in fremden Kulturkreisen", und zu 12/I wurde unter möglichen Unterrichtsgegenständen „Entwicklung und Sozialisation in unterschiedlichen Kulturen" genannt, oder für den Kurs 13/I wurden „Erziehung im Kibbutz" und „Summerhill und antiautoritäre Erziehung" als mögliche Gegenstände vorgeschlagen – alles Themen, die in dem besagten Schulbuch aufgegriffen werden. Dennoch versammelte dieses Schulbuch wohl für den Geschmack mancher damaliger ministeriell bestellter Schulbuchgutachter, die dem Verlag und den Autoren gegenüber anonym bleiben, zuviel 'Fremdes'. Denn in jener Zeit war 'interkulturelles Lernen' in NRW noch nicht zum Bildungsprinzip erhoben worden. Und diese Perspektive war auch noch nicht allgemein akzeptierter Gegenstand des schulischen Pädagogikunterrichts.

Inzwischen hat sich das geändert. Alfred Holzbrecher hat sich seit einiger Zeit der interkulturellen Dimension in unserer Fachdidaktik angenommen und auf der letzten Jahrestagung unserer Gesellschaft in Essen 1998 festgestellt, daß mein relativ früher Versuch, interkulturelles Lernen in den Pädagogikunterricht zu integrieren, bei unserer Fachdidaktik keine Resonanz hervorgerufen habe. Über die Gründe hierfür will ich hier nicht spekulieren. Jedenfalls ist es jetzt Alfred Holzbrecher zu verdanken, daß das Thema konsequent verfolgt wird. Inzwischen hat dieser Aspekt, wie man den im Internet abrufbaren Entwürfen des neuen Lehrplans für den gymnasialen Pädagogikunterricht in NRW entnehmen kann, auch vermehrt Eingang gefunden in das zukünftige Curriculum für diesen Unterricht. Dies zeigt sich an den Zielen für den Pädagogikunterricht, die an diversen Stellen eine Sensibilisierung für kulturelle Vielfalt, für internationale Vergleiche und die Reflexion unterschiedlicher gesellschaftlicher Bedingungen fordern. Bei der Neugliederung der Kurse ist positiv zu vermerken, daß der internationalen und interkulturellen Dimension jetzt wesentlich mehr Rechnung getragen werden kann, insbesondere dadurch, daß eine Spalte „mögliche Projekte" eröffnet wurde, die verschiedentlich solche Unterrichtsthemen zu realisieren gestattet. In Kurs 11/1 wird z. B. „Erziehungsvorstellungen von verschiedenen Generationen und kulturellen Gruppen / Milieus" als solch ein Projekt vorgeschlagen, in Kurs 12/2 „Schule ohne Rassismus", in Kurs 13/1 „Kinderrechte in aller Welt". Das Sequentialitätsprinzip, das schon im Lehrplan von 1981 angesprochen wurde, wird im neuen Lehrplanentwurf eigens mit einem Beispiel veranschaulicht, das zeigt, wie man ein sinnvolles Spiralcurriculum aufbauen kann, das sich von Klasse 11 bis 13 den obligatorischen Themen in einer explizit interkulturellen Akzentuierung widmet. Interkulturelles Lernen im Pädagogikunterricht, auch in Gestalt von Projekten, ist damit m. E. in einem breiteren Sinne als zuvor 'lehrplankonform' geworden. Entsprechende Schulbuchkonzeptionen, sogar in Form von nicht nur an der Nomenklatur der Obligatorik ausgerichteten Projektheften, ließen sich damit heute vermutlich didaktisch 'problemloser' legitimieren als dies vorher der Fall war.

Wiewohl ich die neuerliche Hinwendung zum interkulturellen Lernen im Pädagogikunterricht begrüße, so wäre doch vor einer möglichen Blickverengung zu warnen. Die Genese der interkulturellen Diskurse in Pädagogik und Erziehungswissenschaft in Deutschland und die Tatsache, daß interkulturelles Lernen in NRW und anderswo zum Bildungsprinzip erhoben wurde, sind überwiegend als Reflex auf Migration und die dadurch entstehende multikulturelle Gesellschaft zu sehen. Unter dem Allgemeinbildungsanspruch wäre indes eine interkulturell ausgerichtete Didaktik, die sich auf die curriculare Bearbeitung von Migrationsfolgen beschränkte, zu kurz gegriffen. Andere Aspekte müssen konstitutiv hinzutreten wie Globalisierung und Weltgesellschaft, die europäische Dimension, entwicklungspolitische Bildung, Friedens- und Menschenrechtserziehung. Ob hierfür dann letztendlich ein anderer Begriff, etwa der des „globalen Lernens", angemessener ist als der des „interkulturellen Lernens", wird sich in der weiteren Diskussion zeigen.

Ob nun „interkulturelles" oder „globales" Lernen – diese neueren Entwicklungen in der Fachdidaktik Pädagogik bieten jedenfalls nun umsomehr die Möglichkeit, sie mit der Vergleichenden Erziehungswissenschaft zu verzahnen. Praktisch sieht das so aus, daß ich neben meinen international und interkulturell vergleichenden Veranstaltungen auch gelegentlich fachdidaktische Seminare anbiete, in denen z. B. Unterrichtsentwürfe zu Themen aus der Vergleichenden Erziehungswissenschaft angefertigt werden (z. B. zu Familienerziehung im internationalen und interkulturellen Vergleich, Sozialpädagogik mit 'Straßenkindern' in Industrie- und Entwicklungsländern u. ä.). Aber nicht nur der Pädagogikunterricht benötigt die internationale und interkulturelle Dimension; auch die Vergleichende Erziehungswissenschaft kann von Erfahrungen in der Didaktik und Curriculumforschung profitieren. Bringt man beides zusammen, so entstehen daraus z. B. Seminare oder Vorlesungsthemen, die sich mit der interkulturellen Dimension in unseren Lehrplänen und Schulbüchern beschäftigen oder solche, die die Internationalisierung der Curricula weltweit thematisieren. Die häufig überwiegend auf Schulsystem-Vergleiche ausgerichteten Seminarangebote der Vergleichenden Erziehungswissenschaft erfahren dadurch eine gerade für Studierende der Lehrämter relevante thematische Bereicherung. Daß jetzt auch das Interkulturelle Lernen konstitutiv Eingang gefunden hat in die Fachdidaktik Pädagogik stellt einen weiteren Überschneidungsbereich zu den Themen der Vergleichenden Erziehungswissenschaft dar und läßt sich in universitären Lehrveranstaltungen produktiv nutzen.

An einem würde ich mit Blick auf meine persönliche Einschätzung von 30 Jahren Pädagogikunterricht mit internationalem und interkulturellem Hintergrund festhalten: an der Existenz dieses Unterrichtsfaches. Historisch-vergleichende Analysen haben immer wieder ein erstaunliches Beharrungsvermögen von Schulsystemen weltweit gezeigt. Lehrplan- und Schulbuchforschungen unterstreichen immer wieder die relative Trägheit der Systeme auch im curricularen Bereich. Wandlungen vollziehen sich nur gemächlich in Generationenschritten. Vor diesem Hintergrund ist es tatsächlich ein signifikantes Datum, daß sich der Pädagogikunterricht als neues Unterrichtsfach überhaupt etablieren und behaupten konnte. Es wäre gewiß der Mühe wert, in einem größeren historisch-vergleichenden Forschungsprojekt zur Genese schulischer Disziplinen zu erforschen, wie und warum das gelang. Dabei könnte die These leitend sein, daß der Fächerkanon des allgemeinbildenden

Pflichtschulsystems – wenngleich mit Zeitverzögerung – die gesellschaftlichen Rahmenbedingungen und die von der jeweils herrschenden Generation autorisierten Wissensbestände spiegelt.

Wenn also ein veränderter Fächerkanon als eine Antwort auf veränderte gesellschaftliche Rahmenbedingungen begriffen werden kann, dann muß der Pädagogikunterricht etwas bieten oder jedenfalls versprechen, das als Antwort auf diese veränderten Bedingungen interpretiert werden kann. Meine heuristische Antwort darauf wäre: Der Pädagogikunterricht gestattet die reflexive Bearbeitung einer Erziehungswirklichkeit, die durch Pluralisierungs- und Individualisierungstendenzen moderner Gesellschaften der nachwachsenden Generation ein großes Maß individueller, gleichwohl gesellschaftlich relevanter Entscheidungskompetenz in pädagogischen Fragen als zukünftige Eltern und kompetente Bürger abverlangt. Jedenfalls mehr, als dies noch in einer gesellschaftlichen Situation der Nachkriegszeit der Fall war, in der man einen relativ großen Konsens in bezug auf Bildungslebensläufe, Berufsbiographien, Lebensstile und Familienform voraussetzen konnte. Daß Pluralisierungs- und Individualisierungstendenzen durch Globalisierung und Migration zunehmend internationaler und interkultureller geworden sind und werden, ist dabei ein zusätzliches Datum, das konstitutiv in die Legitimation dieses Unterrichtsfaches aufgenommen werden muß und kann. Insofern sollten didaktische Legitimationsstrategien für dieses Unterrichtsfach tatsächlich auf eine Begründung hinauslaufen, die die internationale und interkulturelle Dimension unserer heutigen Erziehungswirklichkeit(en) mit umgreifen.

Aus meiner Sammlung von 'Stilblüten' zum Abschluß noch folgendes Zitat aus einem Praktikumsbericht, in dem es um die Situation ausländischer Schüler im Unterricht ging: „... Dazu kommt, daß alle ausländischen Schulkinder, in deren Unterricht ich hospitiert habe, nicht die geringsten Schwierigkeiten mit der deutschen Sprache vorzuweisen haben. Diese Schulkinder waren im Klassenverband von ihren Mitschülerinnen und Mitschülern eingeschlossen, sowohl während des Unterrichts als auch außerhalb des Unterrichts in den Pausen, während den Arbeitsgemeinschaften usw." – Hoffen wir, daß diese etwas ungelenk formulierten Erfahrungen eines Schulpraktikums am Gymnasium, die ausländischen Kinder seien 'von ihren Mitschülern im Klassenverband eingeschlossen', überall und auch an anderen Schultypen zur Regel werden, und daß das interkulturelle Lernen im Pädagogikunterricht seinen Teil dazu beitragen kann, diese gegenseitige Akzeptanz zu fördern.

KLAUS BEYER

# Das dialektische Verständnis didaktischer Prinzipien

In der Diskussion um den Pädagogikunterricht ist seit einiger Zeit die bis in einzelne Lehrpläne hineinreichende Tendenz zu erkennen, für die Unterrichtsplanung die Beachtung bestimmter didaktischer Prinzipien zu fordern, ohne den Gültigkeitsanspruch dieser Prinzipien hinreichend zu reflektieren. Zwar werden die Prinzipien mehr oder minder gut begründet, dann aber in einer Weise erörtert, die den Eindruck erwecken kann, sie besäßen uneingeschränkte Gültigkeit. Auf diese Weise wird den Prinzipien ein Stellenwert zugeschrieben, der ihnen der Sache nach nicht zukommt.

Angesichts dieser problematischen Tendenz möchte ich der Bitte des VdP, zum 20jährigen Verbandsjubiläum einen Kurzbeitrag zu verfassen, in der Weise nachkommen, daß ich die Notwendigkeit eines dialektischen Verständnisses didaktischer Prinzipien aufzeige. Zu diesem Zweck werde ich für einige wichtige Prinzipien des Pädagogikunterrichts Gründe und Gegengründe benennen, die bei der Klärung ihres Gültigkeitsanspruchs zu beachten sind. Da sich überdies einige Prinzipien in ihrer Gültigkeit wechselseitig begrenzen, bedarf es ihrer dialektischen Vermittlung zum Zweck einer prinzipiengeleiteten Unterrichtsplanung.

## Allgemeinbildungsprinzip

Der Pädagogikunterricht hat sich – wie jedes andere Unterrichtsfach – dem Allgemeinbildungsauftrag der Schule zu stellen. Im Rahmen dieses Auftrags hat er im Interesse der Selbstbestimmungs-, Mitbestimmungs- und Solidaritätsfähigkeit (Klafki) seiner Schüler deren Urteils- und Handlungskompetenz zu fördern. Im Hinblick auf diese allen Fächern gemeinsame Verantwortung sprechen die KMK-Empfehlungen zur Arbeit auf der reformierten gymnasialen Oberstufe zurecht von einer Gleichwertigkeit der Fächer. Als Fach des gesellschaftswissenschaftlichen Aufgabenfeldes hat der Pädagogikunterricht unterhalb des allen Fächern gemeinsamen Auftrags eine besondere Verantwortung für die Ausbildung sozialer Kompetenz. Insofern unterscheidet er sich nicht von den anderen Fächern dieses Feldes.

*Aber*: Der Unterschied zwischen den Fächern darf nicht verwischt werden. Er ergibt sich aus der je spezifischen Sicht auf die soziale Wirklichkeit. Es ist für das Überleben und die Weiterentwicklung des Pädagogikunterrichts von existentieller Bedeutung, daß sich das Fach seiner spezifischen Leistungen innerhalb des Aufgabenfeldes bewußt bleibt: Wenn es seine Position innerhalb des schulischen Fächerangebots behaupten und noch ausbauen will, kann es dies am besten, indem es seine spezifische Sicht der sozialen Wirklichkeit herausstellt, diese als eine für die Entwicklung der Schüler und der Gesellschaft besonders wichtige Sicht begründet und diese Sicht im Unterricht zu entfalten sucht. Nur dann wird es unersetzbar, nicht aber, wenn es, wie es aus einigen jüngeren fachdidaktischen Diskussionsbeiträgen und Schulbüchern erkennbar wird, versucht, sich als ein alle anderen Fächer des Aufgabenfeldes übergreifendes lebenskundliches Integrationsfach zu etablieren. Abgesehen davon, daß die übrigen Felder diesen Anspruch – zurecht – nicht anerkennen würden, übernähme sich das Fach in hohem Maße: Es müßte nicht nur die pädagogische Sicht der Wirklichkeit, sondern auch die spezifischen Perspektiven der anderen Fächer inhaltlich entfalten. Dies ist in hinreichendem Maße weder von den Pädagogiklehrern zu leisten noch von den Schülern zu verkraften. Die Schüler würden ohne eine leitende Perspektive mit unterschiedlichen Aspekten unterschiedlicher Praxen oder Disziplinen konfrontiert, deren Integration ihnen angesichts der zu verarbeitenden Komplexität kaum gelingen dürfte.

Dem Allgemeinbildungsauftrag des Faches dürfte dagegen mehr gedient sein, wenn die Schüler ihre Urteils- und Handlungskompetenz gezielt im Hinblick auf die Pädagogik als eine spezifische soziale Praxis so weit wie möglich entfalten. Haben sie nämlich gelernt, zentrale Probleme pädagogischer Praxis zu erfassen, zu beschreiben, zu analysieren und zu erklären, Lösungsmöglichkeiten zu entwerfen, zu beurteilen, zu vergleichen, begründete Entscheidungen zu treffen und, wo möglich, in pädagogisches Handeln umzusetzen, haben sie eine Kompetenz erworben, die ihnen – über einen lateralen Transfer – auch in den übrigen Praxisfeldern zugute kommen dürfte.

Insofern kann der Pädagogikunterricht seinem Allgemeinbildungsauftrag durch die Wahrnehmung seiner spezifischen Aufgabe mehr dienen als durch eine konturenlose Vermischung unterschiedlichster Aspekte sozialer Wirklichkeit. Daß im Rahmen der dominanten pädagogischen Perspektive auch die psychologischen, soziologischen, politischen, ökonomischen, historischen Bedingungen pädagogischer Praxis erörtert werden müssen, bleibt dabei ebenso unbestritten wie die Tatsache, daß der Politikunterricht nicht auf die Erörterung ökonomischer, psychologischer, soziologischer, historischer und pädagogischer Rahmenbedingungen verzichten kann. Wichtig bleibt allein, daß die das jeweilige Fach leitende Perspektive nicht aus dem Blick gerät.

## Handlungspropädeutik

Ohne Ausrichtung auf die verschiedenen Formen paideutischer Praxis (als Erzieher, als Edukand, als für die Bedingungen der Erziehungspraxis Mitverantwortlicher) verliert der Pädagogikunterricht seine eigentliche Aufgabe aus dem Blick, die paideutische Kompetenz in unserer Gesellschaft zu erweitern.

*Aber*: Handlungspropädeutik darf nicht in einer zu engen, pragmatistischen Weise mißverstanden werden, sondern muß sich um die solide Fundierung der in der

Praxis erforderlichen Entscheidungen bemühen. Deshalb genügt ein sich durch bloßen Aktionismus auszeichnender Pädagogikunterricht den Anforderungen der Handlungspropädeutik nicht („Es ist nicht damit getan, daß die Schüler durch die Klasse wuseln", H. L. Meyer). Vielmehr muß die paideutische Urteilskompetenz der Schüler durch die Kenntnis wissenschaftlich gesicherter Fakten, wissenschaftlicher Modelle, Theorien und Verfahren sowie die Erörterung ihrer pädagogischen Relevanz (s. *Wissenschaftspropädeutik*) systematisch erweitert werden.

## Wissenschaftspropädeutik

Aus seiner handlungspropädeutischen Orientierung ergibt sich der Wissenschaftsbezug des Pädagogikunterrichts: Die Vermittlung wissenschaftlicher Einsichten soll dem Schüler helfen, seine paideutische Urteils- und Handlungskompetenz zu elaborieren (s. *Handlungspropädeutik*).

*Aber*: Der Wissenschaftsbezug darf nicht zum Selbstzweck werden, sondern muß an den handlungspropädeutischen Auftrag rückgebunden bleiben. Dazu genügt es nicht, Forschungsergebnisse aus der Wissenschaft in den Pädagogikunterricht zu übernehmen und diese in ihrer Praxisrelevanz zu erläutern. Vielmehr muß der Schüler immer wieder Gelegenheit erhalten, die vermittelten wissenschaftlichen Einsichten für die Beschreibung, Erklärung, Beurteilung, Bewertung und Gestaltung paideutischer Praxis zu nutzen.

## Progression

Ziel des Pädagogikunterrichts muß es sein, einen Beitrag dazu zu leisten, daß die Schüler ihre vorhandene paideutische Kompetenz systematisch ausbauen können. Dazu ist eine erkennbare Progression erforderlich: Am Ende eines jeden einzelnen Pädagogikkurses und des Pädagogikunterrichts insgesamt sollte ein deutlicher Kompetenzzuwachs erkennbar sein.

*Aber*: Ein handlungsrelevanter pädagogischer Kompetenzzuwachs ergibt sich nicht aus einer bloß additiven Aneinanderreihung einzeln abprüfbarer Kenntnisse und Fähigkeiten, sondern dadurch, daß die pädagogische Urteils- und Handlungsfähigkeit durch die Integration neuer Kompetenzelemente (Fakten-, Modell-, Theoriekenntnisse, Fähigkeiten, Einstellungen) systematisch elaboriert wird. Wenn der Pädagogikunterricht also auf einen Kompetenzzuwachs seiner Schüler zielt, muß er an deren bereits vorhandener paideutischer Kompetenz ansetzen, diese für pädagogische Beschreibungen, Analysen, Erklärungen, Handlungsvorschläge und Entscheidungen nutzen und nach und nach durch zusätzliche Kompetenzelemente erweitern. Um dabei eine Aufspaltung der Schülerkompetenz in eine auf zahlreiche paideutische Erfahrungen gestützte und daher relativ stabile Alltagskompetenz und eine eher künstliche, für Klausuren und Prüfungen benötigte Schulkompetenz, die oft relativ unverbunden nebeneinander bestehen bleiben, zu vermeiden, muß der Pädagogikunterricht um die möglichst feste Integration aller durch ihn vermittelten Zusatzelemente in die urteils- und handlungsleitende Kompetenzstruktur des Schülers bemüht sein. Erfolg wird ihm dabei am ehesten dann beschieden sein, wenn sich die erforderliche Progression in spiralartiger Weise in einem ständigen Wechsel von Assimilationen und Akkommodationen der Schüler vollzieht. Der Schüler bekommt Gelegenheit, Problemfälle pädagogischer Praxis zunächst mit seiner vorhandenen Kompetenz zu bearbeiten, erwirbt dann neue Kompetenzelemente, die er zusammen mit seiner bereits zuvor vorhandenen Kompetenz z. B. für Fallstudien nutzt, bevor er seine so erweiterte Kompetenz erneut durch zusätzliche Elemente anreichert. Bei neuen Fallstudien ist er dann gehalten, nicht nur die neuen Kompetenzstücke zu nutzen, sondern seine volle, in mehreren Schritten nach und nach erweiterte Kompetenz. Durch den ständigen Rückgriff auf seine Ausgangskompetenz und alle zuvor im Unterricht vermittelten Kompetenzelemente sollte am ehesten eine Integration der im Pädagogikunterricht erworbenen Kenntnisse, Fähigkeiten und Einstellungen zu einer komplexen paideutischen Urteils- und Handlungsfähigkeit gelingen.

## Exemplarität

Die Schüler können die Kompetenz zur paideutischen Reflexion nur erwerben, indem sie sich in diese an ausgewählten Fällen paideutischer Praxis einzuüben. Insofern ist exemplarisches Lernen im Pädagogikunterricht unverzichtbar. Diese Feststellung gilt partiell auch für den Theoriebereich: Weil es unmöglich ist, im Pädagogikunterricht alle kognitionstheoretischen Lerntheorien vorzustellen, muß in der Regel eine ausgewählte Theorie (z. B. die Theorie Piagets) die Klasse der Kognitionstheorien repräsentieren.

*Aber*: Das exemplarische Lernen muß ergänzt werden durch einen orientierenden Überblick: Da Piagets Theorie nicht oder nur in einer zu allgemeinen Weise als exemplarisch für alle Lerntheorien gelten kann, ist es erforderlich, den Schüler wenigstens mit den für die Pädagogik wichtigsten Typen von Lerntheorien vertraut zu machen (also auch mit der Gestalttheorie, der Konditionierungstheorie und der sozial-kognitiven Theorie). Diese Theorietypen können allerdings ihrerseits wiederum durch einen besonders herausragenden Vertreter (z. B. Köhler, Skinner, Bandura) repräsentiert werden.

Das exemplarische Lernen im Pädagogikunterricht bedarf noch in einer zweiten Hinsicht einer Ergänzung: Der Schüler muß mit der Systematik pädagogischer Reflexion vertraut gemacht werden. Diese sollte bereits im Einführungskurs strukturell entfaltet werden. Denn die Schüler werden nur lernen, die Komplexität der paideutischen Praxis urteilend und handelnd zu bewältigen, wenn sie in der Lage sind, alles von ihnen im Pädagogikunterricht Gelernte in die Struktur der paideutischen Reflexion zu integrieren. Dazu müssen sie diese zunächst anhand geeigneter Exempla kennenlernen und sich dann anhand weiterer Exempla darin üben, die komplexe Struktur in ihrer Reflexion zu berücksichtigen, indem sie z. B. die Erörterung eines bestimmten Erziehungsziels mit den für die pädagogische Reflexion konstitutiven Fragen nach Möglichkeiten und Bedingungen seiner Realisierung verbinden.

## Erfahrungsbezug

Angesichts der Tatsache, daß der Mensch am besten aus eigenen Erfahrungen lernt, ist es sinnvoll, daß sich der Pädagogikunterricht bemüht, einzelne paideutische Erfahrungen der Schüler zu nutzen und ihnen neue paideutische Erfahrungen zu ermöglichen.

*Aber*: Erfahrungen haben nicht per se eine Bildungsfunktion, sondern nur dann, wenn sie in denkende Erfahrung übergeleitet werden und damit zur Steigerung der Erfahrungsfähigkeit im Sinne Deweys beitragen können. Die Aufarbeitung von Schülererfahrungen im Pädagogikunterricht ist deshalb kein Selbstzweck, sondern muß sich durch zunehmenden Theoriegehalt auszeichnen und dazu in die auf systematische Kompetenzerweiterung zielende Gesamtplanung des Pädagogikunterrichts eingebettet werden.

*Und*: Weil die den Schülern möglichen Erfahrungen begrenzt sind, kann sich der Pädagogikunterricht nicht an den Erfahrungsraum der Schüler binden, sondern muß diesen transzendieren. Anderenfalls würde sich der Pädagogikunterricht von den mehr oder minder zufällig vorhandenen Erfahrungen der Schüler abhängig machen.

## Subjektorientierung

Alles Lernen, und damit auch das Lernen im Pädagogikunterricht, macht nur Sinn, wenn der Lernprozeß ebenso wie das inhaltlich Gelernte dazu beiträgt, die Persönlichkeitsentwicklung der Schüler zu fördern. Dazu muß der Schüler als Subjekt des Lernprozesses ernst genommen werden. Das heißt u. a., daß der Pädagogikunterricht versuchen muß, die Schüler auf dem Stand ihres Wissens, ihrer Fähigkeiten, ihrer Motive, ihrer Erfahrungen abzuholen und ihnen zu helfen, ihre vorhandene Kompetenz schrittweise zu elaborieren.

*Aber*: Diese für jeden Unterricht selbstverständliche Orientierung am Schüler darf nicht in dem Sinne mißverstanden werden, daß der Pädagogikunterricht vorwiegend die subjektiven Erfahrungen der Schüler aufzuarbeiten hätte, wie es das Postulat „biographischen Lernens" verlangt, demzufolge bei jedem Lerngegenstand die biographische Dimension zu erschließen sei. Zwar können einzelne (von den Schülern freiwillig in den Pädagogikunterricht eingebrachte) paideutische Erfahrungen im Unterricht erörtert werden und die paideutische Reflexion anreichern (s. *Erfahrungsbezug*); auch können und sollen die Rekonstruktion und die Auseinandersetzung mit der eigenen Lebensgeschichte durch einen um Signifikanz bemühten Pädagogikunterricht stimuliert und bereichert werden; die Aufarbeitung der eigenen Biographie sollte aber in aller Regel eine außerhalb des Unterrichts vom Schüler zu bewältigende Aufgabe bleiben, weil der Pädagogikunterricht anderenfalls in unzulässiger Weise bis in die Privatsphäre des Schülers hinein verlängert würde.

*Und*: Die zweifellos erforderliche Subjektorientierung darf nicht dazu führen, daß der gesellschaftliche Auftrag des Pädagogikunterrichts (Erweiterung paideutischer Kompetenz in der Gesellschaft) aus dem Blick gerät.

## Partnerschaftlichkeit

Das Prinzip partnerschaftlichen Verhaltens ergibt sich aus dem erforderlichen Respekt vor der Person des anderen. Es verlangt Beachtung durch den Lehrer den Schülern gegenüber sowie durch die Schüler untereinander und gegenüber dem Lehrer. Verstöße gegen dieses Prinzip sollten unterbleiben und, falls sie doch zu verzeichnen sind, im Dialog miteinander besprochen werden. Dies gilt insbesondere für einen Unterricht über Erziehung, der von den Schülern immer auch als Modell paideutischer Praxis verstanden wird. Je stärker die Beziehungen der am Unterricht Beteiligten durch wechselseitige Achtung geprägt sind, desto größer werden die Chancen für einen störungsfreien und damit für einen erfolgreichen Pädagogikunterricht. Insofern kommt der Ausgestaltung der Beziehungsebene der unterrichtlichen Kommunikation eine besondere Bedeutung zu.

*Aber*: Die Regelung der Beziehungen der Beteiligten untereinander ist in der Institution Schule kein Selbstzweck, sondern Bedingung für das Gelingen des Unterrichts. Dazu reicht es aus, daß die Beziehungen so gestaltet werden, daß die aufgabenorientierte Arbeit störungsfrei verlaufen kann. Nicht erforderlich ist dagegen im Regelfall eine besonders intensive „Beziehungspflege", wie sie z. B. in Form unterschiedlichster Interaktionsspiele, wiederholter Thematisierung der Beziehungsebene, den Ausdruck der eigenen emotionalen Befindlichkeit in diversen Partnerübungen, den Austausch von Körpererfahrungen in Interaktionen und sogar die Bereitstellung regelmäßiger Extra-Stunden zur Beziehungspflege im Kurs erfolgen soll. Als höchst problematisch muß in diesem Zusammenhang auch die im Lehrplan Erziehungswissenschaft SI (NW) enthaltene Forderung gelten, Gesprächsauswertungen in der Regel mit der Frage nach der Befindlichkeit der Teilnehmer („Wie habe ich mich gefühlt?") zu beginnen. Dieses Vorgehen mag vielleicht in psychotherapeutischen Gruppensitzungen eine gewisse Berechtigung haben. Für den Pädagogikunterricht ist dagegen zu befürchten, daß er durch eine einseitige und übertriebene Betonung sozialpsychologischer Prinzipien zur psychologischen Nabelschau werden und sich damit in eine für die Existenz des Faches gefährliche Richtung entwickeln könnte.

*

Durch die vorgenommenen Abwägungen sollte deutlich geworden sein, wie gefährlich es ist, im einzelnen durchaus begründbare und für den Pädagogikunterricht wichtige didaktische Prinzipien in ihrem Gültigkeitsanspruch zu überschätzen oder gar absolut zu setzen. Unverzichtbare Voraussetzung für eine kompetente Planung und Durchführung von Unterricht ist es, den Gültigkeitsanspruch didaktischer Prinzipien genau zu prüfen und die Ansprüche konkurrierender Prinzipien im Hinblick auf den angestrebten Lernerfolg der Schüler in dialektischer Weise miteinander zu vereinbaren. Diese Notwendigkeit zu akzeptieren, ist eines, die erforderliche dialektische Vermittlung unter konkreten Unterrichtsbedingungen in je spezifischer Weise zu leisten, ein anderes.

HELMUT HEILAND

# Fachdidaktik im Regelkreis – Didaktik der Pädagogik zwischen Pädagogikunterricht und Erziehungswissenschaft

## I.

Das Unterrichtsfach Pädagogik, so scheint es, kann „in sich ruhen". Nach einer langjährigen Phase intensiver Diskussionen um Begründung von Modellkonzeptionen in den 70er Jahren im Gefolge der Etablierung des Fachs Pädagogik, in NRW „Erziehungswissenschaft", als normales Unterrichtsfach auf der reformierten Oberstufe des Gymnasiums, konsolidiert sich dieses Unterrichtsfach in den 80er und 90er Jahren in vielfacher Weise. Die bis heute in Kraft gebliebenen „Richtlinien für die gymnasiale Oberstufe in Nordrhein-Westfalen: Erziehungswissenschaft" von 1981, eine nach einem Kommissionspapier von 1972 weiterentwickelte fachdidaktische Konzeption, sichern den curricularen Rahmen des Unterrichtsalltags in diesem Fach. In der Konkurrenz der unterschiedlichen fachdidaktischen Modellvorschläge aus den 70er Jahren hat sich die handlungstheoretisch orientierte Konzeption durchgesetzt (Beyer 1976; Beyer / Pfennings 1979; Beyer 1997). Im Bereich der Theorie der Unterrichtsplanung für den Pädagogikunterricht findet eine bis heute gültig gebliebene Orientierung am kommunikationstheoretischen Modell der Allgemeinen Didaktik statt (Langefeld 1982). Einen erheblichen Anteil an dieser Konsolidierung nimmt der 1978 gegründete „Verband der PädagogiklehrerInnen" (VdP), zunächst in NRW, inzwischen ein Bundesverband, mit seiner Verbandszeitschrift, dem „Pädagogikunterricht", seit 1981 wahr. Das jährlich in vier Heften erscheinende Periodicum bietet den Rahmen für die Diskussion von Unterrichtsbeispielen, für mediendidaktische Hinweise, die Darstellung fachwissenschaftlicher Themen sowie verbandspolitischer Interessen und Aktivitäten. So spiegelt diese Verbandszeitschrift den Aufbau des Gymnasialfachs Pädagogik in Brandenburg 1993/94 und die weitere Durchsetzung von Pädagogik als Fach der Sekundarstufe I in den 90er Jahren. Schließlich überrascht nicht, daß weiterhin das Unterrichtsfach Pädagogik eine ganz erhebliche Akzeptanz bei Schülern zu verzeichnen vermag. Die 1997 erschienenen drei Bände in der vom VdP herausgegebenen Reihe „Didactica Nova", eine Studieneinführung (Thiem 1997) und eine zweibändige Fachdidaktik (Beyer 1997), runden den Eindruck eines gesicherten Selbstverständnisses von Pädagogiklehrern, Fachdidaktikern und verbandspolitisch Tätigen ab.

## II.

Nun soll dieser positive Eindruck, auch gerade hier in einem Beitrag zum Jubiläumsband des Verbandes, nicht geschmälert werden. Die weitere Durchsetzung des Faches als gymnasiales Oberstufenfach in Ostdeutschland und in der Sekundarstufe I manifestiert doch die hohe gesellschaftliche Akzeptanz der Behandlung von Erziehungsproblemen in der Schule und unterstreicht die gesellschaftliche Bedeutung des Wissenschaftsfaches Erziehungswissenschaft. Für den Pädagogiklehrer mit seiner hohen Alltagsbelastung ist es eher günstig, sich in einem gesicherten curricular-fachdidaktischen, fachwissenschaftlichen und verbandspolitischen Rahmen zu bewegen. Diskussionen und Kontroversen könnten hier eher lähmen als ermutigen, vom Druck der Kollegen etablierter Fächer ganz zu schweigen, der auf ein im Aufbau befindliches Fach natürlicherweise zunächst extrem groß ist. Insofern bringt die skizzierte Konsolidierung für den fachunterrichtlichen Alltag eher Vorteile.

## III.

Andererseits drängen sich bei einer Rückschau auf die Geschichte und aktuelle Situation des Unterrichtsfachs Pädagogik doch auch einige kritische Überlegungen auf. Sie können und wollen die positiven Ergebnisse nicht schmälern, wohl aber auf einige, teilweise ganz erhebliche Defizite hinweisen.

In der „Zeitschrift für Pädagogik", der international sicherlich anerkanntesten pädagogischen Fachzeitschrift, hat auch der Pädagogikunterricht, in allerdings geringem Maße, Resonanz gefunden. 1978 wird in einem Themenheft eine erste Bilanz und Bestandsaufnahme der curricular-fachdidaktischen Diskussion nach 1972 gezogen (insbes. Langefeld 1978 und Beyer 1978). Während diese Beiträge noch die ganze Diskussionsbreite dieser Aufbruchszeit spiegeln, zeigen zwei resümierende Beiträge in der „ZfPäd" 1992 (Adick 1992 und Wierichs 1992) deutliche Defizite. Auf diese beiden Analysen von 1992 will ich etwas genauer eingehen und dabei nochmals mein kritisches Resümee von 1989 im „Pädagogikunterricht" (Heiland 1989) aufgreifen, das von Adick und Wierichs in differenzierter Weise bestätigt bzw. weiter ausgearbeitet worden ist.

Als Defizite habe ich seinerzeit moniert: Es fehle eine den „Richtlinien" von 1981 nachfolgende fachdidaktische bzw. curriculare Diskussion, es habe sich ein bestimmter Duktus von „Arbeitsbuch" durchgesetzt, es fehlten Folgeuntersuchungen zu den empirischen Bestandsaufnahmen der 70er Jahre, weshalb Schüler den Pädagogikunterricht wählten. Moniert wurde das Fehlen von fachdidaktisch begründeten Unterrichtsplanungen, von Stundenentwürfen in der Fachzeitschrift „Pädagogikunterricht" (vgl. Heiland 1989, S. 56f und 63). Etwas skeptisch wagte ich die Vermutung, diese Defizite spiegelten die geringer gewordene gesellschaftliche Bedeutung von Erziehungswissenschaft und Bildungspolitik im Kontext von „Antipädagogik" und postmodernem Wertezerfall. Diesen problematischen Tendenzen setzte ich, die Habermassche Chiffre von „Aufklärung als Projekt der Moderne" aufgreifend, die Forderung nach einem verstärkten Pädagogikunterricht als einem „notwendigen Teilprojekt der Moderne" entgegen. An diesem normativen Rahmen möchte ich auch hier und zwar als Erziehungswissenschaftler festhalten. Denn die sich in den 80er Jahren abzeichnenden Tendenzen postmoderner Unverbindlichkeit, die sich in aller Schärfe in der Antipädagogik und deren Etikettierung von Pädagogik als „Schwarzer Pädagogik" manifestierten, haben sich inzwischen verschärft. Einerseits wird nun wieder die Notwendigkeit von fordernder Erziehung, der Aufbau elementarer sozialer Einstellungen wie Verläßlichkeit, Pflicht und Teamfähigkeit betont. Andererseits distanziert sich die gegenwärtige Fachwissenschaft „Erziehungswissenschaft" von ihrer Verpflichtung als verantwortlich praxisregulierende Instanz. So heißt es in einer weitverbreiteten vierbändigen Einführung in die Erziehungswissenschaft (Bd. I: „Einführung in Grundbegriffe und Grundfragen der Erziehungswissenschaft"),

„daß angesichts der gegenwärtig sich abzeichnenden reflexiven Modernisierung von Erziehungsverhältnissen sich die Erziehungswissenschaft nicht mehr wie im Verlaufe ihrer Theoriegeschichte von Schleiermacher über die Geisteswissenschaftliche Pädagogik bis zur Gegenwart ständig aufs Neue formuliert, als Handlungswissenschaft begreifen kann, die direkt umsetzbare Handlungskonzepte für die pädagogische Praxis formuliert. Eher muß sich die Erziehungswissenschaft als eine *reflexive Beobachtungswissenschaft* [Hervorhebung H. H.] verstehen, die sich rück- und selbstbezüglich mit der kritischen Analyse der Risiken und negativen Folgewirkungen stattgehabter Erziehung befaßt und für die pädagogische Praxis und die Ausbildung professioneller Pädagogen allenfalls den Charakter einer systematischen und kritischen Reflexionsinstanz beanspruchen kann" (Krüger / Helsper 1996, S. 12).

Dieses erziehungswissenschaftliche Selbstverständnis steht aber völlig konträr zu allen „kritisch-konstruktiven" bzw. „kritisch-kommunikativen" Ansätzen der Pädagogik der 70er und 80er Jahre, welche den praxisorientierten Ansatz der „Geisteswissenschaftlichen Pädagogik" aufgriffen, bejahten und in modifizierter Weise fortführten. In deren Zentrum stand der heranwachsende Mensch, der einzelne Schüler. Ihn galt es in seiner Subjekthaftigkeit zu verstehen, seine Kräfte anzuregen und weiterzuführen. „Bildung" als der Gesamtzusammenhang von Interessen und Strebungen beim Einzelnen, mit dem Wirklichkeit verstanden werden konnte, wurde nun mit dem Begriff der „Emanzipation" verbunden. In diesem Zusammenhang steht auch die von Beyer in seiner fachdidaktischen Konzeption des Pädagogikunterrichts herausgearbeitete Kategorie der „Handlungsorientierung". Und diese sicherlich zusammen mit der „Wissenschaftspropädeutik" entscheidende Dimension des Pädagogikunterrichts wird durch eine ausschließlich auf Reflexion bedachte Erziehungswissenschaft in Frage gestellt.

Doch zurück zur kritischen Bestandsaufnahme des Pädagogikunterrichts 1989/92. Adick sieht in ihrem Beitrag einen regelkreisförmigen Zusammenhang von „Schulbuchentwicklung, Lehrplan und Bildungsreform". Sie analysiert die in NRW zugelassenen Schulbücher für den Pädagogikunterricht in der gymn. Oberstufe und stellt fest, diese folgten in zunehmendem Maße der curricularen Vorgabe der „Richtlinien" von 1981:

„Man kann sagen, daß das dem nordrhein-westfälischen Lehrplan von 1981 getreue, meist als Arbeitsbuch konzipierte Lernmittel zum Schulbuchtypus des gymnasialen Pädagogikunterrichts par excellence geworden ist" (Adick 1992, S. 711).

Diese Orientierung übernimmt nicht nur die Grobziele der „Richtlinien", also deren Intentionen, sondern arbeitet auch die dort angedeuteten Inhalte aus. Damit verbinden sich Schematisierungen und Instrumentalisierungen:

„Wenn sich Lehrplanaussagen und Aufbau der Schulbücher aber zu eng entsprechen, so läuft die Schulbuchentwicklung Gefahr, zum bloß ausführenden Organ eines ganz bestimmten Lehrplans zu werden, statt zu einem innovativen Element einer weiter vorantreibenden Curriculumreform" (Adick 1992, S. 713).

Adick weist anhand bestimmter Themen (häufige Abiturthemen) deren „wissenschaftspropädeutische Schematisierung" nach. So wird nur noch ein bestimmter Kanon pädagogischer Themen anhand bestimmter dominanter Texte in den Arbeitsbüchern bearbeitet:

Durch „die geschilderte Schematisierungstendenz ist aber das mittels Schulbuchwissen vermittelte Schulwissen immer mehr in Gefahr, zu einem bloß schablonenhaften Umgang mit der Erziehungswirklichkeit zu geraten. Aber eben jene im Lehrplan beschworene 'Erziehungswirklichkeit' ist es doch, die der Pädagogikunterricht in symbolischer Repräsentation erschließen soll und nicht eine Ansammlung von Texten mit standardisierten Übungsaufgaben" (Adick 1992, S. 714).

Wierichs wertet in seinem Beitrag zum Pädagogikunterricht bis 1992 erschienene fachdidaktische Publikationen aus und gelangt zu einer sehr „kritischen Bilanz" (Wierichs 1992, S. 740f): Er konstatiert fünf Defizite: (1) ein „metatheoretisches" Defizit (fehlende Reflexionen über die Konstituierung einer Fachdidaktik Pädagogikunterricht), (2) ein „unterrichtstheoretisches" Defizit (Fehlen eines Begriffs von Pädagogikunterricht, der dreierlei kläre: Was ist Erziehung, was ist Unterricht, was ist Erziehung im Unterricht?), (3) ein „unterrichtspraktisches" Defizit (mangelnde fachdidaktische Reflexion bei Unterrichtsplanungen), (4) ein „empirisches" Defizit (i. S. von „empirischer Evaluationsforschung") und schließlich (5) ein „kritisches" Defizit (fehlende selbstkritische Reflexion, fehlende Vergewisserung der gesellschaftlichen Rahmenbedingungen). Wierichs fordert daher „systematische und historisch bestimmte Untersuchungen zum Verhältnis des Pädagogikunterrichts zu seinem gesellschaftlichen Kontext" (Wierichs 1992, S. 742).

Diese fünf Monita sind m. E. s inzwischen weder in der Diskussion zurückgewiesen noch konstruktiv aufgearbeitet worden. Die Tatsache, daß eine fachdidaktische

Konzeption inzwischen dominant geworden ist, kann die von Wierichs konstatierten Theoriedefizite zwar teilweise (metatheoretisches und unterrichtstheoretisches Defizit, möglicherweise auch das Defizit an „Selbstkritik"), diese aber nicht gänzlich beseitigen. Der von Adick analysierte zirkuläre Zusammenhang von Richtlinien, Unterrichtsmaterialien (Schulbücher) und Unterrichtspraxis bleibt bestehen und ist durch eine dominant gewordene Fachdidaktik auch nicht zu beseitigen, nur kritisch transparent und damit überprüfbar zu halten durch eine permanente fachdidaktische Diskussion im Periodicum „Pädagogikunterricht". Aber diese gibt es eben weiterhin nicht und insofern sind die von Wierichs und mir monierten unterrichtspraktischen bzw. empirischen Defizite nicht beseitigt. (Daß es eine kontinuierliche fachdidaktische Diskussion in der Zeitschrift „Pädagogikunterricht" nicht gibt, kann ich hier aus Raumgründen, auch exemplarisch, nicht belegen. Ich werde diese Verifizierung aber in Form einer ausführlicheren Analyse mit Belegen in Bälde in einem eigenen Beitrag im „Pädagogikunterricht" nachreichen.)

## IV.

Das entscheidende Problem scheint mir aber der zirkuläre Zusammenhang von „Richtlinien", Schulbuchmaterialien und konkreter Praxis zu sein. Dieser Zusammenhang strahlt auf die Fachdidaktik aus und schafft auch hier Dominanzen, ebenso wie im Bereich der Theorie der Unterrichtsplanung des Pädagogikunterrichts. Die Geschlossenheit dieses Zirkels suggeriert jedoch eine so niemals gegebene Eindeutigkeit von pädagogischer Wirklichkeit und Theoriebildung, die geisteswissenschaftlich wie praktisch-gesellschaftlich vielmehr stets offen zu halten ist. Die sicherlich unterrichtspraktisch notwendigen Dominanzen bestimmter fachdidaktischer bzw. unterrichtsplanerischer Konzeptionen dürfen eben nicht ausschließen, ja müßten geradezu die breite Diskussion allgemeindidaktischer Innovationen unter fachdidaktischer Perspektive anregen und vorantreiben. Und so müßte auch die scheinbare Eindeutigkeit der curricular über die „Richtlinien" vorgegebenen Inhalte als spezifische Akzentuierungen und Erklärungszusammenhänge der „Erziehungswirklichkeit" immer wieder im Rückgriff auf die Forschungsdiskussion der Erziehungswissenschaft, also der Fachwissenschaft des Pädagogikunterrichts, aufgebrochen werden. Die curriculare Eindeutigkeit der Erklärungsperspektiven von 1981 kann nur fachwissenschaftsreflexiv von der Gegenwart übernommen werden. Zur Diskussion stehen dann neuere Trends innerhalb der Erziehungswissenschaft selbst, die erneute Diskussion des Bildungsbegriffs wie auch der Geschichte der Pädagogik bzw. der historisch bedeutsamen Pädagogen, die Diskussion des Autobiographischen bzw. Biographischen als einer Methode des verstehenden Erfassens des Pädagogischen, die Tendenz zu konstruktivistischen wie subjektbezogenen Modellen Allgemeiner Didaktik sowie der generelle Trend der Erziehungswissenschaft, sich vor allem als Reflexionswissenschaft zu verstehen. Über diese

Trends müßte kontinuierlich im Forum des Periodicums „Pädagogikunterricht" berichtet werden. Diese Trends gilt es dann adressatenbezogen wie fachdidaktisch zu diskutieren und den jeweiligen Wert als Erklärungsmodell herauszuarbeiten. Dazu gehörte dann aber auch die Erprobung solcher Erklärungsmodelle im schulischen Alltag des Pädagogikunterrichts, die Wiedergabe solcher Stundenentwürfe im „Pädagogikunterricht" und deren Diskussion unter fachdidaktischen Prämissen und Kategorien. Damit wäre die Leitlinie der „Wissenschaftspropädeutik" (Richtlinien 1981) wie auch der „Handlungsorientierung" (Beyer 1997) integriert. Denn die Rückkoppelung des faktischen Pädagogikunterrichts an neuere, aktuelle, durch die Erziehungswissenschaft vermittelte Erklärungsmodelle würde die Wissenschaftspropädeutik und Wissenschaftsorientierung garantieren, während der Einbezug der Adressateninteressen im unterrichtspraktischen und gesellschaftlichen Kontext die Qualität der Handlungspropädeutik und Handlungskompetenz sichern könnte. Diese Integration und Vermittlung von Wissenschaft und Klientel im Praxisfeld professioneller Pädagogen würde vorbereitet, reflektiert und diskutiert im Forum des Periodicums. An dieser Diskussion würden sich Fachwissenschaftler, Fachdidaktiker wie Fachlehrer in gleicher Weise in kontinuierlicher Weise beteiligen. Eine Utopie? Nein, ich glaube nicht, daß dies pure Utopie sein und bleiben müßte. Ich meine vielmehr, daß letztlich nur in dieser gemeinsamen Diskussion und Reflexion die konstatierten Erstarrungen, zirkulären Prozesse wie Defizite beseitigt bzw. verändert werden können.

## Literatur

Adick, Christel: Schulbuchentwicklung, Lehrplan und Bildungsreform. In: ZfPäd 38 (1992), S. 703–724.
Beyer, Klaus: Pädagogikunterricht. Stuttgart 1976.
Beyer, Klaus: Der Stand der fachdidaktischen Diskussion zum Pädagogikunterricht. In: ZfPäd 24 (1978), S. 853–870.
Beyer, Klaus / Pfennings, Andreas: Grundlagen des Pädagogikunterrichts. Heidelberg 1979.
Beyer, Klaus: Handlungspropädeutischer Pädagogikunterricht. 2 Bde. (Teil I u. II). Baltmannsweiler 1997.
Heiland, Helmut: Pädagogikunterricht – ein notwendiges Teilprojekt der Moderne. In: Pädagogikunterricht 9 (1989), H. 2/3, S. 55–66.
Krüger, Heinz-Hermann / Helsper, Werner (Hrsg.): Einführung in Grundbegriffe und Grundfragen der Erziehungswissenschaft 2. Aufl. Opladen 1996.
Langefeld, Jürgen: Pädagogik als Unterrichtsfach des allgemeinbildenden Schulwesens. In: ZfPäd 24 (1978), S. 835–851.
Langefeld, Jürgen: Unterrichtsplanung im Fach Pädagogik. Düsseldorf 1982.
Thiem, Wolfgang: Einführung in das Studium der Pädagogik als Unterrichtsfach. Baltmannsweiler 1997.
Wierichs, Georg: 30 Jahre Fachdidaktik Pädagogikunterricht. In: ZfPäd 38 (1992), S. 725–744.

MANFRED ROTERMUND

# Im Mittelpunkt steht die Aufklärung durch wissenschaftspropädeutische Bearbeitung der Erziehungswirklichkeit

Da ich meinen Beitrag bewußt als subjektiven Beitrag verstehe, habe ich mich zunächst gefragt, woher meine Bewertungskriterien für einen guten Pädagogikunterricht stammen. Ich habe mich also zuerst mit meinem (beruflichen) Werdegang beschäftigt und überlegt, welche Lebensstationen mich bezüglich des Pädagogikunterrichts wie beeinflußt haben. Dabei ist mir aufgefallen, daß mich neben eher allgemeinen Faktoren ein konkretes Erlebnis immerhin so beeindruckt hat, daß es zu den wenigen schulischen und universitären Erlebnissen gehört, an ich mich erinnere. Beginnen möchte ich aber mit den allgemeinen Faktoren.

Als 15-jähriger Schüler wurde ich durch die Antinotstandsbewegung politisiert. Es begann eine Zeit, in der ich mich mit dem Marxismus, der Psychoanalyse und der antiautoritären Erziehung beschäftigte. In der gymnasialen Oberstufe beschäftigte ich mich auf diesem Hintergrund mit der Kritik an Unterrichtsinhalten (Beispiel: Dritte Welt im Schulbuch) und an autoritären Unterrichtsformen und Schulstrukturen. Während des Studiums befaßte ich mich u. a. bei Leo Kofler mit der Entfremdung in Klassengesellschaften und bei Klaus Schaller mit der kritisch-kommuniaktiven Didaktik, in der der Inhalts- und Beziehungsaspekt des Unterrichts thematisiert werden. Bezüglich der Inhaltsebene halte ich heute noch die „Was-Ist-Frage" und die Forderung nach rückhaltloser Information für wesentliche Unterrichtsprinzipien, weil durch sie die Manipulation der Schüler verhindert wird. Damit wird Unterricht aufklärerisch und wissenschaftspropädeutisch (Schüler lernen, Realität zu erfassen und zu befragen) – zwei für mich unverzichtbare Aspekte guten Unterrichts. Damit sind aber noch keine fachspezifischen Kriterien für einen guten Pädagogikunterricht genannt. Diese ergeben sich erst unter Hinzuziehung des oben bereits erwähnten Erlebnisses.

Meinen ersten Kontakt mit „Pädagogikunterricht" hatte ich an der PH Ruhr, Abt. Dortmund, im Jahre 1972. Eine der allerersten Seminarsitzungen begann mit einer „Übung zur Einführung in empirisches Arbeiten": Wir Studierende sollten einen Film beobachten und in Strichlisten alle NS-Symbole, die Anzahl der „KaPos" u. ä. erfassen. Der Film, den wir anschließend sahen, hieß „Nacht und Nebel" – ein französischer Film über die Grauen der Konzentrationslager, der nicht primär informieren, sondern emotional ansprechen soll. Fast alle von uns füllten trotzdem ihre Listen fleißig aus – auch ich. Nach diesem Film sahen wir den Film „Abraham – Ein Versuch". In Anlehnung an das Milgram-Experiment wird in dem Film gezeigt, wie weit Menschen gehen, um andere für Lernfehler zu bestrafen. Das Ergebnis dürfte den meisten Lesern bekannt sein: Der größte Teil der Versuchsteilnehmer hatte die „Schüler" gequält und getötet! Anschließend thematisierten wir den Zusammenhang zwischen dem Verhalten der Versuchsteilnehmer und unserem Verhalten während des Films „Nacht und Nebel". Natürlich bestritten die meisten von uns vehement, daß wir uns wie die Menschen in dem Milgram-Experiment verhalten hätten; wir würden doch nie jemanden quälen. Mich hatte mein Verhalten aber doch unsicher gemacht, auch wenn ich das in dem Gespräch nicht offen zugegeben habe: Ich hatte eine Aufgabe pflichtbewußt erfüllt, ohne nach der Angemessenheit dieser Aufgabe bezüglich des Filmes zu fragen. Ich hatte blind einer Autorität gehorcht, obwohl ich mich doch schon sooo kritisch fand (s. o.).

Für dieses Seminar, für mein Studium und (wie ich später bemerkte) für meinen Pädagogikunterricht hatte ich durch dieses Erlebnis eine zentrierende Fragestellung gefunden: Wie sichern Gesellschaften ihr Funktionieren? Wie wirken sich gesellschaftliche Prozesse auf die Menschen aus? Wie kommt es, daß Menschen funktionieren? Diese zunächst eher soziologische Perspektive ergänzte ich durch die eher pädagogische: Sind individuelle Entscheidungen und Handlungen möglich? Ist Mündigkeit möglich? Unter welchen Bedingungen? **Wie müßte eine Erziehung zur Mündigkeit unter entfremdeten Lebensverhältnissen aussehen?**

Mit diesen Fragen hatte ich einen Leitfaden für mein Studium der Sozialwissenschaften und der Erziehungswissenschaft gefunden und einen Leitfaden für meinen (erziehungswissenschaftlichen) Unterricht. Der Sinn des erziehungswissenschaftlichen Unterrichts besteht nun nicht darin, in abbilddidaktischer Manier möglichst viele wissenschaftliche Theorien im Unterricht zu behandeln, sondern in Auseinandersetzung mit der Erziehungswirklichkeit (im Spezialfall kann es sich um die konkret erlebte Erziehungswirklichkeit der Schülerinnen handeln) erziehungswissenschaftlich, gesellschaftlich und persönlich relevante Fragestellungen zu entwickeln (s. o.) sowie Methoden und Theorien zur Beantwortung dieser Fragen kennenzulernen. Im Mittelpunkt des Unterrichts steht also eindeutig die an Wissenschaft orientierte Bearbeitung der Erziehungswirklichkeit und nicht die gruppendynamisch oder gar therapeutisch vermittelte Selbsterfahrung und Selbsterkenntnis der Schülerinnen.

Erziehungswirklichkeit wird hier verstanden als soziale Realität, in der die erwachsenen Gesellschaftsmitglieder auf die Entwicklungstatsache der Kindheit und Jugend reagieren.[1]

Erziehungswirklichkeit ist dabei unter verschiedenen Aspekten zu thematisieren: Erziehungsbeteiligte (Erzieher, Edukand, andere Sozialisations- und Erziehungsfaktoren); Erziehungsziele; Erziehungsinhalte; Erziehungsmittel; individuelle,

---
[1] vgl. Bernfeld, Siegfried (1925): Sisyphos oder die Grenzen der Erziehung. 6. Aufl. Ffm 1990.

institutionelle, gesellschaftsstrukturelle und räumliche Voraussetzungen sowie Folgen der Erziehung. Durch das Abarbeiten dieser Aspekte der Erziehungswirklichkeit gewinnt der Pädagogikunterricht einen spezifischen Unterrichtsgegenstand und es wird gesichert, daß der Unterricht erstens nicht zum Psychologie-, Sozialwissenschaften- oder Literaturunterricht wird und zweitens einen Beitrag zum Bildungsauftrag des gesellschaftswissenschaftlichen Aufgabenfeldes leistet, insbesondere zur politischen Bildung.

Durch den Ausgangspunkt der Erziehungswirklichkeit wird außerdem sichergestellt, daß der Unterricht nicht abbilddidaktisch von einer Systematik der Wissenschaft her konzipiert wird (Welche sollte das im Falle des Pädagogikunterrichts sein?), sondern wissenschaftspropädeutisch, indem der Beitrag der (Erziehungs-)-Wissenschaft a) zum Verständnis der vorhandnenen Erziehungswirklichkeit (Aufklärung) und b) zur Konstruktion alternativer Erziehungsmöglichkeiten unter der aufklärerischen Leitidee der Mündigkeit kritisch reflektiert wird.[2]

Diese theoretischen Überlegungen möchte ich durch ein Beispiel verdeutlichen:

In der Jahrgangsstufe 12.2. behandeln viele Kollegen das Thema Jugendkriminalität. In einem mir bekannten Fall geschah dies durch die Lektüre des Buches „Jugendkriminalität und Gesellschaftsstruktur" von Tilmann Moser. Lernziel war die Kenntnis möglichst vieler Theorien zur Erklärung der Jugenddelinquenz. Dies ist nach meinem Verständnis kein Pädagogikunterricht! Im PU muß zunächst einmal die Erziehungswirklichkeit delinquenter Kinder / Jugendlicher geklärt werden. Dies kann geschehen, indem der Sozialisations- und Erziehungsprozeß Delinquenter betrachtet wird oder die Reaktionen auf Delinquenz thematisiert werden. Nachdem entsprechende Hypothesen und Fragestellungen entwickelt worden sind, können dann Daten gesammelt bzw. rezipiert und wissenschaftliche Theorien bearbeitet werden, um zu Erkenntnissen über die Fakten zur Delinquenz, über relevante Ursachenfaktoren und deren Wirkungsweise zu gelangen. Um dem gesellschaftswissenschaftlichen Auftrag des Faches gerecht zu werden, sind dabei soziologische Theorien ebenso zu thematisieren wie konkrete politische Entscheidungen z. B. über die Verteilung der Finanzmittel für den Strafvollzug oder für alternative sozialpädagogische Projekte zur Verhinderung von Jugenkriminalität, womit bereits wieder der pädagogische Aspekt in den Blick gelangt. Ein Schulbuch, in dem meine Erwartungen zu diesem Thema weitestgehend realisiert werden, ist das Buch von H. Steuber: Jugendkriminlität (Besonders erwähnenswert finde ich die „wissenschaftstheoretischen" Exkurse in diesem Buch, durch die die Schüler zur Reflexion über Wissenschaft angeregt werden!). Interessanterweise wird dieses Buch von vielen meiner Studierenden als Schulbuch abgelehnt (zu schwierig, un-

---

[2] In diesem Sinne stimme ich mit Klaus Beyers Forderung nach einem handlungspropädeutischen Pädagogikunterricht überein. Beyers Konzept müßte aber meiner Meinung nach um eine gesellschaftskritische Dimension ergänzt werden, die ich momentan nur mit dem Schlagwort „Erziehungsbedingungen und Erziehungsmöglichkeiten in entfremdeten Gesellschaften" andeuten möchte.

interessantes Layout u.ä.). Ich befürchte, daß sich in dieser Einschätzung eine Theorieunsicherheit und/oder -feindlichkeit ausdrückt, die für den Pädagogikunterricht verhängnisvoll werden kann: Durch einen Verzicht auf ein oberstufengemäßes Buch sinkt das Unterrichtsniveau und durch die Ferne vieler Studierender zur Sozialwissenschaft und der Konzentration auf „das (angeblich!) Pädagogische im engeren Sinne" wird der gesellschaftswissenschaftliche Auftrag nicht erfüllt. Dieser Gefahr müßte durch eine gute fachdidaktische Ausbildung an den Universitäten entgegengewirkt werden, gerade hierfür fehlen aber an den meisten Universitäten die Voraussetzungen. Es bleibt im Interesse eines guten Pädagogikunterrichts zu hoffen, daß diese fachdidaktischen Lücken in der Ausbildung bald behoben werden, denn sonst ist zu befürchten, daß schlecht ausgebildete Pädagogiklehrer einen problematischen Unterricht durchführen und das Fach wegen qualitativ unzureichender Unterrichtsergebnisse wieder in die Diskussion gerät. Ob wir in 20 Jahren einen weiteren Jubiläumsband herausgeben werden?

EDWIN STILLER

# Auf der Suche nach gutem Pädagogikunterricht

(Zeichnung: Zygmunt Januszewski „Der Identitätssucher")

## Einführung

„Wer nicht besser werden will, hat aufgehört gut zu sein." (Manager-Weisheit)
Auf der Suche zu sein, heißt lebendig zu bleiben.
Auf der Suche zu sein, heißt sich Rückmeldung zu holen, in den Dialog zu treten.
Auf der Suche zu sein, heißt nach Modellen Ausschau zu halten.
Auf der Suche zu sein, heißt die Theorieentwicklung kritisch zu verfolgen.
Lehrer-Sein habe ich von Beginn an als Forscher-Sein im Sinne von Hartmut von Hentig begriffen.
Persönliche Identität und professionelle Identität bedingen und beeinflussen sich gegenseitig. Wenn ich mich durch Biographiearbeit verändere, verändert sich auch mein Bild eines guten Pädagogikunterrichts.
Aber genau wie sich viele sich wandelnde Teilidentitäten um einen relativ stabilen Identitätskern bewegen, gibt es auch im professionellen Selbst einen Kern, ein relativ stabiles Bild eines guten Pädagogikunterrichts. Dies habe ich für mich in unterschiedlicher Form fixiert und veröffentlicht (vgl. Stiller 1996ff.).
Für diesen Kontext möchte ich mein Bild eines guten Pädagogikunterrichts in vier Thesen bündeln und orientiere mich hierbei an einer der wichtigsten pädagogischen Neuerscheinungen der letzten Jahre, dem UNESCO-Bericht zur Bildung für das 21. Jahrhundert. In diesem Bericht (vgl. Deutsche UNESCO-Kommission 1997) formulieren Experten aus allen Kontinenten einen zukunftsweisenden Bildungsbegriff. Die dort skizzierten „vier Säulen der Bildung" definieren den Begriff Allgemeinbildung in einer Weise, wie ich versucht habe, sie mit den vier Qualifikationsfeldern der Dialogischen Fachdidaktik für das Fach Pädagogik fachspezifisch umzusetzen.

| | |
|---|---|
| • Lernen, Wissen zu erwerben ... | • Qualifikationsfeld Erziehungstheorie |
| • Lernen, zu handeln ... | • Qualifikationsfeld Erziehungspraxis |
| • Lernen zusammenzuleben ... | • Qualifikationsfeld Interaktion |
| • Lernen für das Leben | • Qualifikationsfeld Biographie |
| (vgl. ebd., S. 73 ff.) | (vgl. Stiller 1997, S. 54 ff.) |

Dies sind die vier Säulen der Bildung, die ein Ganzes ergeben und die als gleichwertig für eine ganzheitliche Bildung des Menschen angesehen werden.
Die Kommission setzt einen besonderen Akzent auf die dritte Säule: Lernen, zusammenzuleben, da sie es in der derzeitigen Situation für die zentrale Überlebensaufgabe der Menschheit hält, Akzeptanz und Verständnis für andere Kulturen zu schaffen, um Rivalitäten und Konflikte friedlich-konstruktiv zu bewältigen.

Dies deckt sich mit meinem, in der Dialogischen Fachdidaktik Pädagogik formuliertem Ausgangspunkt, dass auch und gerade der Pädagogikunterricht einen Beitrag dazu leisten muss, dass „... Auschwitz nicht noch einmal sei ..." (Adorno, zit. in: Stiller 1997, S. 10).

Gleichwertigkeit bedeutet, dass die vier Säulen bzw. die vier Qualifikationsfelder in allen Lerneinheiten vertreten sind. Gleichwertigkeit bedeutet nicht, dass ein quantitatives Gleichgewicht anzustreben sei oder eine mechanische Abfolge einzuhalten sei.

## 1. These:
## Guter Pädagogikunterricht fördert u. a. durch biographisches Lernen die autobiographische Kompetenz der Schülerinnen und Schüler

(und nicht zuletzt die der unterrichtenden Lehrerinnen und Lehrer)

„Learning to be" oder etwas pragmatischer in der deutschen Übersetzung „Lernen für das Leben" ist eine der vier Säulen der Bildung, der die UNESCO-Kommission großes Gewicht beimisst.

„Keines der Talente, die in jedem Menschen wie ein verborgener Reichtum schlummern, darf ungenutzt bleiben. Dies Talente sind, um nur einige zu nennen: Gedächtnis, logisches Denken, Phantasie, körperliche Fähigkeiten, Sinn für Ästhetik, Kommunikationsfähigkeit und das natürliche Charisma des Leiters einer Gruppe, welches wiederum die Notwendigkeit zu größerer Selbsterkenntnis belegt." (Deutsche Kommission ... a. a. O., S. 19)

Hier kommt zum Ausdruck, dass es gerade im Pädagogikunterricht notwendig ist, Schülerinnen und Schülern zu „größerer Selbsterkenntnis" zu verhelfen.

Biographisches Lernen meint einerseits die angeleitete Reflexion der eigenen Biographie und andererseits die Auseinandersetzung mit Fremdbiographien.

Bemühen um Fremdverstehen und Bemühen um Selbstverstehen sind zwei Seiten einer Medaille, die zu bewussterer Lebensgestaltung und verstehender Begleitung anderer führen können und damit unverzichtbare Voraussetzungen für gelingende Erziehungsprozesse darstellen.

Auch für die anderen Säulen der Bildung leistet biographisches Lernen wichtige Beiträge. So kann es zur Vertiefung fachlichen Lernens und zur Sinnstiftung des Lernens allgemein beitragen.

## 2. These:
## Guter Pädagogikunterricht fördert die dialogische Kompetenz der Schülerinnen und Schüler
(und nicht zuletzt die der unterrichtenden Lehrerinnen und Lehrer)

„Es scheint als müßten Bildung und Erziehung zwei Wege gehen, die zum selben Ziel führen: die langsame Entdeckung der anderen und die Erfahrung gemeinsamer Lebensziele." (ebd., S. 79)

Empathie und Kooperation müssen auf der Hier-und-jetzt-Ebene des Pädagogikunterrichts gefördert werden, wenn er nicht in die Gefahr geraten will, zu den theoretisch hohen Ansprüchen einer Pädagogik der Achtung in offensichtlichen und krassen Widerspruch zu geraten.

Die dialogische Kompetenz aller Beteiligten zeigt sich in Planungsdialogen, Lehr-Lern-Dialogen, Konfliktregelungsdialogen und in Theorie-Praxis-Dialogen. Dies macht deutlich, wie eng Inhalts- und Beziehungsebene miteinander verknüpft sind und wie selbstreflexive, dialogische, handelnde und forschende Zugriffe eine Ganzheit bilden.

## 3. These:
## Guter Pädagogikunterricht schafft und nutzt, neben handlungspropädeutischer Arbeit, pädagogische Handlungsfelder im Hier und Jetzt und fördert so die erziehungspraktische Kompetenz der Schülerinnen und Schüler
(und nicht zuletzt die der Lehrerinnen und Lehrer)

„Lernen ist ein niemals endender Prozeß und kann durch vielerlei Formen der Erfahrung bereichert werden. In diesem Sinne ist der Lernprozeß eng mit Arbeitserfahrung verknüpft, da Arbeit in ihrem Wesen immer weniger aus Routinetätigkeit besteht." (ebd., S. 76)

Die Glaubwürdigkeit guten Pädagogikunterrichts zeigt sich im Gelingen der eigenen Praxis im Unterricht selbst, aber auch in pädagogischen Handlungsbezügen über den Unterricht hinaus.

Pädagogische Verantwortung zu übernehmen lernt man am besten durch die frühzeitige Übernahme von pädagogischer Verantwortung.

Institutionell gesicherte neue Wege hierzu zeigen die Gesamtschulen mit ihren Profiloberstufen. So kann zum Beispiel durch die von einem Leistungskurs Pädagogik (im Profil gekoppelt an GK SW) angeleitete Tischgruppenarbeit in der Jahrgangsstufe 5 sowohl ein Handlungsfeld, wie auch ein Reflexionsfeld für angewandte Gruppenpädagogik darstellen (vgl. Röken / Waterkamp, in: Stiller 1999).

Darüber hinaus existieren an jeder Schule viele pädagogische Handlungsfelder, die bis jetzt noch nicht konsequent genug für forschendes Lernen und praktische Pädagogik genutzt werden. Neue Wege hierzu, z. B. Kinderbetreuung an Tagen der offenen Tür durch Pädagogikschülerinnen und -schüler, begleitet und gefördert durch den „Babysitterführerschein" oder ein spielpädagogisches Angebot im Pausenbereich, Patenschaften für Kinder in Asylbewerberheimen u. v. a. zeigen wir im „Kleinen Phoenix" für den Differenzierungsbereich 9/10 auf (vgl. Dorlöchter u. a. 1999).

Die Selbstverpflichtung zu sozialem und pädagogischem Engagement von Pädagogiklehrerinnen und -lehrern sowie Pädagogikschülerinnen und -schülern könnte eine wesentliche Bereicherung von Schulprogrammen darstellen, das Image erhöhen und den Gebrauchswert von Pädagogikunterricht verdeutlichen.

## 4. These:
## Guter Pädagogikunterricht ermöglicht forschendes Lernen und fördert so die erziehungstheoretische Kompetenz der Schülerinnen und Schüler
(und nicht zuletzt die der unterrichtenden Lehrerinnen und Lehrer)

„Hier geht es nicht so sehr darum, einzelne kodifizierte Informationen aufzunehmen, sondern um die Beherrschung der Erkenntnisinstrumente als solche. Diese Art des Lernens ist sowohl Mittel als auch Ziel im Leben. Als ein Mittel hilft sie dem einzelnen, wenigstens so viel über sich und seine Umwelt zu verstehen, um in Würde zu leben, berufliche Fähigkeiten zu entwickeln und zu kommunizieren. Als Ziel ist sie die Grundlage der Freude am Verstehen, Wissen und Entdecken." (ebd., S. 74)

Die Fähigkeit, eigene Fragen zu stellen und so Gegenstände zu eigenen Themen machen zu können, ist Voraussetzung und Zielsetzung forschenden Lernens.

Die Freude am eigenen Denken, dem Reflektieren schwieriger und komplexer Probleme der Erziehungspraxis; die Begeisterung für eigene Recherche, jenseits vorgedachter Schulbuchpfade – dies muß durch guten Pädagogikunterricht gefordert, gefördert und kultiviert werden. Die Qualität zeigt sich in der zyklischen Verbindung von biographischer, interaktueller, erziehungspraktischer und erziehungstheoretischer Aktion und Reflexion, nicht in der Verabsolutierung einer Dimension, welcher auch immer.

Die Freude am eigenen Denken kann vor allem auch durch eine Individualisierung von Lernwegen, wie wir dies im Schulbuchwerk Phoenix anregen und ermöglichen, geweckt werden. Gerade die neue methodische Möglichkeit der Facharbeit kann hier individuelles forschendes Lernen initiieren (vgl. Dorlöchter, in: Stiller 1999).

Auch in diesem wissenschaftspropädeutischen Feld agieren Pädagogiklehrerinnen und -lehrer als Modelle. Sie selber müssen Begeisterung für die inhaltliche Seite ihres Faches mitbringen und sich zugleich als Aktionsforscher in eigener Sache, bei der Evaluation metakognitiver Strategien und interaktioneller Prozesse zeigen.

## Schlussgedanken

Über die Verbindung der vier Säulen der Bildung, bzw. der vier Qualifikationsfelder, kann Pädagogikunterricht zu einem erziehenden Unterricht werden, der im Sinne von Hartmut von Hentig die Menschen durch personenzentrierte Lernprozesse stärkt und die Sachen durch problemzentrierte Zugriffe klärt.

„Formale Schulbildung hat sich aber immer in erster Linie, auf *Lernen, Wissen zu erwerben* konzentriert, und in geringerem Maße darauf, *Lernen, zu handeln*. Die beiden anderen Schritte wurden meist dem Zufall überlassen oder als natürliche Folge der beiden ersten Schritte betrachtet. Die Kommission glaubt, daß in jeder organisierten Form des Lernens jeder dieser vier Säulen das gleiche Maß an Aufmerksamkeit gebührt. Nur so kann Bildung als ein lebenslanger ganzheitlicher Erfahrungsprozeß betrachtet werden, der sich mit dem Verstehen ebenso beschäftigt wie mit der Anwendung des Gelernten und sich auf das Individuum sowie dessen Platz in der Gesellschaft konzentriert." (ebd., S. 74)

Ich bin mir darüber bewusst, dass diese Aufführungen einen (notwendigen) utopischen Überschuss enthalten und möchte daher darauf aufmerksam machen, dass es die vielen kleinen Schritte in die richtige Richtung sind, die die Suche nach gutem Pädagogikunterricht erfolgreich werden lassen.

## Literatur

Deutsche UNESCO-Kommission (Hrsg.): Lernfähigkeit: Unser verborgener Reichtum UNESCO-Bericht zur Bildung für das 21. Jahrhundert, Neuwied: Luchterhand 1997.

Dorlöchter, Heinz / Maciejewski, Gudrun / Stiller, Edwin: Phoenix. Der etwas andere Weg zur Pädagogik. Ein Arbeitsbuch in zwei Bänden, Paderborn: Schöningh 1996/97.

Dorlöchter, Heinz / Kahlbau, Bernd / Krafeld, Gabriele / Maciejewski, Gudrun / Sander, Martina / Schrieverhoff, Christel / Stiller, Edwin / Wittig, Frank: Der kleine Phoenix. Der etwas andere Weg zur Pädagogik. Ein Arbeitsbuch für den Differenzierungsbereich 9/10 des Gymnasiums, Paderborn: Schöningh 1999.

Stiller, Edwin: Dialogische Fachdidaktik Pädagogik, Paderborn: Schöningh 1997.

Stiller, Edwin: Dialogische Didaktik, in: PädagogikUnterricht 1/1998, S. 27 ff.

Stiller, Edwin (Hrsg.): Dialogische Fachdidaktik Pädagogik Band 2. Impulse aus der Praxis für die Praxis, Paderborn: Schöningh 1999.

# Guter Pädagogikunterricht – was ist das?

Abb. 1.

*Frage-Zeichen*
*Wer fragt, der denkt*
*Wer denkt, der fragt*
*Wer fragt, der sucht nach Anworten*
*Und neuen Fragen*

Die Fragen: „Was verstehen Sie unter Erziehung?" bzw. „Welches Verständnis haben Sie von Pädagogik?" fordern heraus – jede Frage für sich – da sie nicht beantwortet werden können, ohne dass die Einstellung der Befragten offen gelegt wird, Antworten auf folgende Fragen gesucht werden: 'Wie stehe ich zu mir?' – 'Wie sehe ich dich?' – 'Wie möchte ich mit meinen Möglichkeiten ein 'wir' gestalten? – 'Wo stehen wir beide, wohin soll es gehen?'. Wird dies Frage dann auch noch im Zusammenhang mit Unterricht gestellt, so kommt eine Antwort einer Selbstoffenbarung gleich, steht doch der Lehrer / die Lehrerin den Schülern in einem erzieherischen Verhältnis gegenüber und spiegelt somit sein/ihr Verständnis von Erziehung seine/ihre eigene Einstellung zu seiner / ihrer Berufsrolle wieder (womit er/sie sich automatisch der Kritik zwischen Anspruch und Wirklichkeit aussetzt).

Da Berufsidentität und eigene Persönlichkeit sehr eng miteinander verknüpft sind, wird die eingangs gestellte 'harmlose' Frage zu einem Forschungsauftrag an sich selbst, zu einer Suchbewegung nach eigenen Werten und Vorstellungen, erst recht, wenn auf die Frage „Was ist ein guter Pädagogikunterricht?" bzw. „Was verstehen Sie unter einem guten Unterricht im Fach Erziehungswissenschaft?" geantwortet werden soll. Man kommt also nicht umhin, den eigenen, augenblicklichen Stand der Selbstreflexion offen zu legen und damit der Bildung des eigenen Subjekts ein Stück näher zu kommen.

## Suchbewegung zum eigenen Verständnis von Erziehung und Unterricht

Erziehung ist ein interaktiver Prozess, bei dem der Erzieher ein spezifisches Interesse an einer Einflussmahme / Veränderung seines Begegnungspartners / seiner Begegnungspartner hat.

Im Erziehungsprozess stehen sich zwei autonome Systeme (z. B. Erwachsener, Jugendlicher) in einem systemischen Kontext gegenüber, sie bilden eine interautonomische Beziehung, welche eine eigene Qualität entwickelt; kennzeichnend für eine so entstehende soziale Kopplung ist eine Begegnungsstruktur, Nähe und der Aspekt der Verantwortung.

Erziehung kann einen entscheidenden Beitrag einer Bildung zum Subjekt in solidarischer Verantwortung leisten.

Da die Beteiligten am Erziehungsgeschehen unterschiedliche Rollen und Aufgaben haben, lässt sich Erziehung unter mehreren Blickwinkeln betrachten und charakterisieren:

*Blickwinkel Erzieher:*

Welche Aufgaben hat ein Erzieher, wie soll sich ein Erzieher verhalten?
Welches Bild vom Kind / Jugendlichen hat der Erzieher?

*Blickwinkel Kind / Jugendlicher:*

Wie stehen Erzieher und Kind / Jugendlicher zueinander, welches Bild vom Erzieher hat / entwickelt das Kind / der Jugendliche?
Welche Entfaltungsmöglichkeiten hat das Kind / der Jugendliche?

*Blickwinkel Begegnung:*

Welche Vorstellungen von der Begegnung zwischen Erzieher und Kind / Jugendlichem werden entwickelt?
Welche Möglichkeiten der Veränderung gibt es?

*Blickwinkel Kontext:*

Welche Bedeutung haben die äußeren Bedingungen / der systemische Kontext auf die Erziehung?
Wozu wird erzogen?

Der vorab formulierte Klärungsversuch, der sich stark an systemische Aspekte orientiert (vgl. Literaturhinweise), gibt einen Orientierungsrahmen für diese Fragen – ein weiteres Frage-Zeichen für Denker! Mein vorläufiges Ergebnis:

Erziehung heißt:
Einem Menschen begegnen,
auf seine Persönlichkeitsentwicklung
verantwortungsvoll Einfluss nehmen wollen,
ihn dabei achten und respektieren,
ein Du erkennen
ein Wir erleben
sich bewusst werden als ein Ich,
Nachspüren und in Frage stellen lassen,
über das 'Wozu?' auseinander setzen,
damit ein gleichwertiges 'Wohin?' entstehen kann

Abb. 2.

Liegt ein Bewusstsein für diese Erziehungsprozesse vor, wird von Seiten des Lehrers / der Lehrerin die untrennbare Verknüpfung von Lernen und Persönlichkeitsbildung bei Schülerinnen und Schülern akzeptiert und richtet er/sie seine / ihre Unterrichtsvorbereitung und sein / ihr Verhalten – unter Berücksichtigung ethischer Grundsätze – danach aus, so kann auch von einem erziehenden Unterricht gesprochen werden. Der konstruktivistische Ansatz unterstützt die Hervorhebung des Lerners gegenüber einer instruktionsorientierten Didaktik.

## Hervorhebung 1: Der Aspekt der Begegnung

Es ist schwierig und herausfordernd, das Fremdartige einer Begegnung zu akzeptieren und sich der Dynamik und damit dem Risiko einer Spannung und eines Prozesses auszusetzen. Begegnungen mit dem anderen sind immer eine Begegnung mit sich selbst. Begegnungen sind Austausch durch Andersartigkeit, die Gleichwertigkeit zulassen, indem sie Verschiedenheit respektieren oder aber Unterwürfigkeit erzeugen (oftmals verborgen in 'teufelskreisähnlichen' Systemstrukturen). Auch Lehrer / Lehrerinnen und Schüler / Schülerinnen begegnen sich ständig, die Einstellung insbesondere der Lehrerinnen und Lehrer hält dabei viele Optionen der Ausgestaltung offen. Ist dabei die Leitfrage einer Begegnung *nur* durch das 'Was soll der Schüler / die Schülerin lernen?' definiert, ergänzt durch ein 'Wie kann er/ sie das möglichst effektiv erreichen?', so birgt diese Begegnung die Gefahr einer festgefahrenen Gegnerschaft; wird sie jedoch durch die Neugierde auf das 'Wer ist mein gegenüber?', 'Welche Person, mit der ihr eigenen Lebens- und Lerngeschichte, tritt mit mir in eine Begegnungsspannung?' geleitet, so kann sich eine 'Lernlandschaft' entwickeln, in der es trotz und neben institutioneller Gegebenheiten Spaß machen kann zu lernen, zu leisten, eben sich zu begegnen. Der Lehrer / die Lehrerin wird nach dieser Skizze zum/zur 'Anderswissenden' und nicht zum/zur 'Besserwissenden', die Schüler werden zu 'Mitgestaltern' und nicht nur zu Rezipienten.

In der Begegnung, wird sie verantwortungsvoll gestaltet, liegt die Chance einer Entwicklung, einer Auseinandersetzung mit dem anderen und sich selbst. Die Auseinandersetzung mit dem Fremden, dem Neuen, birgt die Chance der Entwicklung eines persönlichen Bildungskonzeptes, wobei Lernpartnerschaften in allen Kombinationen zwischen Schülern und Lehrern hilfreich sind. Dies geht nur, wenn auch Ressourcen entdeckt werden und genutzt werden dürfen, der Blick nicht nur auf das Unvollkommene – im Sinne eines noch nicht genügenden und damit negativ zu zensierenden – gerichtet ist. Das Fremde, die Verschiedenheit respektieren, den Eigen-Sinn der Beteiligten akzeptieren, sein gegenüber wertschätzen, in der Begegnung die Gleichheit und Differenz erkennen, erfordert ein hohes Maß an Begegnungskompetenz – eine anspruchsvolle Aufgabe an die Begegnungspartner!

## Hervorhebung 2: Der Aspekt der Verantwortung

Ver*antwort*ung übernehmen bedeutet die Bereitschaft, auf einen Anlass, eine Herausforderung (die sich manchmal auch als zwingend darstellt), eine Frage, zu antworten. Dies fordert eine Bewegung heraus, ein Zugehen, ein Herausgehen aus sich selbst. Übernehme ich Verantwortung, so gehe ich die Verpflichtung ein, für die Folgen einzustehen. Diese, auf die Zukunft gerichtete Perspektive, stellt eine Herausforderung dar: werde ich dieser Forderung an mich selbst nicht gerecht, habe ich die Konsequenzen zu tragen – ich werde zur Verantwortung gezogen.

Verantwortung übernehmen bedeutet sich einmischen, nicht anderen Interessensgruppen das Feld überlassen, ein Aspekt, der besonders auch für politische Bereiche von Bedeutung ist.

Die Qualität der Antwort kann dabei Interesse und Engagement ausdrücken, kann aber auch bis zur Selbstaufgabe führen, fühlt man sich nur noch für andere / anderes verantwortlich und nicht mehr für sich selbst.

Auch wir selbst sind in der Lage, an uns Fragen zu stellen, die nach einer Antwort suchen. Dies können z. B. religiös / philosophisch orientierte Fragen sein, etwa nach dem Sinn des Lebens, die Antworten herausfordern. Antworte ich nicht, so bin ich gleichgültig, bleiben wir eine Antwort schuldig bzw. stellen wir uns nicht der Auseinandersetzung, sind wir verantwortungslos.

Übernehme ich für eine Sache / eine Person Verantwortung, so schließe ich diese Sache / diese Person in meinen Gedankenhorizont ein, richte mein Handeln danach aus, ein Stück weit nehme ich diese Sache / diese Person in mein Leben auf, was auch umgekehrt heißt, daß mein Leben davon beeinflusst wird. Ich versuche mich 'auf dich' zu verstehen.

Eine Erziehung zur Verantwortung soll helfen, die Fragen zu hören, die wir uns selber bzw. unsere Umgebung an uns stellen, wobei diese Fragen oft sehr leise geäußert oder sogar erst herausgefunden werden müssen. Entscheiden wir uns zu antworten, wenden wir uns der Frage zu und tun wir etwas, um diese Spannung zwischen Frage und Antwort aufzulösen, so fühlen wir uns verantwortlich, handeln verantwortungsbewusst.

Zur Verantwortung erziehen kann man eigentlich nur, wenn man sich selbst zur Verantwortung ziehen lässt.

Eine Erziehung zur Selbstständigkeit ist eng verbunden mit der Fähigkeit, Verantwortungsbereiche festzulegen und Verantwortung zu übernehmen – damit wir uns selbst und unserer Außenwelt 'keine Antworten schuldig bleiben'.

## Worauf sollte ein Unterricht und damit auch ein Unterricht im Fach Pädagogik bzw. Erziehungswissenschaft achten?

Entsprechend gestaltete interaktive Lehr-Lernumgebung sollten, bezogen auf die Subjektentwicklung des Lernenden, folgende Möglichkeiten eröffnen:

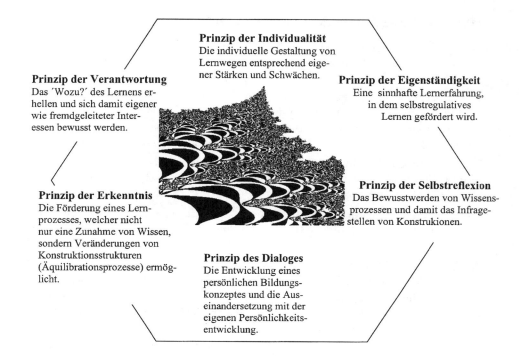

Wie diese Prinzipien konkret umgesetzt werden können, wird in dem folgenden Beitrag weiter ausgeführt: Heinz Dorlöchter, Wege eigenständigen Lernens – Die Facharbeit, in: Edwin Stiller, Dialogische Fachdidaktik Band II, Schöningh Verlag, Paderborn 1999.

Auch in dem Schulbuch Phoenix (Heinz Dorlöchter, Gudrun Maciejewski, Edwin Stiller, Phoenix – Der etwas andere Weg zur Pädagogik. Ein Arbeitsbuch in zwei Bänden, Schöningh Verlag, Paderborn 1996/1997) werden diese Prinzipien verfolgt.

Eine nach diesen Prinzipien gestaltete Lernlandschaft kann ein eigenständiges Lernen ermöglichen:

Eigenständiges Lernen liegt vor, wenn eine bedeutungsbildende Aktivität einen selbstreflexiven, selbstregulativen, individuellen (Verstehens-) Prozess in Gang bringt und die Auswirkungen auf die Persönlichkeitsstruktur (i. S. eines mehrdimensionalen dynamischen Systems) erfahrbar und diesbezüglich selbstbestimmte Entscheidungen möglich werden, so dass neue Muster, Strategien und Kompetenzen aufgebaut, ausgebaut oder umgebaut werden, die zu verantwortlichem Handeln führen.

## Hervorhebung 3: Das Prinzip der Selbstreflexion

Jeder Pädagogikunterricht ist Praxis eines erziehenden Unterrichts, der Umgang miteinander bietet in jedem Moment Anlass genug, über Erziehung nachzudenken. Selbstreflexion ist eine Begegnung mit sich selbst, Selbstreflexion ist einen treibende Kraft des Lernens und Veränderns.

Frage – Zeichen:
a) Inwiefern war diese Stunde typisch und alltäglich für mich?
b) An welchen Stellen des Unterrichts ist mein ganz eigener Stil, meine 'Einzigartigkeit', die mich von allen anderen LehrerInnen unterscheidet, bemerkbar geworden?
c) An welcher Stelle des Unterrichts ist eine meiner persönlichen Stärken sichtbar geworden?
d) An welcher Stelle habe ich eine meiner Schwächen gespürt?

(Nach: Andreas Dick, Vom unterrichtlichen Wissen zur Praxisreflexion, Klinkhardt Verlag, Bad Heilbrunn 1996, S. 400)

Wird die Begegnungsspannung (Prinzip des Dialoges) genutzt, so wird ein entscheidender Beitrag einer Bildung zum Subjekt und einer Erziehung zur Verantwortung geleistet (Vgl. dazu auch: Edwin Stiller, Dialogische Fachdidaktik Pädagogik, Schöningh Verlag, Paderborn 1997). Der Unterricht über Erziehung wird dann auch zu einem erziehenden Unterricht, bei dem die Lerner im Vordergrund stehen – und zwar LehrerInnen wie SchülerInnen.

Guter Pädagogikunterricht wird von den daran Beteiligten gemacht – der Lehrer / die Lehrerin hat dazu in der Tat als Erzieher / Erzieherin eine besondere Verantwortung.

Selbstreflexion bringt Bewegung ins didaktische 'n – Eck', die folgende Übung mag dazu weiter anregen:

Die nachfolgenden Komponenten werden auf einzelne, gleich große und farbige Karten (DIN A5, möglichst rund) mit Druckbuchstaben geschrieben.

- Lehrende
- Lernende(r)
- Lerninhalt
- Unterricht
- Schule

1 Jeder / jede Gruppe bekommt diese vorbereiteten Karten.
2) *Arbeitsauftrag für jeden / jede Gruppe:*
   Positionieren Sie die einzelnen Karten, auf denen wichtige Systemkomponenten von Unterricht genannt werden, zueinander.
   Verbinden Sie, soweit Ihnen dies möglich erscheint, die einzelnen Komponenten mit Linien und geben sie diesen kennzeichnende Beschriftungen.

Falls Sie möchten, können Sie ihr Bild noch weiter gestalten und ihm einen Titel geben.

3) *Auswertung:*

Tauschen Sie sich über Ihre Darstellungen aus.

Geben Sie ihrem Bild einen Namen.

Was passiert, wenn sich Komponenten verschieben oder wegfallen?

Guter Pädagogikunterricht ist Begegnungsunterricht, bei dem überwältigenden Angebot anonymisierter Lernwelten sollte die Chance des Dialoges intensiv genutzt werden.

## Literatur

Bueler, Xaver: System Erziehung – Ein bio-psycho-soziales Modell. Bern, Stuttgart, Wien: Haupt Verlag 1994.

Meueler, Erhard: Die Türen des Käfigs – Wege zum Subjekt in der Erwachsenenbildung. Stuttgart: Klett Cotta 1993.

Rotthaus, Wilhelm: Wozu erziehen? Entwurf einer systemischen Erziehung. Heidelberg: Carl-Auer-Systeme Verlag 1998.

Speck, Otto: Chaos und Autonomie in der Erziehung. München, Basel: Reinhardt Verlag 1991.

Die Zeichnung Abb. 1 ist von Zygmunt Januszewski, entnommen aus: Ders., Ein Narr zeigt Flagge, Karl Kerber Verlag, Bielefeld 1989

# 5.
# Pädagogigkunterricht
# Methodische Reflexionen

ANDREAS GRUSCHKA

## Mit Bildern unterrichten
– Ein Vorschlag, J. B. S. Chardin im Pädagogikunterricht zu nutzen

# I

In einer zum 300. Geburtstag Chardins (1999) erschienenen Monographie habe ich das pädagogische Werk des Malers Jean-Baptiste Siméon Chardin untersucht (A. Gruschka: Bestimmte Unbestimmtheit – Pädagogische Lektionen bei Chardin, Büchse der Pandora.). Als pädagogisch läßt das Werk sich in einem doppelten Sinne bezeichnen: direkt thematisch und indirekt durch das Erkenntnisinteresse des Malers.

In Chardins Œuvre finden sich 24 Bilder, in denen er jeweils unterschiedliche Konstellationen pädagogischer Praxis bzw. pädagogisch bedeutungsvolles Tun von Kindern zum Thema gemacht hat. Es gibt wenige Maler, die sich so systematisch wie er den am Alltag des Intergenerationenverhältnisses abgelesenen, strukturellen Problemen der Erziehung und Bildung gewidmet haben. Dabei werden die Probleme als solche dargestellt und nicht kompositorisch aufgelöst. Chardin bildet für den Betrachter durch seine Darstellungen nicht einfach ab, wie er den Umgang der Erwachsenen mit den Kindern erlebt hat. Er illustriert nicht einfach „richtige, gute und falsche Erziehung", „strafende Lehrer", „wilde Kinder", wie wir sie etwa in der holländischen Genremalerei des 17. Jahrhunderts so eindringlich finden. Er zeigt die Handelnden in einer (ihnen in ihrem Sinn selbst verborgen bleibenden) Bildungsbewegung, im Moment des Spürens der Ambivalenz und Widersprüchlichkeit, die mit der Erziehung zum bürgerlichen Habitus notwendig verknüpft ist. Chardin drückt dies durch seine Malweise aus und versteckt es in ihr gleichsam so, daß es erst mit der sorgfältigen Lektüre der Bilder wahrgenommen werden kann. In diesem Sinne erscheint es mir als gerechtfertigt, von einem pädagogischen Werk zu sprechen.

Seine Bilder haben sodann eine mittelbare oder indirekte pädagogische Bedeutung. Chardin will uns in aufklärerischer Haltung mehrerlei zeigen: Zunächst erkennen wir uns in den Bildern wieder: mit unseren Sichtweisen der Situationen, unseren Voreinstellungen, Projektionen, Erfahrungen. Wir glauben genau zu kennen, was wir sehen, weil es gemalt ist, wie wir Dinge und soziale Situationen *wahrnehmen*. Aber er malt zugleich so, daß wir uns, sofern wir bereit sind, unsere Wahrnehmung prüfend an seinen mit Unbestimmtheiten angefüllten Bildern zu schulen, über unsere Täuschungen aufklären können. Die Fehlerhaftigkeit der Wahrnehmung wird bewußt, indem ihre Funktionsweise vorgeführt wird. Bezogen auf die Bilder mit pädagogischen Sujets folgt daraus, daß wir während der Lektüre aufgefordert werden, die Lesarten zu wechseln und uns danach der objektiv gegebenen Uneindeutigkeit der Situation zu stellen. Chardin hat sie in *bestimmter Unbestimmtheit* gemalt.

Es mag als ungewöhnlich erscheinen, einen Maler, zumal einen, der sich auf Stilleben und Szenen aus dem Alltag der ehrbaren Bürger spezialisiert hat, als Aufklärer zu bezeichnen. Mit den konkreten Analysen seiner Bilder läßt sich plausibel machen, daß er mit seinem genauen distanzierten Blick aufgeklärter war als manche seiner schreibenden und philosophierenden Zeitgenossen. Er war vielleicht der ungleich subtiler vorgehende Experte in Sachen Wahrnehmung, genauer als Diderot. Er wußte manches vielleicht ungleich differenzierter über den Umgang von Kindern und Erwachsenen als Rousseau.

Chardin malt in der Zeit, in der in Paris die „Lichter angezündet" werden. Er ist bewunderter Zeitgenosse der Enzyklopädisten, und durch sie vermittelt, wird er wohl Anteil an den neuen philosophischen Auseinandersetzungen genommen haben. Diese wurden immer wieder auch direkt auf die bildende Kunst bezogen, wie etwa der „Populärlockeanismus" (Baxandall), der Sensualismus, der neue Skeptizismus, der Materialismus. In vielem erweist sich Chardin als ein Künstler avant la lettre. Condillacs „Abhandlung über die Empfindung" erscheint 1754, Diderots „Briefe über die Blinden. Zum Gebrauch für die Sehenden" 1749, Rousseaus „Emile" 1762. Zu diesem Zeitpunkt hat Chardin seine Einsichten in die Möglichkeit der Wahrnehmung von Welt und die Probleme ihrer pädagogischen Vermittlung längst gemalt.

## II

Das eine Zentrum seiner Aufmerksamkeit steht die Beobachtung spielender Kinder. In seinen Bildern spielt ein kleines Mädchen Tamburmajor (Soldat), beschäftigt sich ein anderes mit einer Puppe, ein drittes mit Kirschen. Jungen machen Seifenblasen, spielen mit einem Kreisel, bauen Barrikaden aus Karten oder konstruieren „Kartenschlösser". Von diesem Thema hat Chardin nicht nur Kopien eines Bildes, sondern gleich eine ganze Serie leicht differierender Szenen gemalt. Jungen werden gezeigt bei der ihnen zugedachten Übung des Malens, während Mädchen sich mit Strickarbeiten beschäftigen. Ein Mädchen kommt vom Federballspiel heim. Mit einer einzigen Ausnahme handelt es sich dabei um Kinder aus der bürgerlichen Klasse.

Zwei andere verloren gegangene Bilder zeigen Gruppen von Kindern beim gemeinsamen Spiel. Auf den überlieferten Drucken der Bilder sehen wir, wie ein junger Mann zwei etwa gleichaltrigen Kindern, einem Mädchen und einem Jungen, einen Kartentrick vorführt, und einmal werden zwei Jugendliche mit einem kleineren Jungen bei einem Brettspiel gezeigt.

Chardin malt Kinder als isolierte Einzelne, bei einer ernsthaften Beschäftigung als auch im Spiel, und er stellt uns Kinder in der Gruppenkonstellation vor.

Pädagogisch von direktem Interesse sind vor allem die Konstellationen, in denen einzelne Kinder oder Geschwister im Kontakt mit Erwachsenen dargestellt werden. Mehrheitlich zeigt Chardin Mädchen im Umgang mit jungen Frauen. Männer als Erzieher sucht man bei ihm vergeblich. Das ist bemerkenswert, auch wenn vorausgesetzt werden kann, daß die frühe Erziehung im bürgerlichen Haushalt der Mutter, der älteren Schwester, einer Gouvernante bzw. Erzieherin zugewiesen wurde. Denn dem Alter der dargestellten Kinder entsprechend hätte Chardin auch einen Abbé (einen Hauslehrer) im Umgang mit einem Jungen darstellen können. Mit einer Ausnahme entwerfen die Bilder mit einer pädagogischen Paargruppe eine wiederkehrende strukturelle Konstellation: Kind und Erwachsener treten in eine pädagogische Interaktion ein, wobei jeweils ein unterschiedliches Drittes hinzukommt, das die Qualität dieser Interaktion bestimmt. Von diesen Bildern sei im folgenden ausgegangen:

- Ein vielleicht zehnjähriger Junge wird von einer Frau zu Ordnung und Sauberkeit angehalten (ein Dreispitz wird gereinigt) und augenscheinlich dabei erzogen.
- Ein Junge wird an einem Pult von einer jungen Lehrerin unterrichtet, zwischen beiden liegt als das Dritte eine Fibel.
- Eine junge Frau korrigiert die Handarbeit eines jungen Mädchens, es geht also primär weder um Bildung (Unterrichtung) noch um Erziehung, das Medium ist hier das handwerkliche Arbeitsprodukt.
- Chardin schildert die Erziehung eines kleinen Kindes, mit dem Anhalten zum Tischgebet in Gegenwart einer älteren Schwester, womit die pädagogische Paargruppe zu einer Dreiergruppe erweitert wird.
- Eine Frau korrigiert den Kopfschmuck eines kleinen Mädchens und zeigt ihm damit, wie man in die Öffentlichkeit zu treten hat.
- Eine Frau nimmt einem jugendlichen Mädchen eine (Bibel-)Lektion ab.
- Ein junger Erwachsener lernt in Anwesenheit seines Lehrers (?), wie man eine Zeichnung von einer Skulptur anfertigt, die als Modell vorgegeben ist.

Das Spielen der Kinder wird in unterschiedlichen Konstellationen gezeigt:
- Ein kleiner Junge kauert in einem Waschraum auf einem Stuhl und produziert in Anwesenheit seiner waschenden Mutter Seifenblasen.
- Ein Junge unterbricht seine Schularbeiten, um mit einem Kreisel zu spielen.
- Ein junges Mädchen kommt erschöpft heim vom Federballspielen.
- Eine junge Frau unterbricht ihre Arbeit, um mit den „Osselets" zu spielen.
- Mehrere Jugendliche bauen an Kartenhäusern.

Mit Bildern unterrichten 163

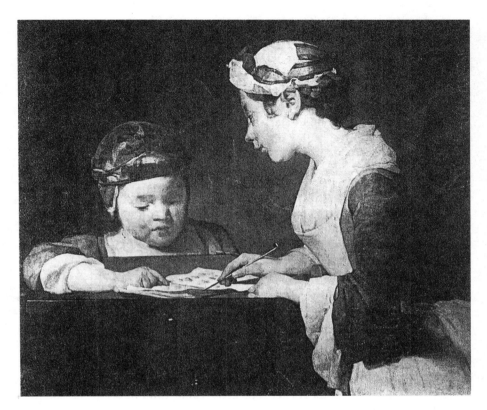

Les scènes de genre

Die meisten dieser Bilder malt Chardin etwa in dem Jahren von 1733 und 1743, in dem er berühmt wird. Danach entstehen bis 1751 nur noch einzelne Erweiterungen zu den ausgeführten Themen. Das Interesse Chardins an diesem Genre scheint erlahmt zu sein. Zwei Gründe könnten dafür ausschlaggebend gewesen sein:

Andere mögliche Konstellationen der Erziehung, Bildung und Unterrichtung haben ihn womöglich nicht interessiert. Sein Ziel war es augenscheinlich nicht, eine Enzyklopädie aller pädagogisch bestimmten Grundsituationen zu malen. Das pädagogisch spezifisch Bedeutsame an einer handwerklichen Unterrichtung von Domestiken oder der Ausbildung im Handwerk hat ebensowenig seine Aufmerksamkeit angezogen wie eine Erweiterung der Schilderungen auf typische Situationen öffentlich zu nennender Erziehung.

Gleichwohl hat Chardin mit seinen Bildern bereits alle strukturellen Konstellationen pädagogischen Umgangs behandelt. So gibt es bei ihm den distinkten Unterschied zwischen der Bildungs- und der Erziehungssituation. Auch die Erweiterung der pädagogischen Paargruppe hat ihn fasziniert. An ihr ließ sich deutlich machen, wie sich die Konstellation mit der Anwesenheit einer älteren Schwester verändert. Die für das Geschlecht typischen Aufgabenstellungen (die Schulung der männlichen Hand durch das Zeichnen, die der weiblichen durch Stickarbeiten) und die Durchsetzung des bürgerlichen Habitus gegen die Natur des Kindes werden exemplarisch dargestellt. Der Unterschied zwischen dem Aufwachsen der jungen Dame und des jungen Herrn und dem Kind einer Wäscherin wird behandelt. Die Bilder enthalten so etwas wie eine Grammatik der Konflikte und Ambivalenzen, die mit der bürgerlichen Erziehung einhergehen.

## III

In meiner Studie arbeite ich an den genannten Bildern die bestimmte Unbestimmtheit der Einsichten Chardins heraus. Damit liegen materiale Analysen zur pädagogischen Bedeutung der Werke vor. Aber mein Vorschlag, Chardin im Pädagogikunterricht zu studieren, bezieht sich nicht auf den Nachvollzug dieser Analysen, sondern umgekehrt auf deren je neue Produktion mit den Schülern.

Meine Analysen belegen, wie lehrreich Chardins Bilder für den pädagogischen Diskurs in einer Lerngruppe sein können. Diese kann die Bilder als Erkenntnisquelle ernst und damit zum Anlaß nehmen, über die Bedingungen der Möglichkeit nachzudenken, für Erziehung, Bildung und Ausbildung strukturelle und allgemeine Hypothesen zu generieren. Als theoretisch gehaltvolle Denkbilder bieten sie mehr als nur einen Einblick in das Denken eines bislang in der Geschichte der Pädagogik als Maler unbeachtet gebliebenen „Klassikers". Mit ihrer Machart werden die Bilder darüber hinaus ein vorzügliches Medium für die Lehre, denn sie stellen eine Alternative bzw. Ergänzung zu den bekannten klassischen Lehrtexten dar.

Konfrontieren diese den Lernenden mit bestimmten pädagogischen Konzepten (Rousseaus „negative Erziehung"), Modellvorstellungen (Campes philanthropische Pädagogik zur Industriosität), Normierungen für den Gehalt „einheimischer Begriffe" wie Bildung (Humboldt), Erziehung und Unterricht (Herbart), Eigentätigkeit (Montessori), Ganzheitlichkeit (Steiner), Freiheitlichkeit (Neill) usf., so können die Bilder Chardins eine strukturtheoretische Korrektur an den begrifflichen Festlegungen der Klassiker liefern. Sie vermögen dies, weil sie in ihrer bestimmten Unbestimmtheit die Antworten der Klassiker gleichsam als Fragen reformulieren. Chardin fordert uns etwa auf, Rousseaus Perspektive auf deren mögliche Bedingungen hin zu befragen: Kann der Lehrer wirklich davon ausgehen, daß er ganz beim Kinde ist, während er es auf die Sache ausrichtet?

Wie als kritischer Kommentar zur Suggestivkraft der Pestalozzi-Formel wirkt die Untersuchung des Kreiselspielers: Was leistet die von Pädagogen notorisch geforderte Einheit von Kopf, Herz und Hand, wenn sie praktisch jenseits der bewußten Ausbildung des Kopfes stattfindet? Wer sich nach der Lektüre eines klassischen Textes über „Führen und Wachsenlassen" mit dem „goldenen Mittelweg" nicht zufriedengeben will, der wird im Vergleich von „Weißwäscherin" und „Benediktus" auf konkrete Fragen der Vermittlung beider Prinzipien gestoßen: Wie bricht sich die Forderung der Pädagogik nach einer kontrafaktisch zu unterstellenden Mündigkeit, wenn sie auf die ritualisierten Anlässe der Erziehung trifft?

Chardins Bilder erlauben es ganz unaufdringlich, die Ansprüche an bürgerliche Pädagogik mit der Eigenlogik ihrer Vermittlung in der Praxis zu konfrontieren. Sie stellen eine entsprechende Herausforderung an den Betrachter, indem ihr Gehalt verbunden ist mit einer didaktischen Implikation. Diese entsteht in bester sokratischer Tradition gerade dadurch, daß Chardin nichts lehren will. Der Betrachter muß das Dargestellte selbständig entschlüsseln, und das Bild ist dabei nicht platt wie ein einfaches Rätsel gebaut, das man mit entsprechendem Geschick schnell lösen kann. Vielmehr – und auch hier ergibt sich eine Analogie zum sokratischen Verfahren – wird aus der Suche nach der Lösung eine theoretische Reflexion über das gestellte pädagogische Problem. Am Ende wird es erkannt als widersprüchliche Einheit von Sein, Sollen und Wollen in der Pädagogik.

Die Attraktivität der Chardinschen Bilder für die Lehre besteht also wesentlich in ihrer Offenheit. Diese fordert zu einer kontrollierten Untersuchung der Bilder heraus. Und schließlich besteht der Charme dieser Quelle darin, daß sie ungleich direkter die Möglichkeit eröffnet, mit den Studierenden in ein sachlich gehaltvolles Gespräch einzutreten, als dies bei Texten, theoretisch gehaltvollen zumal, in der Regel der Fall ist.

Das erste Mal, als ich ein Bild Chardins in einen Ausbildungskontext integrierte, ging es um eine Praxisaufgabe für angehende Erzieherinnen und deren Problem, sie angemessen zu lösen. Sie sollten Kindergartenkinder im Umgang mit den Erziehern in kleinen Szenen schildern und nach einer Sequenz solcher Szenen ein Kind portraitieren. Hierfür hatten sie ein Kind in verschiedenen Interaktionszusammenhängen möglichst genau zu schildern und daraus ein Bild, eben ein Portrait zu machen. Das konnte in der Form eines Photos oder Textes geschehen. Die Schülerinnen wußten nicht, wie sie dabei vorgehen sollten. Ich hoffte, sie methodisch durch die Interpretation der „jungen Schulmeisterin" anregen zu können. Ihre Übung bestand darin, in Gruppen das Bild genau zu betrachten und danach die Frage zu beantworten, was hier gezeigt werde. Die Schülerinnen zeigten sich überraschend gut in der Lage, diese Übung durchzuführen. Besonders aufschlußreich war die vergleichende Diskussion der Arbeitsergebnisse. Es entstand ein lebhafter Streit darüber, welche Deutung die richtige sei: Es wurde für oder gegen die Lehrerin Partei ergriffen, das Kind als das Opfer des falschen Unterrichts dargestellt oder als neugierig aufmerksamer Lerner. Es differierten die Begründungen für die jeweiligen Urteile und die dafür in Anschlag gebrachten Belege im Bild. Der Streit zwang dazu, möglichst genau am Bild zu argumentieren und die eigene Beobachtung methodisch zu kontrollieren. Die Schülerinnen konnten sich am Ende weitgehend einigen. In der Reflexion stellte sich neben der Interpretation des Bildes die Frage, was es für pädagogisch professionelles Handeln bedeute, daß eine identische Situation spontan so verschiedenartige Reaktionen hervorruft und wie professionelles Verstehen organisiert werden könne.

Später konnte diese positive Erfahrung an anderen Bildern Chardins wiederholt werden. Auch im Fachunterricht haben sie ihre Qualität als Denkbilder bewiesen. Anläßlich von Unterrichtsversuchen zeigte sich, daß Lernende, die große Schwierigkeiten damit haben, historische Quellen zur Pädagogik oder aktuelle wissenschaftliche Arbeiten zu lesen, in der Auseinandersetzung mit den Bildern Chardins einen Zugang zu Grundproblemen der Pädagogik fanden.

Im Unterricht läßt sich dabei eine wissenschaftliche Form der Tiefenhermeneutik recht schnell einführen. Verfahrensmäßige Übereinkünfte, die sich ansonsten nur schwer, wenn überhaupt, verabreden lassen, können während der Bildinterpretation leicht sinnfällig gemacht werden. Danach bereitet es Schülern und Studenten keine Probleme, die Bilder sehr genau zu beschreiben. Dissens in der Beschreibung führt dazu, Probleme der richtigen Beobachtung von Inhalten der Bilder zu unterscheiden. Subjektivität wird kontrolliert und als produktive Erkenntisquelle hervorgehoben. Die Malweise wird objektiviert und davon die subjektive Handschrift unterschieden. Das Detail wird als Schlüssel zum Verständnis durchsichtig gemacht: Wo liegt denn nun das Heft? Wie sitzt die Frau auf dem Stuhl?

Chardin zu „lesen", lohnt sich. Die Freude am Bild überträgt sich auf die an der Dechiffrierung ihres Gehalts: die konzentrierte, disziplinierte Aufmerksamkeit für ein Dokument, das Versenken in einen Gegenstand, weil er rätselhaft erscheint, das Entwickeln von vielen Lesarten zur Entfaltung differenzierter Register von möglichen Bedeutungen. Indem Chardin dazu provoziert, wird er auch zu einem praktischen Pädagogen.

CHRISTOPH STORCK

# Gedanken eines Schulbuchautors in einer „Schulbuchwerkstatt"

Die Werkstatt eines Schulbuchautors ist ein häufig wenig aufgeräumter Raum. Zu viele Werkzeuge liegen eher ungeordnet im Raum dieser Werkstatt verteilt.
Vielfältigste Materialien, auf verschiedenste Weise in diese Werkstatt gelangt, liegen irgendwo in diesem Raum: ob sie Verwendung finden können, muss sich erst noch herausstellen.
Eine idealtypische Schulbuchwerkstatt für Pädagogikunterricht würde einem idealtypischen Klassenraum ähneln, in den des weiteren eine fachwissenschaftliche und fachdidaktische und zugleich auch belletristische Bibliothek integriert wäre. In Ordnern würden sich Artikel aus verschiedensten Zeitungen und Zeitschriften finden, und in Kartons und Kisten wären verschiedenste weitere Materialien gesammelt. Ein systematischer Katalog würde Aufschluss geben, wo zu welchem Stichwort welche Materialien zu finden wären.
So sieht meine Werkstatt – erwartungsgemäß – nicht aus.
Meine Werkstatt ist mein Arbeitszimmer, in dem ich manchmal die Übersicht zu verlieren drohe: immer wieder bedrängt mich das Gefühl, dass zu wenig Raum und zu wenig Zeit einer wirklich „guten" Arbeit als Schulbuchautor entgegenstehen.
Manchmal meine ich auch, dass ich mehr Material sichten müsste, bevor entschieden werden könnte, was am Ende konkret auf den Seiten des Schulbuches zu finden sein sollte. Aber: das Material, das auf meinem Schreibtisch – oder besser: um meinen Schreibtisch verteilt – liegt, ist schon jetzt unendlich umfangreich. Ich muss selektiv lesen, um es überhaupt zur Kenntnis zu nehmen.
Die ungeschriebenen Gesetze für Schulbuchautoren gelten auch für mich: *Denke immer daran, du hast für ein einzelnen thematischen Schwerpunkt im Schulbuch allenfalls 15 Seiten zur Verfügung! Denke daran, dass du nicht ein wissenschaftliches Werk produzierst, sondern ein Schulbuch für junge Menschen! Darum: Vermeide auf jeden Fall „Bleiwüsten" zu erstellen, indem du einfach nur Texte aneinander reihst!*
In dem Moment, in dem ich beginne, mir solche „ungeschriebenen Gesetze" bewusst zu machen, kommen mir auch die verschiedensten und manchmal fast widersprüchlichen Erwartungen an Unterricht und somit auch an Bücher für Unterricht in den Sinn:

*Unterricht soll*
– *bedürfnisorientiert sein, aber keineswegs soll das, was die Schüler lernen, nur ihrer aktuellen Bedürfnisbefriedigung dienen;*

- *interessenorientiert sein, aber zugleich den Interessenhorizont der Schülerinnen und Schüler erweitern und sie so vor einseitiger subjektiver Interessenorientierung bewahren;*
- *wissenschaftsorientiert bzw. wissenschaftspropädeutisch sein, aber zugleich auch lebens- und handlungsorientiert bleiben;*
- *allgemeine oder auch „verallgemeinerbare" Einsichten vermitteln, aber auch die konkrete und alltägliche Lebenspraxis der Schülerinnen und Schüler im Blick behalten;*
- *methodisch anregend und motivierend sein, aber auch zugleich auch diszipliniertes und ggf. anstrengendes Erarbeiten von Sachverhalten einüben und trainieren;*
- *offenes Lernen und flexiblen Umgang mit Einsichten und Erfahrungen einüben, ohne darum auf die Vermittlung von festen Wissensbeständen und konkreten Arbeitstechniken zu verzichten;*
- *konkretes Miteinander-Handeln realisieren und zugleich nicht einfach Aktivismus, sondern reflektiertes Handeln und Lernen anstreben.*

Diese vielen Erwartungen an Unterricht prägen auch wiederum Ansprüche an ein Schulbuch:

*Ein Schulbuch soll*
- *interessant und anregend gestaltet sein und doch auch weiterhin als Arbeitsbuch identifzierbar bleiben;*
- *zum Lesen und Betrachten einladen, ohne nur unterhalten zu wollen;*
- *eigenständiges Nachdenken fördern und zum eigenständigen Forschen auffordern und zugleich auch (konkret abfragbares) Wissen vermitteln;*
- *zu Projektlernen auffordern, ohne alle Projektideen einseitig vorzugeben;*
- *fundamentale Themen- und Aufgabenfelder eines Faches berücksichtigen, ohne Schüler mit einer Flut von Themen und Inhalten zu ersticken;*
- *für Schülerinnen und Schüler unterschiedlicher Schulen (und Schulformen) ein gemeinsames Fundament für Orientierungen ermöglichen und auch schulspezifisches und individuelles Lernen möglich machen.*

Ich weiß auch: in der alltäglichen Praxis ist Unterricht häufig eher „grau", wenig anregend, manchmal gehetzt und oft wenig ideen- und abwechslungsreich.

Das liegt nicht unbedingt an „schlechten" Lehrerinnen und Lehrern oder immer nur demotivierten Schülerinnen und Schülern, sondern vielfach an vielen Zwängen und Belastungen des schulischen Alltags, die keine – auch nicht eine idealtypische – Schule vollends abschaffen könnte.

Auch das muss ich berücksichtigen, wenn ein Schulbuch entstehen soll, das in der schulischen Alltagspraxis tatsächlich konstruktiv benutzt werden kann.

Das Schulbuch, das ich zusammen mit zwei Partnern gegenwärtig in zwei Bänden für den Pädagogikunterricht in den Jahrgängen 9 und 10 erarbeite („Menschen – Kinder – Menschenskinder") stellt für uns im doppelten Sinne eine besondere Herausforderung dar. *Die Schülerinnen und Schüler, die in der Sekundarstufe I dieses Fach wählen, befinden sich in einem Alter, in dem sie sich zumeist noch als „Zu-Erziehende" erleben. Im schulischen Unterricht aber wird kaum zu vermeiden sein, dass sie vornehmlich die Perspektive des „Erziehenden" im Blick haben. Das erfordert einen sensiblen Umgang mit Themen und Aufgaben. Darüber hinaus begreifen Schülerinnen und Schüler in diesem Alter – wie übrigens auch nicht wenige Erwachsene -„Pädagogik" häufig noch als Möglichkeit, sich eine Art Kompendium des Wissens anzueignen, mit dem sie dann in konkreten erzieherischen Situationen klug zu reagieren wissen.*

*Dass pädagogisches Denken und Handeln nicht „technisch", sondern „praktisch" ausgerichtet sein müssen, müssen – und können (!) – junge Menschen in der Schule erst nach und nach lernen. Der Mensch ist keine Maschine: was für ihn gut oder nicht gut ist, was ihm in seiner Entwicklung hilft oder nicht hilft, hängt von verschiedensten Faktoren ab und muss immer wieder neu herausgefunden werden!*

*Nehme ich diesen Gedanken ernst, so hat das auch weitreichende Konsequenzen für das Lehrer-Schüler-Verhältnis in der Schule. Denn dass ich tatsächlich meine Schülerinnen und Schüler über „richtiges" pädagogisches Verhalten belehren könnte, kann ich keineswegs einfach voraussetzen. Jedenfalls muss ich sie immer in ihrem Denken, Fühlen, auch vor dem Hintergrund ihrer persönlichen bzw. sozialen Lebenssituation, ernst nehmen.*

Mit solchen Überlegungen im Bewusstsein sitze ich nun in meiner „Werkstatt" und versuche für den Band für die Jahrgangsstufe 10 ein Kapitel zum Thema „Gewalt" zu „basteln". Die Schülerinnen und Schüler in diesem Jahrgang sind etwa 16, manchmal noch 15 Jahre alt. Wie spreche ich mit Schülerinnen und Schülern dieses Alters über Gewalt?

Hingegen stellt sich nicht nur die Aufgabe, diese Thematik altersgemäß zu behandeln. Ich muss auch fragen: welche Erfahrungen mit Gewalt haben Schülerinnen und Schüler jeweils – direkt oder indirekt – schon gemacht? Eine Antwort auf diese Frage kann es generell wiederum nicht geben. Einige haben vielleicht schon massive Erfahrungen mit körperlicher Gewalt machen müssen, andere wiederum kennen, wenn überhaupt, nur Formen verbaler oder psychischer Gewalt (welche keineswegs immer weniger fatal wäre als etwa körperliche Gewalt). Muss die Frage nach Gewalt in Kursen mit vorwiegend Mädchen (was häufig der Fall ist) nicht anders gestellt werden, als wenn etwa gleichviel Jungen und Mädchen in einem Kurs wären? Aber wie müsste sie dann anders gestellt werden? Was wiederum sollten Schülerinnen und Schüler im Hinblick auf Gewalt bedenken müssen, auch wenn dann nicht auf ihre persönlichen Erfahrungen Bezug genommen werden kann?

Das Thema „Gewalt" führt mir des weiteren vor Augen, wie wenig ich selbst als sogenannter ausgebildeter „Pädagoge" im Hinblick auf eine Bewältigung der Gewaltproblematik letztlich „weiß". Wenn ich im Unterricht nach Gewalt frage, so muss ich das mit meinen Schülerinnen und Schülern gemeinsam tun. Ich bin ihnen nicht überlegen, wenn es darum geht, nach „Lösungen" zu suchen. Sicherlich habe ich mehr Kenntnisse und auch mehr – zumindest im theoretischen Sinne – „Erfahrungen" im Hinblick auf diese Thematik. Damit bin ich den Schülerinnen und Schülern aber nicht im prinzipiellen Sinne überlegen.

Die Gestaltung des Kapitels im Buch muss dieser Überlegung Rechnung tragen. Schülerinnen und Schüler müssen auch merken, dass die gestellten Fragen zumeist „echte" Fragen sind: also keine didaktisierten Fragen zur Überprüfung eines etwaigen Lernerfolgs, sondern Fragen von tatsächlicher „praktischer" Bedeutung, deren Bewältigung Aufgabe aller Generationen – und zwar im intergenerationellen Miteinander – ist.

An Material zu diesem Thema mangelt es wahrlich nicht. Eine unüberschaubare Flut von Material besteht und wird ständig erweitert. Über die verschiedenen Zentralen für politische Bildung, über Fortbildungsinstitute (nicht nur) für Lehrer, über Jugendverbände kann man die unterschiedlichsten Materialien beziehen; Zeitschriften und Zeitungen greifen das Thema ständig auf, verschiedenste neuere Publikationen finden sich auch in der wissenschaftlichen Literatur, überdies findet man noch in allen Lehrbüchern für Pädagogik oder auch Psychologie eine Auflistung der traditionellen Aggressionstheorien.

Ich habe ca. 15 Seiten Raum im Schulbuch, um dieses Thema sinnvoll für 16jährige Jugendliche, die die verschiedensten biografischen Voraussetzungen mitbringen, zu gestalten!?!

Mit meinen beiden Ko-Autoren habe ich mich darauf verständigt, dass wir dieses Kaptitel im Buch „Gewalt – die moderne Sprache der Gegenwart?" nennen wollen. Die Frage ist keineswegs einfach „Aufhänger", der die Schülerinnen und Schüler besonders motivieren soll, die Frage ist eine tatsächlich bedeutende, wenn nicht bedrängende Frage der Gegenwart.

Die Frage, welche Materialien in diesem Kapitel Berücksichtigung finden, ist eine nicht nur methodische, sondern zugleich immer auch eine inhaltliche. Welche Erklärungen oder welche Ideen für eine Überwindung einer zunehmenden Gewaltorientierung stelle ich im Buch vor? Mit welcher Motivation stelle ich die verschiedenen Standpunkte vor? Stelle ich W. Heitmeyers Überlegung vor, mangelnde (berufliche und außerberufliche) Handlungsmöglichkeiten oder auch in diesem Kontext mangelnde Möglichkeiten für eine Identitätsfindung führten zu mehr Jugendgewalt? Oder beziehe ich mich auf Peter Struck, der propagiert, nur eine radikal veränderte Schule könne ein Abnehmen der Jugendgewalt bewirken? Oder soll ich die Schülerinnen und Schüler mit Christa Meves' Verdikt konfrontieren, dass eine Gesellschaft, in der Werteerziehung immer weniger ernst genommen und die familiäre Verantwortung immer weniger wahrgenommen würden, notwendig mehr (jugendliche) Gewalttäter erzeugen müsste?

Was wiederum intendiere ich, wenn ich solche Standpunkte im Schulbuch vorstelle? Zustimmung zum einen und Ablehnung des anderen Standpunktes? Welchen Stellenwert gewinnt in diesem Kontext meine eigene Auffassung? Mir ist bewusst, dass nicht selten Schüler ihre Lehrer im Verdacht haben, sie zielten nur darauf ab, dass Schüler in ihren Beiträgen die Auffassung des Lehrers – möglichst noch als vermeintlich eigene Position des Schülers oder der Schülerin – reproduzierten. Würde das tatsächlich praktiziert, würde im Unterricht allenfalls ein „heimlicher Lehrplan" umgesetzt. Die Schülerinnen und Schüler würden lernen, was sie sagen müssen, um Gefallen (und gute Noten) bei ihren Lehrerinnen und Lehrern zu erreichen, und gleichzeitig sich außerschulisch in ihrem Denken und Handeln von schulischen Inhalten nicht beeinflussen lassen. So wären die Lernziele besonders des Pädagogikunterrichtes eher karikiert.

Soll ich Standpunkte, die ich selbst für wenig überzeugend halte, erst gar nicht im Buch vorstellen? Soll ich vornehmlich die Standpunkte vorstellen, die auch die Maßnahmen der gegenwärtigen Landesregierung oder auch des Schulministeriums meines Landes orientieren? (Immerhin muss ich ja auch bedenken, dass das Buch seitens des Schulministeriums genehmigt werden muss.)

*Nach meiner Überzeugung muss ein Schulbuchautor sich auch nach seiner „intellektuellen Redlichkeit" fragen lassen. Ich jedenfalls will versuchen, die Meinungsbildung der Schüler nicht durch einseitige Vorgaben – auf welche Weise auch immer – zu beeinflussen bzw. zu manipulieren.*

Nach Fertigstellung des Kapitels stelle ich fest, dass weder Peter Struck noch Wilhelm Heitmeyer noch Christa Meves im Kapitel konkret Berücksichtigung gefunden haben. Nicht etwa, dass ihre Positionen zu fruchtbaren Diskussionen und Überlegungen nicht hinreichend Anlass geboten hätten: auf den nur sehr wenigen Seiten hätten sich ihre Thesen nicht hinreichend komplex vorstellen lassen, um sie in einer Weise zu erörtern, dass man den jeweiligen Argumentationen auch hätte gerecht werden können.

*Sicherlich ist ein zentrales Postulat nicht nur an Schulbücher, sondern an jede schulische Pädagogik, Komplexität zu reduzieren und sie so auch den Menschen zugänglich zu machen, die eben nicht als „Spezialisten" für ein Gebiet gelten können.* Diese Überlegung ließe sich auch auf die Gedanken der genannten Personen beziehen. Aber im Schulbuch ist nicht das zentrale Anliegen die Würdigung bestimmter Positionen von bestimmten Personen, sondern primär geht es um eine kritische Auseinandersetzung mit Sachverhalten von tatsächlicher Bedeutung für das Zusammenleben von Menschen. Statt der genannten Positionen werden dann im Schulbuch 12 Punkte, die Hartmut von Hentig in seinem Buch „Die Schule neu denken" angesprochen hat und die wesentliche Reflexions- und Diskussionsanstöße geben können, berücksichtigt. Aber auch diese 12 Punkte werden nicht wörtlich aus Hentigs Buch zitiert, sondern von mir in eigenen kurzen Worten zusammengefasst: ich habe für das Kapitel insgesamt nur 15 Seiten Platz im Buch!

Nicht nur aus Platzgründen verzichte ich dann darauf, neueste Statistiken zur Gewaltentwicklung in Deutschland und speziell zur Jugendgewalt im Buch abzudrucken. Über das Internet kommen die Schülerinnen und Schüler heutzutage leicht an die neuesten Zahlen.

Wichtiger ist mir, dass Jugendliche darüber nachdenken, was überhaupt Gewalt ist, oder auch, wie gegenwärtig „Aggressionen" definiert werden. Dass ein Alltagsverständnis dieser beiden Begriffe nicht unbedingt mit ihren wissenschaftlichen Definitionen übereinstimmen muss, könnte in der Schule als Anlass dafür genutzt werden, kritisch und selbstkritisch zu fragen, wie man selbst Gewalt und Aggression versteht bzw. verstehen will. Dass wissenschaftliche Definitionen auch innerhalb der Wissenschaft nicht unumstritten sind, könnte mit dazu beitragen, dass Schülerinnen und Schüler nicht nur wissenschaftlich, sondern zugleich auch wissenschaftskritisch denken lernen. Insofern ist es sicherlich sinnvoll, den Schülerinnen und Schülern auch unterschiedliche Definitionen vorzustellen.

Die Frage nach möglichen Ursachen oder Motiven für Gewalttätigkeit wird mit Karikaturen, Photos und vor allem Fallbeispielen eingeleitet. Mit zwei Berichten aus Zeitungen werden zwei Brandstifter aus Mölln vorgestellt: beide jungen Männer haben völlig unterschiedliche Sozialisationen durchlaufen – und doch sind beide von problematischen Lebenserfahrungen geprägt. Ist aber damit ihre grausame Tat schon zu erklären, vielleicht sogar zu entschuldigen??? Ein drittes Beispiel ist vielleicht mehr alltäglich: ein Junge setzt sich erst gegen Schikanen von Lehrern (welche ja auch Gewalt darstellen) mutig und erfolgreich zur Wehr, während er dann bald eine Prügelei anzettelt, nur weil jemand wegen seines Verliebtseins in eine Mitschülerin ein wenig über ihn spöttelt. Gewalt, so belegen die Fallbeispiele, ist ein komplexes Problem.

Lange Zeit habe ich nachgedacht und immer wieder neu überlegt: soll ich, muss ich, darf ich die klassischen Aggressionstheorien im Buch ansprechen? Auch unterrichtsorganisatorische Einwände kommen mir in den Sinn. Aggressionstheorien sind bislang Stoff der Jahrgangsstufe 12. Dennoch: Schülerinnen und Schüler müssen die Gelegenheit haben, viele Einzelbeobachtungen und Einzelerklärungen auf abstraktere und allgemeinere Erklärungen zurückzuführen. Und in diesem Sinne sind noch immer die klassischen Aggressionstheorien nicht überholt.

Ich entscheide mich für einen „Kompromiss". Das kritische Erarbeiten der Aggressionstheorien und ihrer Begründungen sollte tatsächlich erst in der Oberstufe stattfinden. Ich reduziere noch einmal radikal die Komplexität der Aggressionstheorien, indem ich sie selbst in drei Kernthesen zusammenfasse: Aggressionen sind a) angeboren, b) Folge von Frustrationen und c) Resultat eines entsprechenden Vorbildverhaltens. Jetzt können die Schüler selbst „wissenschaftliches Arbeiten" erproben: sie suchen Beispiele, Situationen und fragen, welche der drei Erklärungen jeweils am ehesten sinnvoll erscheint. Sie diskutieren ihre Auffassungen und versuchen einen Konsens der Urteilsbildung herzustellen bzw. zu reflektieren, warum ihnen das offenbar nicht gelingen will.

Hentigs Thesen führen von abstrakteren Thesen wieder zu konkreteren und anschaulicheren Überlegungen: auf dieser Basis kann jetzt der vielleicht wichtigste

Teil folgen: die Aufforderung an die Schülerinnen und Schüler auf der Grundlage von Anregungen im Buch selbst nach „Wegen aus der Gewalt" zu suchen. Diese Suche soll nicht nur im theoretisch-abstrakten Nachdenken bestehen. Rollenspiele, Ideen für Projekte an der eigenen Schule, Vorschläge für „alternative" gewaltfreie Verhaltensregeln – auch im Umgang mit gewaltbereiten Menschen – können vielleicht deutlich werden lassen, wie sehr die Frage nach der Bewältigung des Problems der „Gewalt" in unserer Gesellschaft eine konkrete Frage für Jugendliche in ihrem Alltagsleben ist. Sicherlich können solche Übungen oder Aktionen Spaß machen bzw. motivieren oder auch mit dazu beitragen, Verantwortung zu sehen und dann auch zu übernehmen (was wiederum das eigene Selbstwertgefühl heben könnte).

Zuletzt folgen Berichte über unterschiedliche Umgangsformen mit Menschen, die schon gewalttätig geworden sind. Wichtig ist, dass hier auch extreme Gegensätze vorgeführt werden: in den sich eher am extremsten gegenüberstehenden Beispielen lässt sich beobachten, dass in beiden Fällen die betroffenen Jugendlichen Zustimmung zu den jeweiligen Formen des Umgangs mit ihnen äußern. Auch die Frage nach „Lösungen" lässt offenbar monokausale Antworten nicht zu. Das können Schülerinnen und Schüler sich innerhalb einer Auseinandersetzung mit diesen unterschiedlichen Vorgehensweisen vor Augen führen. Sie sollen dessen ungeachtet fragen – jetzt aber reflektiert fragen –, welches der vorgestellten Modelle sie am ehesten für sinnvoll halten würden. Auf dieser Basis könnten sie dann vielleicht sogar in einem größeren Projekt nach sinnvollen Umgangsformen mit (jugendlichen) Gewalttätern in der Bundesrepublik – auch im juristischen Sinne – fragen.

Würde auf der Grundlage der Materialien im Buch die Reihe so verlaufen, wie ich mir den Verlauf wünschen würde, so würden die Schülerinnen und Schüler Problembewusstsein entwickeln und vielleicht mehr für ihre eigene Verantwortung sensibilisiert werden. Noch schöner wäre, würden so – direkt oder indirekt – Handlungsinitiativen entstehen. Aber das alles liegt nicht mehr in der Hand des Schulbuchautors.

Bei Durchsicht des nun fertigen Kapitels beschleicht mich Unbehagen. Einmal habe ich – fast erwartungsgemäß – mehr als 15 Seiten in Anspruch genommen. Ich wüsste nicht, welche der Materialien ich noch für verzichtbar halten könnte. Mehr Sorgen bereitet mir, dass bestimmte Gesichtspunkte nur wenig – zumindest nicht im direkten Sinne – behandelt werden. Formen verbaler Gewalt kommen nur selten oder nur indirekt vor. Nach „weiblicher" Gewalt wird nicht gefragt. Auch wird nicht nach einem besonderen Umgang von Mädchen oder Frauen mit Gewalt gefragt. Wollte man diese Gesichtspunkte nicht nur erwähnen, sondern auf der Basis von Materialien zur Diskussion stellen, müsste man ein vollständig neues Kapitel verfassen.

Ich will versuchen, mir Anregungen zu überlegen, die in Kommentierungen zu Materialien oder besonders in Aufgabenstellungen mit aufgenommen werden. Denn sicherlich darf nicht der Eindruck entstehen, die Gewaltproblematik betreffe nur körperliche Gewalt oder sei nur ein Problem von Jungen bzw. Männern.

Ein weiteres Defizit kommt mir in den Sinn: hätte ich nicht mehr die Frage nach gesellschaftlichen Ursachen für Gewalt stellen müssen? Die Überlegung, dass diese Frage vielleicht eher in den Politik- oder Sozialkundeunterricht gehört, kann meine Selbstzweifel nur wenig verdrängen.

Trösten dagegen kann die Tatsache, dass die hier angesprochenen Gesichtspunkte in anderen Kapiteln unserer Schulbücher immerhin teilweise beachtet werden. Im Kapitel „Mannsbilder – Weibsbilder" werden auch Orientierungen an Macht und Gewalt – und die Folgen dieser Orientierungen – thematisiert und problematisiert. Auch wird hier die „Stärke" der Frauen – gegen gesellschaftliche Vorurteile – gewürdigt. Im Kapitel „Schule gehen Tag für Tag" wird ausdrücklich der Einfluss gesellschaftlicher Normen und Werte kritisch vor Augen geführt. Ebenfalls in diesem Kapitel werden ausführlich Formen verbaler Gewalt vorgeführt und wird bedacht, wie solche Gewalt abgebaut oder minimiert werden kann.

So tröstet mich letztlich der Gedanke, dass schulisches Lernen immer nur exemplarisch sein kann und in gewissem Sinne immer selektiv bleiben muss.

So kann ich auch aushalten, dass unser Schulbuch ein unvollendetes und unvollständiges Werkbuch bleiben wird.

„Die Menschen stärken, die Sache klären", hat H. v. Hentig 1985 geschrieben. Pädagogikunterricht könnte in diesem Sinn Modellcharakter gewinnen. Im Pädagogikunterricht – auch und gerade in der neunten und zehnten Jahrgangsstufe – könnte in besonderer Weise eingeübt werden, was H. v. Hentig der Schule insgesamt aufträgt: Jugendlichen zu helfen, Sachverhalte, Fragen, Probleme, Aufgaben, denen sie unweigerlich im Leben begegnen werden, klarer zu sehen und sich ihnen konstruktiv zu stellen; ihnen zugleich immer schon – ungeachtet der nicht zu leugnenden Differenz zwischen Lehrer- und Schülerrolle – als Partner zu begegnen, der sie stärkt, indem er sie als ernstzunehmenden Mitmenschen in der Auseinandersetzung um zentrale Frage annimmt.

Könnte unser Buch mit dazu beitragen, dass Pädagogikunterricht solchermaßen stattfinden kann, wäre – zumindest aus meiner Sicht – viel erreicht.

Was das Buch am Ende (mit) bewirken kann, liegt nur wenig in unserer Hand. Entscheidend wäre sicherlich, dass das Buch mit dazu beitragen könnte, dass Schülerinnen und Schüler tatsächlich erleben und erfahren, dass Fragen in der Schule wirklich nicht primär für die Schule, sondern wirklich für das eigene Leben beantwortet werden müssen. Aber auch dieser Anspruch kann allein über ein Schulbuch nicht realisiert werden.

Janusz Korczak hat einmal geschrieben: „Das Wort ist Bundesgenosse, nicht Stellvertreter!" Das gilt auch für jedes Schulbuch und so auch für unser Schulbuch „Menschen – Kinder Menschenskinder". Auch ein Schulbuch kann Unterricht nur stützen, nicht ersetzen.

ALFRED HOLZBRECHER

# Nachhaltiges Lernen durch Symbolisierungstechniken

„Nachhaltigkeit" ist ein Begriff, der normalerweise im entwicklungspolitischen und im ökologischen Diskurs vorkommt. Bezeichnet werden soll damit eine lange andauernde und wirkungsvolle Entwicklung, bei der die möglichen Nebenfolgen mitbedacht werden. Auf die Lernentwicklung übertragen, erscheint es angebracht, eine Risikofolgenabschätzung auch auf die Lehrkunst zu beziehen. Dies gilt nicht nur für das Risiko des Scheitern, sondern auch des (schwer vorhersehbaren) Gelingens. Wie oft gleicht Unterricht jener aus der Chaosforschung bekannten Kugel auf der Bergkuppe, die der Wind in diese oder in jene Richtung lenken kann? Wir erfahren als LehrerInnen oft erst Jahre später, in welcher Weise unser Unterricht gewirkt hat, welche Lernbedürfnisse wir geweckt – oder aber verbaut – haben.

Als bei einem Ehemaligentreffen meiner Schule die Sprache auf den Pädagogikunterricht kam, erinnerten sich die SchülerInnen vor allem an zwei Sequenzen, in denen ich mit neuen methodischen Zugängen experimentierte. Dies motivierte mich, danach zu fragen, in welcher Form „Erfahrung" als konstruktive Aktivität lernender Subjekte beschrieben werden kann, als ein Prozess, der „nachhaltiges Lernen" hervorbringt (vgl. Holzbrecher 1997). Ich entdeckte, dass offenbar die Arbeit an vorbewussten Vorstellungsbildern *vor* einer reflexiven Bearbeitung eines Themas zu jener Wirkung beiträgt.

Zum ersten Beispiel: In der Jahrgangsstufe 12,1 wurde das Thema *Identitätsentwicklung* erarbeitet. Die Schüler/innen bekamen folgenden Textabschnitt von Erikson und sollten sich auf die „Bilder" konzentrieren, die dieser Text in ihnen hervorruft:

„Ganzheit scheint zugleich eine Ansammlung von Teilen zu bedeuten, selbst ganz mannigfaltiger Teile, die in eine fruchtbare Gemeinschaft und Organisation eintreten. Als Gestalt betont Ganzheit also eine gesunde, organische, fortschreitende Wechselseitigkeit zwischen vielfältigen Funktionen und Teilen innerhalb eines Ganzen, dessen Begrenzungen offen und fließend sind. Im Gegensatz dazu ruft Totalität eine Gestalt wach, bei der die absolute Begrenztheit betont ist: angesichts einer bestimmten, willkürlichen Grenzziehung darf nichts, was hineingehört, draußen gelassen werden, nichts was draußen sein soll, kann innen geduldet werden. Eine Totalität ist ebenso absolut einschließlich, wie sie völlig ausschließlich ist, gleichgültig, ob die absolut-zu-machende Kategorie eine logische ist oder nicht und ob die konstituierenden Teile wirklich eine Affinität zueinander haben oder nicht. (...) Wenn das menschliche Wesen aufgrund zufälliger oder entwicklungsmäßiger Verschiebungen seiner wesenhaften Ganzheit verlustig geht, rekonstruiert es sich selbst und die Welt durch Zuhilfenahme dessen, was wir Totalismus nennen wollen." (Erikson 1988, S. 76).

Nun sollten sie versuchen, diese „inneren Bilder" zum Ausdruck zu bringen. Vorgeschlagen wurde, mit Buntstiften ein Bild zu malen oder eine Collage herzustellen. Eine Kleingruppe gestaltete dazu folgendes Bild (der Kopf links ist im Original farbig):

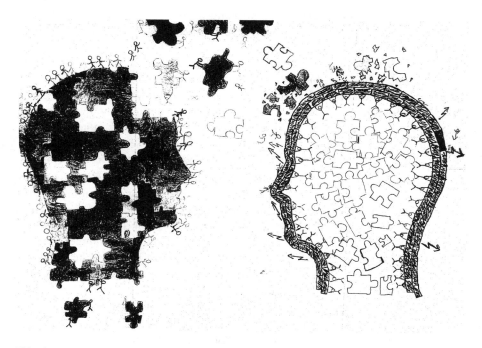

Abb. 1

Ausgehend von den zum Ausdruck gebrachten „Vorstellungsbildern" näherten wir uns jetzt erst dem Text und erarbeiteten seine Bedeutungen.

Ein zweites Beispiel: In das Thema „Tiefenpsychologie" (Jgst.12) sollte eine Sequenz über „Grundformen der Angst" nach F. Riemann einführen. Arbeitsmaterial war der Text einer Rundfunksendung (Riemann 1974), den jede/r zuhause durcharbeiten sollte. Dieser zusammenfassende Text enthält die vier Grundformen der Angst, die Riemann in seiner Monografie (Riemann 1975) ausführlich darstellt: Gewissensangst, Verlustangst, Existenzangst und die Angst vor dem Erleben des eigenen Unwerts.

Vor der Textbearbeitung wurden vier Gruppen gebildet, die sich eine szenische bzw. pantomimische Darstellung der jeweiligen Angstform überlegen (und andeutungsweise „proben") sollte. Nachdem der Kursraum in eine Minibühne umgebaut war, stellte jede Gruppe ihre Szene dar. An dieser Darstellung wurde nun gearbeitet, indem wir mögliche Alternativen bzw. Körperhaltungen durchspielten und die damit verbundenen Gefühlsqualitäten erörterten.

Die sich anschließende Textarbeit war von einer „Tiefe" gekennzeichnet, die vermutlich durch diesen methodischen Zugriff ermöglicht wurde ...

Eine Symbolisierung *vor* einer reflexiven Bearbeitung ermöglicht, die mit dem Thema verknüpften und mit Wünschen und Ängsten aufgeladenen Vorstellungsbilder zum Ausdruck zu bringen, bevor diese rationalisierend „nachbearbeitet" werden: Wie oft neigen Schüler dazu, die mit einem Thema verbundenen Gefühlsdimensionen mit Wörtern zuzukleistern, um sie sich nicht eingestehen zu müssen! Und wie oft machen wir in der Schule die Erfahrung, dass das kreative Zum-Ausdruck-Bringen von Ängsten oft allein schon als befreiend erlebt wird!

Im Laufe der Zeit kristallisierte sich folgendes Modell menschlicher Erfahrungsbildung heraus, bei dem Lernen als selbstorganisierte Aktivität der Vermittlung zwischen den drei Dimensionen der „Wahrnehmung", des „Ausdrucks" und der „Reflexion" verstanden wird. Als *zentrale didaktische Perspektive* wird erkennbar, Lernende herauszufordern und dabei zu unterstützen, diesen Prozess als bewusst zu gestaltende Aktivität zu begreifen. Sie erarbeiten sich selbst damit neue Perspektiven der Wahrnehmung, des Ausdrucks / Handelns und der Reflexion. Aus didaktischer Sicht ermöglicht dieses erkenntnistheoretische Modell nicht nur eine Verortung bekannter, sondern auch die Entwicklung neuer Unterrichtsmethoden.

„Nachhaltig" wirkt Lernen, wenn Fantasie als Produktivkraft des Erfahrungsprozesses genutzt wird. Gerade im Pädagogikunterricht besteht die Möglichkeit, die Subjektarbeit mit der Sacharbeit, d. h. den Prozess der Persönlichkeitsentwicklung der SchülerInnen mit der Erarbeitung pädagogischer Theorieansätze zu verknüpfen. Fantasie als Produktivkraft nutzen hieße, verstärkt mit kreativitätsfördernden Methoden zu arbeiten und diese als konstitutiven Teil der Sacharbeit zu verstehen: Vermutlich ist es v. a. die durch den Ausdruck „innerer Bilder" zum Vorschein kommende innere Lebendigkeit und Energie, die neue „mentale Verweisungsstrukturen" hervorbringt. D. h. es entwickeln sich nicht nur gedankliche Verknüpfungen, sondern es werden (damit) auch neue Lernbedürfnisse geweckt. Trifft dies zu, dürfte der Frage, welcher Stellenwert den Methoden in einem „offenen" (Pädagogik-)-Unterricht zukommt, eine entscheidende Rolle zukommen (vgl. Holzbrecher 1999). Ist es denkbar, Methoden weniger als Mittel zum Zweck und eher als „Suchinstrumente" zu verstehen, mit deren Hilfe die Lehrenden etwas über die (geschlechts-, kultur- und altersspezifischen) Aneignungsformen der SchülerInnen erfahren – und mit denen sich die Lernenden selbst auf die kreative Suche nach Problemlösungen begeben?

## Literatur

Erikson, Erik H.: Jugend und Krise. Die Psychodynamik im sozialen Wandel. München 1988.

Holzbrecher, Alfred: Wahrnehmung des Anderen. Zur Didaktik Interkulturellen Lernens. Opladen 1997.

Holzbrecher, Alfred: Aneignung und Methode. In: Edwin Stiller (Hrsg), Dialogische Fachdidaktik Pädagogik Bd. 2. 1999.

Riemann, Fritz: Angst. In: Hans Jürgen Schultz (Hrsg.), Psychologie für Nichtpsychologen, Stuttgart, Berlin 1974, S. 57–67.

Riemann, Fritz: Grundformen der Angst. Eine tiefenpsychologische Studie. München 1975.

GEORG BUBOLZ

# Kunst und Dichtung im Fachübergreifenden Pädagogikunterricht
Einstiegsmöglichkeiten im Rahmen einer Sequenz zum Modell-Lernen

> „Vom Erziehen habe ich niemals sehr viel gehalten, das heißt ich habe stets starke Zweifel daran gehabt, ob der Mensch durch Erziehung überhaupt irgendwie geändert, gebessert werden könne. Statt dessen hatte ich ein gewisses Vertrauen zu der sanften Überzeugungskraft des Schönen, der Kunst, der Dichtung, ich selbst war in meiner Jugend durch sie mehr gebildet und auf die geistige Welt neugierig gemacht worden als durch alle offiziellen oder privaten 'Erziehungen'"
>
> Hermann Hesse [1]

## 1. Im Rückblick: 1979

Die ersten Manuskriptentwürfe für die Reihe „Arbeitshefte für Erziehungswissenschaft" (Hirschgraben-Verlag Frankfurt/Main 1980) nehmen langsam Gestalt an. An einem Tag in den Osterferien 1979 beschäftigt mich die Frage, wie im Rahmen des Arbeitsheftes „Lernen unter anthropologischen, psychologischen und pädagogischen Aspekten" ein motivierender Einstieg zum Modell-Lernen aussehen könnte. Bei der Durchsicht verschiedenster Materialien stoße ich auf einen fotografischen Schnappschuß aus einem Schwimmbad [2]: Ein Kind orientiert sich beim Erlernen eines Kopfsprungs an einem jugendlichen Vorbild. Das könnte zum Nachdenken anregen, geht es mir durch den Kopf, welche Voraussetzungen bei dieser Lernart auf Seiten des Modells und des Lernenden gegeben sein müssen und auch welche Verhaltensweisen auf die in der Abbildung angedeutete Art gelernt werden können. Ein Bild, eine Fotografie ist zu dieser Zeit in Schulbüchern für den Pädagogikunterricht an allgemeinbildenen Schulen als Medium etwas Außergewöhnliches. Warum also nicht einmal einen – damals noch ungewohnten – neuen Weg beschreiten?

---

[1] Briefe, Zweite erweiterte Ausgabe, 1964; entnommen aus: Hermann Hesse, Lektüre für Minuten, Suhrkamp Taschenbuch 7, Frankfurt am Main 1971, S. 81/82.
[2] Aus: S. H. Sandford: Psychology, a scientific study of man, Belmont, Cal., Wadsworth 1961 (2. Auflage), S. 451; entnommen aus: Heinz Heckhausen u. a., Funkkolleg Pädagogische Psychologie. Studienbegleitbrief 2. Beltz Verlag, Weinheim und Basel 1972, S. 65.

## 2. Ein Zeitsprung: 1999

Heute, nach zwei Jahrzehnten, steht die Neubearbeitung der „Arbeitshefte für Erziehungswissenschaft" an. Das Heft „Lernen und Entwicklung" der neuen Reihe „Kursthemen: Erziehungswissenschaft" (Cornelsen Verlag Berlin 2000) soll zeitgemäße neue Akzente setzen. Viele pädagogisch relevante Fragen haben in der Zwischenzeit an Brisanz gewonnen: Die Gewaltproblematik hat qualitativ eine neue Dimension erhalten. Wahrnehmungsgewohnheiten von Schülerinnen und Schülern haben sich gewandelt. Die Richtlinien und Lehrpläne in Nordrhein-Westfalen favorisieren fachübergreifendes und fächerverbindendes Lernen ... – Dies nur einzelne Aspekte, die mich jetzt bei der Arbeit an einer Sequenz zum Modell-Lernen beschäftigen. Weitere Beispiele lassen sich nennen ... Wie kann Pädagogikunterricht dieser veränderten Situation gerecht werden? Soll es bei der Präsentation eines „harmlosen" Fotos als Unterrichtseinstieg bleiben? Ich suche daher nach Neuem.

### Ein erster Ansatz: Dichtung im Pädagogikunterricht

Bei einem Schriftsteller finde ich schließlich ein Gedicht, das mich nicht mehr losläßt. Das muß in den neuen Band „Lernen und Entwicklung" aufgenommen werden! Es trägt den Titel „Die Ballade vom Nachahmungstrieb", stammt von Erich Kästner und wurde 1932 verfaßt[3]. Ein Pressebericht aus dem Jahre 1930 soll ihm zugrunde liegen.

### Die Ballade vom Nachahmungstrieb

Es ist schon wahr: Nichts wirkt so rasch wie Gift!
Der Mensch, und sei er noch so minderjährig,
ist, was die Laster dieser Welt betrifft,
früh bei der Hand und unerhört gelehrig.

Im Februar, ich weiß nicht am wievielten,
geschah's, auf irgend eines Jungen Drängen,
daß Kinder, die im Hinterhofe spielten,
beschlossen, Naumanns Fritzchen aufzuhängen.

Sie kannten aus der Zeitung die Geschichten,
in denen Mord vorkommt und Polizei.
Und sie beschlossen, Naumann hinzurichten,
weil er, so sagten sie, ein Räuber sei.

Sie streckten seinen Kopf in eine Schlinge.
Karl war der Pastor, lamentierte viel

---
[3] Aus: Dieter Richter (Hrsg.), Kindheit im Gedicht. Deutsche Verse aus acht Jahrhunderten, S. Fischer Verlag, Frankfurt am Main 1992, S. 254/255.

und sagte ihm, wenn er zu schrein anfinge,
verdürbe er den anderen das Spiel.

Fritz Naumann äußerte, ihm sei nicht bange.
Die andern waren ernst und führten ihn.
Man warf den Strick über die Teppichstange.
Und dann begann man, Fritzchen hochzuziehen.

Er sträubte sich. Es war zu spät. Er schwebte.
Dann klemmten sie den Strick am Haken ein.
Fritz zuckte, weil er noch ein bißchen lebte.
Ein kleines Mädchen zwickte ihn ins Bein.

Er zappelte ganz stumm, und etwas später
verkehrte sich das Kinderspiel in Mord.
Als das die sieben Übeltäter
erkannten, liefen sie erschrocken fort.

Noch wußte niemand von dem armen Kinde.
Der Hof lag still. Der Himmel war blutrot.
Der kleine Naumann schaukelte im Winde.
Er merkte nichts davon. Denn er war tot.

Frau Witwe Zickler, die vorüberschlurfte,
lief auf die Straße und erhob Geschrei,
obwohl sie doch gar nicht schreien durfte.
Und gegen Sechs erschien die Polizei.

Die Mutter fiel in Ohnmacht vor dem Knaben.
Und beide wurden rasch ins Haus gebracht.
Karl, den man festnahm, sagte kalt: „Wir haben
es nur wie die Erwachsenen gemacht."

Wie mag diese Ballade wohl von Schülerinnen und Schülern eines Elferkurses heute aufgenommen werden? Ob sie die Verse überhaupt angemessen interpretieren können? Ich denke daran, wie das Gedicht im Deutschunterricht besprochen wird. Im Pädagogikunterricht dürfte man die Methoden der Gedichtinterpretation nicht übergehen, müßte sprachliche Form und Inhalt, die Pragmatik des Textes bedenken und unterrichtlich thematisieren, weil nur so der Text auch in seinem pädagogischen Gehalt angemessen erfaßt werden kann. Die pädagogische Problematisierung ist ja primäres Ziel von Pädagogikunterricht; die Reflexion von Sprache ist demgegenüber sekundär, hat mediale Funktion. Es sollten daher zumindest pädagogische Fragen an das skizzierte Geschehen gestellt werden, vielleicht könnten zuletzt schon erziehungswissenschaftlich relevante Hypothesen entwickelt werden, die in der folgenden Sequenz näher zu prüfen wären, z. B. im Blick auf die Frage nach der Rolle von Modellen beim Lernen oder das Problem geschlechtsspezifischer Voraussetzungen für imitiertes Verhalten ...

## Ein zweiter Ansatz: Kunst im Pädagogikunterricht

Ob der dichterische Zugang den Geschmack jeder Kollegin bzw. von jedem Kollegen trifft? Vielleicht sollte nicht nur ein einziger Ansatz eines Zugangs zur Thematik „Modell-Lernen" vorgelegt werden? Ein visueller Impuls könnte ganzheitliches Lernen fördern, wenn also zugleich rechts- wie linkshemisphärisch[4] gelernt wird. Aber welcher Künstler, welches Kunstwerk bietet sich an? Ein ganz modernes Kunstwerk hat sicher Aktualität, aber wie steht's in fünf Jahren? Ist es dann immer noch so hoch im Kurs? Meine Entscheidung fällt daher für einen „Klassiker": Pablo Picasso (1881–1973). Das Bild, das ich wähle, ist im Jahre 1905 geschaffen worden und trägt den Titel „Zwei Gaukler mit Hund" (Gouache auf Karton; 105,5 × 75 cm, New York, The Museum of Modern Art).

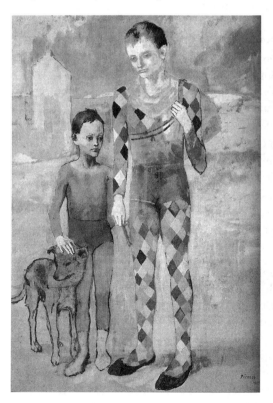

Mit der Auswahl eines solchen Kunstwerkes, so denke ich, wird vielleicht nicht jede Schülerin bzw. jeder Schüler klar kommen. Welche Hilfen müßten hier gegeben werden? Nur einzelnes ist bereits weiter bedacht: Wichtig dürfte sein, daß die Subjektivität bei den Rezipienten von Kunstwerken gewahrt bleibt – bedingt etwa durch die eigene Biographie. Aber müßte nicht auch der Künstler selbst und sein Werk zur Sprache gebracht werden? Sollte etwas von der Beziehung Picassos zu Kindern berichtet werden? Wäre es nicht sinnvoll, auch Picassos Biographie und künstlerische Entwicklung, seine Maltechniken, soweit sie für die Interpretation bedeutsam sind, im Pädagogikunterricht anzusprechen? Zentral: Wie ist das Verhältnis zwischen *subjektiver* und *objektiver* Ebene bei der Bildbetrachtung zu bestimmen, um zu einer *kontextuell-ganzheitlichen* Bildinterpretation zu gelangen, bei der diese beiden Ebenen gleichgewichtig präsent sind? Auf der sub-

---

[4] vgl. z. B. Walter Edelmann, Lernpsychologie. 5., vollständig überarbeitete Auflage, Beltz Psychologie Verlags- Union. Weinheim 1996, S. 18–43.

jektiven Ebene kann ja die eigene Phantasie, die individuelle Erfahrungswelt, der persönliche Standort durch Bildbetrachtung erweitert werden. Dabei können durchaus Erlebnisse ermöglicht werden, die weit über das Bewußte hinausgehen können. Auf der objektiven Ebene geht es um das bessere Verstehen eines Kunstwerkes als sichtbarem Ergebnis einer bestimmten personbezogenen oder zeitgeschichtlichen Entwicklung. Die Verschränkung beider Ebenen müßte doch angestrebt werden? Ob sachgemäßer Umgang mit dem Picasso-Bild fachübergreifend vom Pädagogiklehrer bzw. von der Pädagogiklehrerin initiiert werden kann? Oder ob fächerverbindend die Kooperation mit dem Fach Kunst erforderlich ist, wenn etwa die „Syntax" oder die „Semantik" des Bildes eruiert wird? Und schließlich auch bei diesem Kunstwerk: Wie wird das Pädagogische thematisiert, das aus dem Bild den jeweiligen Betrachter berührt? Wie kann mit dem subjektiv Angestoßenen weitergearbeitet werden?...

## 3. Ausblick

Mehr Fragen sind gestellt als Antworten gegeben. Aber es könnte, wenn man Impulse aus der gegenwärtigen Diskussion um fachübergreifendes und fächerverbindendes Lernen aufgreift, doch reizvoll sein, einmal ungewöhnliche Wege zu gehen. Das heißt in der Sprache Hermann Hesses, „der sanften Überzeugungskraft des Schönen, der Kunst, der Dichtung"[5] in seiner bildenden Kraft zu vertrauen. Dass Hesse selbst dieses Geschehen nicht als „erzieherisch" zu bezeichnen vermochte, weil ihm damals nur ein verengter Begriff von Erziehung zur Verfügung stand, das darf ihm nicht vorgehalten werden. Daß auf der Grundlage von Dichtung und Kunst tatsächlich aber – in einem erweiterten Erziehungsbegriff – „Erziehung" und „Bildung" geschehen, das wird sich – vielleicht in Zukunft immer öfter – auch im fachübergreifenden Pädagogikunterricht oder in einem Unterricht, in dem fächerverbindend auch Pädagogisches tangiert ist, erweisen. Mit Hermann Hesse: „Damit das Mögliche entsteht, muß immer wieder das Unmögliche versucht werden."[6]

## Literatur

Bubolz, Georg: Lernen unter anthropologischen, psychologischen und pädagogischen Aspekten, Arbeitshefte für Erziehungswissenschaft. Frankfurt am Main: Hirschgraben Verlag 1980.

Bubolz, Georg / Fischer, Heribert, Lernen und Entwicklung, Kursthemen: Erziehungswissenschaft. Berlin: Cornelsen 2000.

---

[5] Hermann Hesse, a. a. O.
[6] Rezensionen aus dem Nachlaß, unveröffentlicht; entnommen aus: Hermann Hesse, Lektüre für Minuten. Neue Folge, Suhrkamp Taschenbuch 240, Frankfurt am Main 1976, S. 74.

GEORG GUTHEIL

# Bemerkungen zu den Neuen Medien

## Ein persönliches Szenario

Eine Schülerin der Klasse 6, in der ich Deutsch unterrichte, schrieb mir vor einiger Zeit eine E-Mail. Darin monierte sie meine Entscheidung in einer Konfliktsituation als höchst ungerecht. Inzwischen hat sich daraus ein regelmäßiger Austausch von E-Mails entwickelt, an dem auch andere Schülerinnen und Schüler teilnehmen. Neben bemerkenswert sachlichen Äußerungen zum sozialen Klima in dieser Klasse werden zunehmend auch Fragen und Anmerkungen zu meinem Deutschunterricht formuliert und besprochen. Das alles ist so in der Klasse selbst kaum zu bewerkstelligen. – Ein Schüler aus einem Oberstufenkurs Pädagogik hatte sich unlängst bereit erklärt, ein Referat zum Thema „Spieltheorien" zu erstellen und zu halten. Der Text, den er vortrug, war wohlstrukturiert, wesentliche Positionen wurden sachlich angemessen charakterisiert, und auch sprachlich war wenig auszusetzen. Durch Zufall stieß ich dann ca. vier Wochen später auf den tatsächlichen Autor; und zwar auf der Web-Site „http://www.referate.heim.at". Zur Rede gestellt, entgegnete mir der Schüler u. a., im Internet veröffentlichte Texte stünden zur freien Verfügung. – Nachdem zwei Schülerinnen in meiner Klasse 9 eine Hausaufgabe mittels einer Textverarbeitung und eines Grafikprogramms ansprechend gestaltet hatten und ich dies goutierte, ist dort ein heimlicher Wettstreit um die jeweils attraktivste Form ausgebrochen. Das geht gelegentlich zu Lasten des Inhalts.

## Medienkompetenz

Ich bin mir sicher, daß viele Kolleginnen und Kollegen von ähnlichen Erfahrungen berichten können. Der Computer mit seiner Peripherie hat die Lern- und Arbeitsformen, die Kommunikation und die Beziehungen in Schule und Unterricht mittlerweile auf vielfältige Weise durchdrungen und z. T. auch schon verändert. Die Schüler und Schülerinnen greifen neugierig die neue Technologie auf und bedienen sich ihrer relativ selbstverständlich; auch wir, die Lehrerinnen und Lehrer, nutzen den Computer immer häufiger als hilfreichen „Gefährten": etwa beim Konzipieren von Arbeitsmaterialien, bei der Verwaltung von Klassendaten oder zur Informationsbeschaffung via Internet und CD-ROM. – Was ich da mit meinen Schülerinnen und Schülern erlebt habe, verweist auf einen rasanten und facettenreichen Prozeß. Es erweitern sich zum einen die technischen Möglichkeiten im Umgang mit Informationen enorm, zugleich verschieben sich tradierte Orientierungen und Werte. Das klassische Verständnis von Urheberschaft und Originalität z. B. ist in der Tat durch das Internet ins Wanken geraten, wenngleich jener Schüler diesbezüglich eine nicht nur rechtlich problematische Position vertritt. Und die medial um das personale Visavis reduzierte kommunikative Situation darf wohl nicht prinzipiell als eine defizitäre eingeschätzt werden. Auch erscheint mir ein gesteigertes Interesse an formalen Qualitäten trotz aller Auswüchse, die es womöglich zeitigen mag, durchaus ein wichtiger Anknüpfungspunkt zu sein für eine grundsätzliche Intensivierung der Lernarbeit. – Es ließen sich weitere Ambivalenzen beschreiben, die sich aus dem Einfluß der Informations- und Kommunikationstechnologie auf die unterrichtlichen und schulischen Interaktionenzusammenhänge ergeben. Wie nun ist mit diesen durch die Neuen Medien ausgelösten Entwicklungen konzeptionell und praktisch umzugehen?

Die mit dieser Frage befaßte wissenschaftliche Diskussion kreist um die Kategorie der Medienkompetenz. Trotz unterschiedlicher Nomenklatur, die aktuellen Systematisierungsversuche der Herausforderungen an und der Konsequenzen für die Medienpädagogik nähern sich einander an. D. Baacke[1] schlägt in diesem Zusammenhang vor, vier Teilbereiche von Medienkompetenz zu unterscheiden:

| | |
|---|---|
| **Medienkritik** | Sie umfaßt eine analytische, reflexive und ethische Dimension. |
| **Medienkunde** | Hier stellt sich eine differenzierte informative und eine instrumentell-qualifikatorische Aufgabe. |
| **Mediennutzung** | Dabei soll praktisches Anwendungskönnen sowohl in rezeptiver als auch in interaktiver Form realisieren werden. |
| **Mediengestaltung** | Dieser Aspekt ist ausgerichtet auf die innovative und kreative Nutzung der von den Neuen Medien gebotenen Möglichkeiten. |

Hier wird erkennbar, welche Standards in der wissenschaftlichen Beschäftigung mit Medienkompetenz inzwischen unstrittig sind. Die Neuen Medien werden nicht mehr nur als dem Prozeß des Lehrens und Lernens untergeordnete Hilfsmittel angesehen, sondern sie selbst haben sich zum Gegenstand und auch Ausdrucksort von Bildung entwickelt. Folgerichtig geht man davon aus, daß Kompetenz unbedingt auch eine Qualität von Wissen, Bereitschaft und Handlungsvermögen umfassen muß, die höher aggregiert ist als allein für eine instrumentelle Qualifikation erforderlich. Und nicht zuletzt herrscht Konsens darüber, daß die konstruktiven Angebote der Neuen Medien bedeutsam und mithin pädagogisch zu berücksichtigen sind.

Vermittlung bzw. Erwerb von Medienkompetenz setzt also vielfältige und auch vielschichtige Lernprozesse voraus. Das Bemühen, diese anzuregen und zu arran-

---

[1] Vgl. D. Baacke: Medienkompetenz. Herkunft, Reichweite und strategische Bedeutung eines Begriffs. In: Lernort Multimedia. Jahrbuch Telekommunikation und Gesellschaft 1998. Hrsg. von H. Kubicek u. a. Heidelberg 1998, S. 22 ff.

gieren, stößt gegenwärtig auf einige Schwierigkeiten im schulischen Bereich. Abgesehen von der vielerorts immer noch höchst unzureichenden Ausstattung mit vernetzten und multimedial nutzbaren Computern und auch informativer Defizite bei den Unterrichtenden erweisen sich überkommene Prinzipien und Organisationsformen von unterrichtlichem Lernen dabei als eine recht hohe Barriere. Um die Neuen Medien mit ihrem Potential angemessen einzubinden, ist es notwendig in viel größerem Umfang als bisher üblich und vor allem konsequent: fächerübergreifend zu arbeiten, das einengende Korsett der 45 Minuten abzustreifen, den Schülerinnen und Schülern Raum für Eigenaktivität und Eigenverantwortlichkeit zu geben sowie Handlungsorientierung als eine übergeordnete Maxime des Unterrichts wirklich ernst zu nehmen. Und damit einer geht natürlich auch eine Herausforderung an das Selbstbild des Lehrers, der Lehrerin. Der Besserwisser hat hier ausgedient; gefragt ist statt dessen jemand, der seinen Wissens- und Erfahrungsvorsprung nutzt, um Probleme zu umreißen und den Schülerinnen und Schülern nahe zu bringen, der deren weitgehend selbständige Arbeit daran als Ratgeber und Assistent begleitet, der zur Reflexion sachlicher Ergebnisse und sozialer Interaktionen anhält und sie moderiert, der sich nicht zuletzt bei all dem auch als ein Lernender begreift. So betrachtet können die Neuen Medien einen nicht unerheblichen Beitrag zu einer qualitativ anderen Schul- und Lernkultur leisten. Es soll hier aber auch vor überzogenen Erwartungen und drei Denkfallen gewarnt werden: der „Spaß-Falle", der „Schnelligkeits-Falle", der „Effektivitäts-Falle". Lernen mit Neuen Medien ist durchaus mit Anstrengung verbunden, die wohl auch gelegentlich beide daran beteiligte Seiten frustriert. Es verläuft überdies keineswegs grundsätzlich zügiger; denn Lernen läßt sich nicht beliebig beschleunigen und braucht – unabhängig von den sozialen und medialen Bezügen, in die es eingebettet ist, – seine Zeit. Und schließlich gehört es zur Dialektik jeden Lernens, daß man Fehler macht und daß auch unproduktiv gehandelt wird.

## Pädagogikunterricht

Ich möchte anhand dreier unterschiedlicher Beispiele veranschaulichen, auf welche Weise der Computer sinnvoll und gewinnbringend im Pädagogikunterricht eingesetzt werden kann. Dabei gehe ich davon aus, daß – auch ohne einen präzisen Rückbezug – unmittelbar deutlich werden wird, welche der mit der Kategorie Medienkompetenz verbunden Zielsetzungen und in welchem Maße so jeweils einzulösen sind.

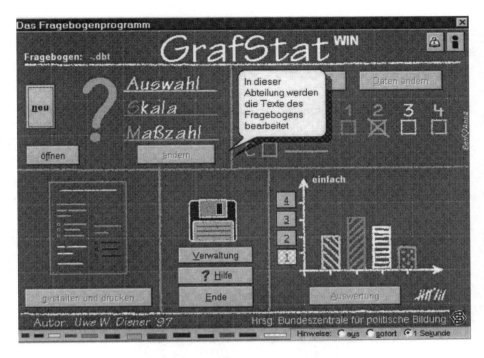

Abb. 1 Der Eingangsbildschirm von „GrafStat WIN"

## Zum Beispiel: Ein Werkzeug

„GrafStat WIN"[2] ist ein Programm zur komfortablen Erstellung und Auswertung von Fragebögen. Es wurde konsequent auf den Ausbildungsbereich hin konzipiert. Davon zeugen die klar strukturierten Programmteile und ihre Abstimmung aufeinander ebenso wie das Hilfesystem. Die möglichen Vorgehensweisen und zu treffenden Entscheidungen findet man dort gut nachvollziehbar erklärt. Die Hilfefunktion kann überdies kontextsensitiv genutzt werden. Um differenzierte Fragebögen entwerfen, die Ergebnisse bequem erfassen und sachlich angemessen auswerten zu können, wartet dieses Programm mit sinnvollen und effektiven Optionen auf. So sind z.B. Einfach-, Mehrfach-, Skalen- und Maßzahlfragen möglich, aber auch freie Fragen. „GrafStat WIN" stellt die formulierten und typisierten Fragen automatisch zu einer Druckvorlage zusammen. Zugleich entsteht, vom Anwender unbemerkt, ein entsprechendes Datenblatt, in das er dann später die Ergebnisse der Befragung problemlos eintragen kann. Die Auswertungsroutinen dieses Programms

---

[2] Dieses von Uwe W. Diener entwickelte Programm ist kostenlos zu erhalten bei der Bundeszentrale für politische Bildung. Es befindet sich auf einer CD-ROM, die dem Band „Wahlanalyse und Wahlprognose im Unterricht" beiliegt. Die Anschrift: Bundeszentrale für politische Bildung, Berliner Freiheit 7, 53111 Bonn.

umfassen elementare statistische Funktionen, die sich nach verschiedenen Kriterien konfigurieren lassen und die für den schulischen Anwendungsbereich vollkommen ausreichen. Bei der grafischen Darstellung stehen die fundamentalen Diagrammformen zur Verfügung. Schließlich, alle Ergebnisse kann man direkt ausdrucken oder via Zwischenablage in andere Programmen übernehmen.

Will man mit Schülerinnen und Schülern – nicht nur der Oberstufe – eine Umfrage durchführen, so stellt dieses Programm sicherlich das Werkzeug erster Wahl dar. Es erschließt sich ihnen recht schnell, und sie können im Umgang mit ihm auch wichtige methodische Kenntnisse über empirische Verfahren erwerben: welcher Fragetyp ist dem, was man herausfinden möchte, dienlich und welcher weniger, welche Kombination von Einzelergebnissen macht bei einem bestimmten Erkenntnisinteresse Sinn, welche Darstellungsart verdeutlicht den Befund am besten usw. Mit „GrafStat$^{WIN}$" läßt sich das ansonsten eher aufwendige Unternehmen empirischer Erhebungen rationalisieren, überdies unterstützt und fordert es das entdeckende, selbständige Lernen der Schüler und Schülerinnen an und mit dem Medium Computer heraus.

Abb. 2 Die „Geburt eines Norns"

## Ein Spiel

„Creatures" ist seit rund drei Jahren auf dem Markt und inzwischen zu einem Kultspiel avanciert[3]. Der Spieler schlüpft in eine differenzierte pädagogische Rolle: er ist Geburtshelfer, Beschützer, Lehrer und Erzieher der Norns. Er ist aber auch

---

[3] Seit kurzem gibt es eine neue Version dieses Spiels: „Creatures 2". Zwar hat sich das Interieur verändert, die Grundidee jedoch nicht.

Manipulator der physiologischen und neuronalen Prozesse. Die Norns sind friedliebende, gesellige Lebewesen, jedes ausgestattet mit einer spezifischen digitalen Erbmasse, daraus resultierenden besonderen Eigenschaften, sowie einem Gedächtnis. Eines haben sie gemeinsam: eine ungebändigte Neugier. Sie leben in Albia – eine Umwelt, in der es vieles Interessante zu entdecken gibt, die aber auch einige Gefahren birgt. Die zentrale Aufgabe des Spielers besteht nun darin, für das Wohlergehen und ein langes Leben seiner Norns zu sorgen und dafür, daß sie sich fortpflanzen. Um diese Aufgaben zu meistern, kann er mit einer durch den Mauszeiger symbolisierten Hand in das Lernen und Leben seiner Zöglinge eingreifen. Sie gestattet ihm, die Norns direkt positiv oder negativ zu verstärken, sie aktiviert außerdem eine Fülle von sogenannten Sets, die u. a. der Beobachtung, Kontrolle und Beeinflussung ihres physischen Zustands und der psychischen Befindlichkeiten dienen. Ferner ist es möglich über diese Hand bestimmte Elemente von Albia zu aktivieren, um so die Aufmerksamkeit der Norns darauf zu lenken und ihr Lernen, das naturwüchsig nach dem Prinzip Versuch und Irrtum funktioniert, zu steuern. Bedeutsam dabei ist, daß unmittelbar nach dem Schlüpfen der Norns mit der Erziehung begonnen werden muß. Ansonsten ignorieren sie später die Hinweise und Einwirkungen der helfenden Hand immer wieder und tun letztlich das, was ihnen gefällt und womöglich schadet. Aber selbst bei rechtzeitigem Beginn des Erziehungsprozesses zeigt sich, daß die Norns ihren eigenen Kopf haben und auch durchaus unterschiedliche Lernfähigkeit besitzen. Insbesondere erweist es sich als sehr wichtig, frühzeitig den Spracherwerb der Norns zu befördern. Das gestaltet sich als nicht ganz einfach, trotz des Hilfsmittels einer Lernmaschine. Haben die Norns jedoch einmal Sprache in ihren Grundstrukturen (Bezeichnung von Gegenständen sowie von Aktivitäten) gelernt, so ist mit ihnen in gewisser Weise eine Kommunikation und auch auf dieser Ebene Einflußnahme auf ihr Verhalten möglich. Allerdings bildet sich nur eine primitive Verb-Objekt-Sprache aus. Verläuft das Spiel so, daß die nächste oder weitere Generationen die ursprünglich ausgebrütete ersetzen, tradieren sich die Erbinformationen und die erworbenen Erfahrungen von „Vater" und „Mutter". Der Lernprozeß der Folgegenerationen geht also jeweils von anderen, entwickelteren Voraussetzungen aus. Da aber die Norns grundsätzlich so etwas wie eine eigene Persönlichkeit besitzen, einen eigenen Willen, ist ihr Verhalten durchaus nicht aus den angeborenen Dispositionen zu extrapolieren.

Das alles kennzeichnet zwar die Struktur dieses Programms, aber es gäbe noch eine Fülle von interessanten Einzelheiten zu berichten. Erwähnt werden soll hier zumindest noch, daß Albia und seine Bewohner grafisch ansprechend und mit Liebe zum Detail gestaltet worden sind. Entscheidender für die Beliebtheit von „Creatures" erscheint jedoch die zugrunde liegende Spielidee. Sie fußt auf durchaus ernsthaften Versuchen, mittels Computer eine digitale DNA zu schaffen (CyberLife). Da dieses Programm jedoch keine wissenschaftliche Software, sondern eine simulierende Anwendung in unterhaltsamer Form werden sollte, sind hier Kompromisse und Einschränkungen vonnöten gewesen.

Bezüge zu sachlichen Paradigmen des Pädagogikunterrichts vor allem in den Kurshalbjahren 11/II und 12/I liegen wohl auf der Hand. Allerdings erscheint es sinnvoll einen fächerübergreifenden Zugriff auf diese Programm zu wählen, bei dem auch biologische Erkenntnisse angemessen zur Geltung gebracht werden können. Die Spieldauer, die nötig ist, um das Wesentliche der Spielidee sinnfällig werden zu lassen, legt überdies ein projekthaftes Vorgehen nahe, das nicht den starren und begrenzten Unterrichtszeiten unterliegt. Obwohl „Creatures" nur einen Spieler vorsieht, sollten angesichts der Vielfältigkeit dieses Programms Kleingruppen gebildet werden. So kann sich, wenn arbeitsteilig verfahren wird, rascher eine allgemeine Spielkompetenz entwickeln. Neben dem eigentlichen Akteur ist ein Berater wichtig, der die Informationen der offiziellen Anleitung, aber auch solche aus anderen Quellen[4] parat haben und halten müßte. Ferner sollte es einen Protokollanten geben, der die wichtigsten Aktionen und getroffenen Entscheidungen schriftlich fixiert, so daß diese später, bei unerwarteten Ergebnissen und Wirkungen, nachvollzogen werden können. Als Hilfestellung für die Gruppenarbeit, zur Strukturierung und leichteren Vergleichbarkeit der Ergebnisse sollte der Fachlehrer, die Fachlehrerin zuvor einen Fragebogen entwerfen.

Die mit „Creatures" anzustrebenden informativen und aufklärerischen Effekte sind auf drei unterschiedlichen Ebenen angesiedelt. Geht man zunächst von den curricularen Vorgaben der beiden hier erwähnten Fächer aus, so lassen sich mit diesem Spiel einige wichtige Aspekte sehr wohl veranschaulichen und gleichsam verlebendigen: das genetische crossing-over etwa, der behavioristische Ansatz, Lernen als ein Ergebnis von Verstärkung zu begreifen, sowie das entwicklungspsychologische Theorem der sensiblen Phasen. Dem muß aber unbedingt eine kritische Reflexion sowohl dieser sachlichen Bezugspunkte als auch ihrer Umsetzung im Programm folgen. So findet in „Creatures", anscheinend um die Spielbarkeit zu vereinfachen, Vererbung nur einsträngig und/oder haploid statt. Und auch die nur begrenzte Reichweite des Konditionierens zum Verständnis menschlichen Handelns und Lernens wäre hier anzusprechen und zu konfrontieren mit Positionen des differenzierteren Ansatzes der kognitiven Psychologie. Schließlich kann dieses Programm auch einen Anlaß bieten zu erörtern, wie die Idee und der Versuch, virtuelles Lebens zu erschaffen, zu bewerten sind. Dazu bedarf es natürlich ergänzender Informationen über CyberLife und zur Philosophie, die hier zugrunde liegt[5]. Eine solche Diskussion hätte eine technologiekritische und auch ethische Dimension zu entfalten.

---

[4] Auf verschiedenen Seiten des Internet findet man inzwischen ganze Handbücher zu diesem Spiel und zahlreiche Erfahrungsberichte.
[5] Verfügbar sind solche Informationen u. a. auf der Web-Site: „http://www.cyberlife.co.uk"

## Hypermedia

Hinter diesem Begriff, der aus **Hyper**text und Multi**media** gebildet worden ist, verbirgt sich letztlich ein einfaches, aber interessantes Konzept. Es intendiert die Integration und Vernetzung von Informationen unterschiedlicher Art, unabhängig von der Plattform des jeweiligen Betriebssystems. Dazu wird HTML (HyperText Markup Language) verwendet – eine Quasi-Programmiersprache, mit der man den Aufbau von Seiten beschreibt. Vor kurzem noch mußte dies recht mühselig, Zeile für Zeile, in einem Editor geschehen, und eine präzise Kenntnis der „Tags", der vielfältigen Befehle dieser Sprache, war gefordert. Mittlerweile existieren zahlreiche Programme, darunter auch Freeware[6], die eine grafische Oberfläche anbieten. Ähnlich einem Layout-Programm kann man mit ihnen: Texte importieren, eingeben, auszeichnen sowie Bilder, Grafiken, Video- und Tonsequenzen einbinden und all diese Elemente so plazieren, wie es den eigenen Vorstellungen entspricht. Diese Programme erzeugen den dazugehörigen HTML-Code dann selbständig. Der entscheidende Punkt ist jedoch die Verknüpfung der auf beliebigen Seiten vorliegenden Informationen bzw. Materialien untereinander. Dies leisten sogenannte „links". Das können einzelne Wörter, ganze Phrasen, aber auch Bilder, Symbole etc. sein, die grafisch hervorgehoben werden und – klickt man auf sie – eine andere, thematisch bedeutsame Informationseinheit aufrufen, die wiederum links enthält usw. usf. – Soviel zum Konzept von Hypermedia.

Was ist nun das Interessante, das Innovative daran? – Die von der Drucktechnik bestimmte weitgehende Linearität herkömmlicher Texte wird hier aufgehoben und durch ein collagiertes Informationsnetzwerk ersetzt. Für den Leser bedeutet dies, daß der Rezeptionsvorgang individualisiert und zu einer Interaktion im eigentlichen Sinne wird. Er bewegt sich je nach Interesse in diesem Netz, und es entstehen so jeweils darauf zugeschnittene Texte. Vice versa kann der Schreiber die vielfältigen Beziehungen, die zwischen Gedankengängen, zu Gegenpositionen etc. bestehen, durch Hyperlinks darstellen. Eine komplexe Struktur ist so direkter und, ohne ihr eine künstliche hierarchische Ordnung aufzuzwingen, abbildbar. Gleichwohl muß er darauf achten, daß in sich abgeschlossene, diskrete Informationseinheiten entstehen und die von ihm vorgenommenen Verknüpfungen eine sachlich konsistente Darstellung gewährleisten. HTML-Programme (z. B. FrontPage oder AOL-Press) bieten also eine doppelte Chance: zum einen gestatten sie es, Problemstellungen, Lerngegenstände in ihrer Komplexität sachlich angemessener zu repräsentieren und dabei multimedial zu arbeiten, zum anderen fördern und fordern sie einen konstruktiven Umgang mit den Informationen. Beides korrespondiert mit neueren lernpsychologischen Grundsätzen, die inzwischen auch in der didaktischen Diskussion verstärkt propagiert werden. Diese mit Hypermedia sich er-

---

[6] Darunter ist das Programm „AOL-Press" besonders empfehlenswert. Es bietet einen mehr als ausreichenden Funktionsumfang, beherrscht die Frame-Technologie und liegt für verschiedene Betriebssystemebenen vor.

öffnenden Möglichkeiten sollten auch im Fach Pädagogik als Herausforderung betrachtet und angenommen werden. Es dürfte sich lohnen – unter der Prämisse, daß Schülerinnen und Schüler eigenaktiv, kommunikativ und konstruktiv lernen sollen.

Auf einen einschlägigen Erfahrungsbericht sei hier nur kurz eingegangen und ansonsten verwiesen[7]. In einem Leistungskurs der Stufe 11/II ist eine hypermediale Lerntipbörse erarbeitet worden. Dies geschah in mit unterschiedlichen Themen zum Bereich Lerntechniken befaßten Gruppen. Die Vorbereitungen dazu verlangten nicht mehr Aufwand als die bei anderen Projekten. Die Erfahrungen der Schülerinnen mit dieser neuen medialen Form der Informationsverarbeitung waren durchaus nicht frei von einigen Irritationen. Aber sowohl sie als auch die Unterrichtende ziehen ein positives Resümee, bei dem auch die kommunikativen und sozialen Prozesse hervorgehoben werden. Und das von dem Kurs erstellte Produkt ist durchaus gelungen, wenn auch die Technik der Verknüpfung von Informationseinheiten zwischen den einzelnen Teilbereichen des Themas Lerntechniken nicht so genutzt wurde, wie es möglich gewesen wäre.

## Der virtuelle Schüler – Ein Szenario der besonderen Art

Mitte 1998 wurde im Magazin „telepolis" ein Artikel zu dem neu entwickelten System „Pebbles" veröffentlicht. Kernstück dieses Systems ist ein Teleroboter, der stellvertretend für Schüler am Unterricht teilnimmt. Die Mitschüler und der / die Unterrichtende können den Abwesenden dabei auf dem Bildschirm des Roboters sehen und mit ihm sprechen. Geplant ist, einen Scanner und einen Drucker zu integrieren, um auch Schriftliches austauschen zu können. Bei Versuchen, die der Erfinder, Graham Smith, durchführte, habe sich ergeben, daß der technische Doppelgänger in recht kurzer Zeit in den Klassen akzeptiert und sogar mit dem Namen des von ihm vertretenden Kindes angeredet worden sei. Und die nur telepräsenten Kinder hätten genauso viel gelernt, als wären sie wirklich anwesend gewesen.

Entwickelt wurde dieser Teleroboter, damit Kinder, die sich im Krankenhaus befinden, den regulären Unterricht nicht versäumen müssen. Das erklärt sein Erfinder. Die 120.000 Dollar, die pro Einheit avisiert sind, passen jedoch nicht so ganz zu diesem fürsorglichen Impetus. – Sei es, wie es sei. Wenn „Pebbles" wirklich auf den Markt kommen sollte, dann weiß ich, was zu tun ist. Alle Ersparnisse zusammenkratzen und ihn kaufen, einen guten Bekannten, seit Jahren ein begnadeter Elektronikfreak, überreden, eine Videoeinheit und ein CD-ROM Laufwerk einzubauen – und der tagtägliche Unterrichtsstreß hat sich endlich erledigt. Denn was Schülerinnen und Schülern recht ist, dürfte uns doch wohl billig sein. Bleibt nur noch das leidige Problem der Korrekturen. Aber ich hoffe, auch da wird bald einem findigen Zeitgenosse eine virtuelle Stellvertreterlösung einfallen.

---

[7] Vgl. G. Gutheil / H. Schuhmachers: Pädagogische Herausforderungen der Neuen Medien. Überlegungen dazu und ein Bericht über ein Projekt. In: PädagogikUnterricht, 18. Jg. (1998), H. 4, S. 2ff.

UDO W. KLIEBISCH / KARL HEINZ BASTEN

# Ganzheitlich Lernen lernen

Schüler sind auch nur Menschen. Schüler reagieren wie Menschen. Die Situation der Schüler ist in den letzten Jahren spürbar anspruchsvoller geworden: neue Lerninhalte, zunehmende Eigenverantwortlichkeit im Lernen, vermehrte Ansprüche in den Abiturprüfungen und eine angespannte Situation auf dem Arbeitsmarkt fordern die Schüler heute mehr als früher. Die Schüler können oftmals die Bedingungen ihrer persönlichen Lernsituation nur wenig beeinflussen. Aber sie könnten ihre Einstellung zu diesen Bedingungen ändern, so dass sie sich wohler fühlen.

Der Unterricht in Erziehungswissenschaft kann einen sinnvollen Beitrag dazu leisten, die Bedingungen zu verbessern, unter denen Schüler lernen und arbeiten. Unterrichtsreihen zum Thema „Lernen" sind seit langem verpflichtender Bestandteil der Kurse in EW. Hier bietet sich für den Lehrenden die Möglichkeit, den Schülern konkrete Anregungen dafür zu geben, wie sie

- ihren Arbeitstag organisieren,
- ihr Lernen effizienter gestalten,
- ihre Motivation steigern und
- ihre Ressourcen besser nutzen können.

Zwei grundlegend unterschiedliche Zugänge zum Thema „Lernen lernen" sind denkbar: a) Ein technizistischer Zugriff würde Gehirnvorgänge, Gedächtnisspeicher und Behaltens- und Vergessenskurven behandeln. b) Ein ganzheitlicher Zugang dagegen könnte sich damit allein nicht begnügen; er würde sich auch damit beschäftigen müssen, welche körperlichen, seelischen und sozialen Voraussetzungen beim Lernenden erfüllt sein müssen, um ein Lernen mit Spaß und Erfolg wahrscheinlich zu machen.

Gerade ein solch ganzheitlicher Zugriff auf das Thema „Lernen lernen" sollte sich im EW-Unterricht ereignen; so kann erziehungswissenschaftlicher Unterricht helfen, die Rahmenbedingungen zu schaffen, die den Schülern ihr Lernen angesichts der neuen Anforderungen angenehmer und durchschaubar gestalten. Transparenz in der persönlichen Lernsituation wiederum ist Voraussetzung dafür, die individuelle Einstellung dieser Situation gegenüber zu verändern, wenn schon die Situation selbst nicht zu ändern ist. Die Modifikation von Einstellungen aber stellt bereits ein komplexes Lernziel dar, dessen Erreichen mit der Bewältigung konkreter Lebenssituationen identisch ist.

## Wie lassen sich Einstellungen ändern?

Eine Veränderung von Einstellungen setzt die Kenntnis darüber voraus, wie Einstellungen entstehen. Menschen entwickeln ihre Einstellung zur Welt über drei Interpretationsebenen. Sie machen sich Gedanken zur Wirklichkeit, reagieren auf die Wirklichkeit körperlich und die Menschen produzieren jene Gefühle, die zu ihren Gedanken und Körperreaktionen passen. Das Ergebnis dieses Interpretationsprozesses ist die subjektive Sicht der Wirklichkeit, nicht aber die Wirklichkeit selbst. Es ist eine Landkarte der Welt, nicht aber das Gebiet. Auf diese subjektive Landkarte der Wirklichkeit reagieren die Menschen. Menschen reagieren also auf die Einstellungen, die sie zur Welt haben. Verändert man demnach die subjektive Landkarte, die ein Mensch von einer Situation hat, so kann man auch sein Handeln, seine Reaktionen auf diese Situation verändern.

## Frage also: Welche Interventionen sind möglich?

Wie lassen sich Belastungen der Schüler abschwächen? Wie genau können Schüler ihre Zufriedenheit steigern, ohne die Welt zu verändern? Wie können Schüler sich ändern? Möglichkeiten der Intervention sind auf allen drei Ebenen der Interpretation gegeben. Und gleichgültig, auf welcher Ebene man ansetzt, man wird erfolgreich sein. Da die Ebenen der Interpretation miteinander vernetzt sind, wird ein Eingriff an einer spezifischen Stelle A immer auch die beiden anderen Ebenen mit beeinflussen.

Menschen können über bestimmte Techniken des Konditionierens lernen, ungünstige Gedanken durch vorteilhafte auszutauschen. Man kann Atem- und Entspannungsübungen durchführen, die unmittelbar an den Körperreaktionen ansetzen. Und schließlich kann man auch seine Gefühle direkt beeinflussen. Über eine Beeinflussung der Gefühle zu einer Situation oder einem Phänomen beeinflußt- beeinflusst man zugleich die innere Einstellung der Situation oder dem Phänomen gegenüber. Bei diesem Prozess leistet das Neurolinguistische Programmieren (NLP) gute Dienste.

Der Mathematiker und Psychologe Richard Bandler und der ehemalige Linguistik-Professor John Grinder gelten als die Begründer des Neurolinguistischen Programmierens. Mit Rückgriff auf verschiedene Wissenschaftsbereiche wie u. a. die Kybernetik und die Kommunikationstheorie entwarfen Bandler und Grinder verschiedene therapeutische Interventionsmuster, die schließlich von anderen Autoren aufgegriffen und weiterentwickelt worden sind.

Bandler (1992, 19) selbst rückt NLP in einen im weitesten Sinne pädagogischen Kontext und betont denn auch als „ein wesentliches Charakteristikum des NLP [...] eine bestimmte Art und Weise, menschliches Lernen zu betrachten. Statt von

Therapie zu sprechen sei es „angemessener [...], NLP als lernpädagogischen Prozess zu bezeichnen. Im Grunde genommen entwickeln wir Methoden, um Menschen beizubringen, wie sie ihr eigenes Gehirn nutzen können." Dabei werden durch NLP im allgemeinen keine neuen Techniken kreiert, sondern solche, die im Alltag weitgehend unbewusst ablaufen, dem Bewusstsein zugänglich gemacht, um auf diesem Wege gezielte Veränderungen des subjektiven Erlebens zu ermöglichen.

Als eigenständige Leistung des NLP gilt das wohl von Bandler allein entdeckte und entfaltete Konzept der Submodalitäten. Wenn Menschen ihre Umwelt wahrnehmen, dann tun sie dies nicht ungefiltert. Neurologische, soziologische und individuelle Einschränkungen verändern die äußere Wirklichkeit beim Durchgang durch verschiedene Verarbeitungsprozesse in unserem Gehirn. Das Ergebnis dieses internen Interpretationsprozesses ist die subjektive Sicht der Wirklichkeit, die subjektive Landkarte von dem, wie die Wirklichkeit tatsächlich ist.

Die subjektive Landkarte, die sich der einzelne Mensch von der Wirklichkeit schafft, ist in den einzelnen Wahrnehmungskanälen spezifisch organisiert. So können beispielsweise innere Bilder hell oder dunkel, schwarzweiß oder bunt, groß oder klein, scharf oder verschwommen sein; im auditiven Bereich können die Geräusche mono oder stereo, laut oder leise, hoch oder tief sein; auf der kinästhetischen Ebene können sich die Empfindungen intermittierend darstellen, sie können intensiv sein oder im Körper wandern usw. Die NLP-Arbeit mit Submodalitäten gilt als besonders wirksam, da sie die Strukturen der Gehirnprozesse selbst betrifft.

Besondere Beachtung verdient für das Thema „Veränderung von Einstellungen und Gefühlen" die jeweils im Blick auf die Erinnerung gewählte Wahrnehmungsposition. Man kann assoziiert oder dissoziiert sein. Ist jemand assoziiert, erlebt er die Repräsentation noch einmal mit eigenen Augen und Ohren, so als ob jetzt alles noch einmal geschehen würde, wie es damals geschah. Ist jemand dissoziiert, nimmt er das Ereignis als Zuschauer seiner Erinnerung wahr und betrachtet sich dabei selbst von außen. In assoziiertem Zustand hat man eine intensivere kinästhetische Wahrnehmung als in dissoziiertem. Eine dissoziierte Haltung einer persönlichen Erfahrung gegenüber einzunehmen bedeutet nicht nur, jene Emotionen abzuschwächen oder sogar aufzuheben, die ursprünglich mit dem Ereignis verknüpft sind. Die Dissoziation erlaubt es der betreffenden Person auch, alternative Gefühle zu entwickeln und so eine beispielsweise assoziiert als belastend empfundene Situation in dissoziiertem Zustand eher für komisch oder peinlich zu halten. Die Fähigkeit zur gezielten Dissoziation und Assoziation kann durch geeignete Übungen trainiert werden und hilft, einerseits belastende Erfahrungen schneller zu verarbeiten bzw. andererseits positive Erinnerungen in einer besonders intensiven Qualität wiederzuerleben.

Natürlich stellt es einen hohen Anspruch an die Professionalität des EW-Lehrers dar, wenn er über ein distanziertes Vermitteln von Lerntechniken hinaus Schülern Hilfestellung geben soll, ihre Einstellungen zum eigenen Lernverhalten zu erkennen, zu kontrollieren und zu verändern. Allerdings: es handelt sich um einen notwendigen Anspruch. Nur ein ganzheitliches Vermitteln von Lern-Knowhow wird den Zielsetzungen gerecht, selbstständiges und eigenverantwortliches Lernen für die Zukunft des Schülers zugrunde zu legen.

## Literatur

Bandler, R.: Veränderung des subjektiven Erlebens. Fortgeschrittene Methoden des NLP. 4. Aufl. Paderborn 1992.

Kliebisch, U.: Das Anti-Stress-Programm. Ein Trainingsbuch zur psychologischen Selbst-Hilfe. Essen 1995 a.

Kliebisch, U.: Kommunikation und Selbstsicherheit. Interaktionsspiele und Infos für Jugendliche. Mülheim 1995 b.

Kliebisch, U.: Nützliche Lügen produzieren! NLP für jeden Tag. Baltmannsweiler 1996 a.

Kliebisch, U.: Psycho-Coaching. NLP und andere Power-Programme für Ihre Zukunft! Baltmannsweiler 1996 b.

Kliebisch, U.: Entspannung – Konzentration. Interaktionsspiele mit Jugendlichen. Baltmannsweiler 1997.

Kliebisch, U. / Basten, K. H.: Lernen wie die Profis. NLP und andere Tricks. Baltmannsweiler 1997.

Kliebisch, U. / Basten, K. H.: Glauben Sie, was Sie wollen. NLP für Lehrerinnen und Lehrer. Baltmannsweiler 1998.

Kliebisch, U. / Basten, K. H.: Coach Yourself. Konflikt- und Zeit-Management für Lehrerinnen und Lehrer. Baltmannsweiler 1999.

# 6. Pädagogikunterricht

# Erziehungswissenschaftliche Reflexionen

INGRID GOGOLIN

## Sprachlich-kulturelle Pluralität als Herausforderung der Pädagogik
Sieben Thesen

## 1

Mehrsprachigkeit und ethnisch-kulturelle Differenz gehören heutzutage hierzulande zu Kindheit und Jugend, denn die Bundesrepublik Deutschland ist de facto ein Einwanderungsland. Es besteht kein Anlaß zu hoffen, daß ethnisch-kulturelle und sprachliche Pluralität ein vorübergehendes Phänomen in Deutschland sei, das sich von selbst erledigt (entweder durch politische Maßnahmen zur Abwehr von Migrationen oder als quasi unvermeidliche Anpassungsleistung – „Integration" – der Einwanderer und ihrer Nachkommen). Das Problem ist viel komplexer; es ist nicht damit getan, den Menschen mit dem Hintergrund der Migration eine ethnisch-kulturelle oder sprachliche „Besonderheit" zuzurechnen und die übrige Gesellschaft als „besonderheitenlos = deutsch" und als homogen anzusehen. Vielmehr besteht eine rasant sich wandelnde, polyvalente kulturelle Lage mit der Konsequenz, daß höchst vielschichtige, schwierige Anforderungen an die individuelle Orientierung und Praxis *aller* Mitglieder der gegenwärtigen und künftigen Gesellschaft gestellt sind.

## 2

Die Institutionen der Bildung und Erziehung (nicht nur in Deutschland) müssen sich immer stärker darauf einstellen, diese Lage zu berücksichtigen. Dazu gehört, daß sie ihr traditionelles Selbstverständnis ändern. Dieses stützte sich auf die implizite Voraussetzung, es finde der Sozialisations-, Erziehungs- und Bildungsprozeß üblicherweise in einer Gemeinschaft seßhafter, rechtlich prinzipiell gleichgestellter Angehöriger eines einzigen Nationalstaats statt. Diese Voraussetzung trifft nicht zu. Erziehung und Bildung können daher nicht länger verstanden werden als Unterstützung der Aneignung von Grundhaltungen bzw. von Kenntnissen und Fähigkeiten, die gesellschaftliche Partizipation bei grundsätzlicher Loyalität zu einer bestehenden Gesellschaftsordnung erlauben, von der man sich die Illusion macht, daß sie prinzipiell über längere Zeit stabil und überschaubar bleibt.

# Sprachlich-kulturelle Pluralität 199

alle: Hamburger

**3**

Ein Innovationsansatz, der die Frage nach den Konsequenzen ethnisch-kultureller und sprachlicher Diversität für Bildung und Erziehung in den Mittelpunkt stellt, ist die Interkulturelle Erziehungswissenschaft. Sie hat den Anspruch, Beiträge zur Bewältigung der komplexen Anforderungen zu leisten, die an die individuelle Orientierung und Praxis der Mitglieder der ethnisch-kulturell und sprachlich pluralen Gesellschaften gestellt sind – seien sie selbst nun gewandert oder nicht.

**4**

Nach den Vorstellungen der Interkulturellen Erziehungswissenschaft gehört es zu den essentiell notwendigen Ansprüchen an pädagogische Tätigkeiten der Erziehung, Bildung oder Beratung, den Menschen in der Einwanderungsgesellschaft über die mythische Vorstellung hinwegzuhelfen, daß eigentlich Seßhaftigkeit und Homogenität in einer Gemeinschaft der Normalfall seien und daß daher das „Fremde" entweder eingepaßt – domestiziert – oder ausgegrenzt werden müsse. Angesichts des rasanten Wandels der Verhältnisse, der zunehmenden Ausdifferenzierung der Lebenswelt ist die Annahme grotesk, der Mensch könne Handlungsfähigkeit erlangen, indem man (als PädagogIn) für ihn komplexe Verhältnisse auf einfache Wahrheiten zurechtstutzt – wie etwa die, es lasse sich eine Gesellschaft begreifen, indem man ihre Mitglieder in „eigene" und „fremde" sortiert.

## 5

Im Kern pädagogischer Tätigkeit steht die lebensbegleitende Sorge um das Individuum. In der sprachlich und kulturell pluralen Lage bezieht sich diese Sorge unter anderem darauf, daß viele Menschen die mit großer Geschwindigkeit vonstatten gehenden tiefgreifenden sozialen, politischen, technisch-kulturellen Umwälzungen als verunsichernd, wenn nicht gar bedrohlich erleben – und sich deshalb auf die Suche nach Sicherheiten begeben. Solche Sicherheiten werden nur zu leicht in Konstruktionen gesehen, die vordergründig helfen, die Komplexität der uns umgebenden Phänomene und Anforderungen zu reduzieren. Zu den Konstruktionen dieser Art gehört die Einteilung der Welt in paarweise Gegensätze, deren einer Teil die Negation des anderen darstellt – „Gut" und „Böse", „Selbst" und „Fremd", „Wir" und „Die Anderen".

In dieser Strategie des Aufbaus einer Fiktion von Ordnung liegt für viele Menschen die Hoffnung, den Kampf gegen das Unbestimmte zu gewinnen. Diese Hoffnung aber ist trügerisch, wie man auch aus historischer Erfahrung weiß. Aus ihr resultiert nicht selten hilflose, im üblen Falle gewaltförmige Praxis, da für die Momente der Ungewißheit, Uneindeutigkeit kein Reflexions- und Handlungsrepertoire zur Verfügung steht.

## 6

Die pädagogische Tätigkeit einer lebensbegleitenden Sorge um das Individuum muß dabei unterstützen, daß das Leben in der Einwanderungsgesellschaft von allen ihren Mitgliedern als eine gemeinsame Lage begriffen werden kann, an deren Gestaltung sie Anteil haben und für die sie Verantwortung tragen. Es gehört zur Übernahme dieser Verantwortung, daß die Gewährung gleicher Rechte und Berechtigungen angestrebt wird; nur auf deren Basis können die unterschiedlichen Lebensformen und Lebensäußerungen legitim existieren, ohne daß Verschiedenheit und Vielschichtigkeit auf das Individuum bedrängend oder bedrohlich wirken.

## 7

Pädagogische Tätigkeit in diesem Verständnis fördert die Fähigkeiten zum Durchschauen, zur Dekonstruktion gesellschaftlicher Verhältnisse, in denen Ungleichberechtigung angelegt ist; dabei gilt die besondere Aufmerksamkeit denjenigen Aspekten, in denen dies an ethnisch-kulturellen Linien entlang geschieht. Die Pädagogin, der Pädagoge tragen dazu bei, daß die Nachwachsenden die nötigen Fähigkeiten zum selbstbestimmten, entspannten, vielleicht sogar lustvollen Umgang mit Verschiedenheit entwikeln können – was zuweilen auch bedeuten kann: die Kompetenz zum Aushalten von Differenz.

VOLKER LADENTHIN

# Pädagogik – Nadelöhr des Wissens

Neben dem Pfarrer und dem Bürgermeister gehörte früher einmal der Lehrer zu den Honoratioren der kleinen Gesellschaft. Man sah in ihm diejenige Autorität, die – neben der Ordnungsmacht des Bürgermeister und der Spiritualität des Pfarrers – das notwendende Wissen besaß und bezogen auf die Sitte weiterzugeben verstand. Dies war nicht nur eine vernunftgemäße Gewaltenteilung. Vielmehr klang in der Achtung vor dem Pädagogischen die Erinnerung nach, daß die Grundsteine des alteuropäischen Hauses – die griechische Philosophie und der christliche Glaube – von Lehrmeistern gelegt worden waren. Sokrates wie Jesus haben als Pädagogen gewirkt und Wirkung gehabt – nicht durch gelehrte Schriften, sondern durch unmittelbare Lehre und praktische Tat. Ihr Wissen, ihr ganzes Leben ist in der Lehre aufgegangen.

Das ist lange vorbei. Pädagogisches Denken erringt keine noblen Preise und pädagogische Praxis ist von geringer Beachtung bei noch geringerer gesellschaftlicher Achtung. Dies drückt sich herzlos aber klar mit ökonomischer Deutlichkeit in den Summen aus, die für „sämtliche Bereiche" der Bildung ausgegeben werden. Das neuste Weissbuch der Europäischen Kommission belegt, daß Deutschland den Tiefenrekord hält: an öffentlichen Geldern investiert das Land Herbarts und Humboldts 3,7 % des deutschen Bruttoinlandprodukts in die Bildung – gegenüber 4,1 % in Großbritannien, 5,1 % in Frankreich, 6,2 % in Dänemark und fast dem Doppelten, nämlich 7,3 % in Finnland.

Hochschullehrer, die fordern, daß an den Universitäten endlich das Krebsgeschwür der Pädagogik zu beschneiden sei, erhalten nicht selten Beifall, selbst von den Vertretern lehrerausbildender Fächer. Und im mediterranen Ferienclub einzugestehen, daß man Lehrer sei, könnte als Selbstbezichtigung belächelt werden und für den Rest der Ferien zur sozialen Isolation führen.

Dieser Bedeutungsschwund einer einstmals hoch geachteten Lebenspraxis ist weder monokausal noch durch Unterstellungen böser Absicht oder begrenzter Einsicht zu erklären. Die Umwertung hat viele Gründe, und nicht zuletzt haben die Pädagogen selbst zu diesem Wertewandel beigetragen. Zwei Argumentationsmuster haben die Aura des Pädagogischen zerstört.

Zum einen sind es die pädagogischen Allmachtsphantasien. Die Pädagogen versprachen, durch die Pädagogik könne in überschaubarer Zeit eine bessere Gesellschaft geschaffen werden. Man versprach – wie Lessing – die Erziehung des Menschengeschlechts, wenn nicht zum Ewigen Frieden, so doch zu Fortschritt und Emanzipation.

Und die Pädagogik versprach, die Menschen endlich von den Mühen des Lernens zu befreien. Obwohl der Nürnberger Trichter den Eseltest nicht bestanden hatte, glaubte ausgerechnet die Pädagogik, entdeckt zu haben, daß Kinder von sich aus selbst den Satz des Thales lernen wollen, wenn man sie nur läßt. Oder man verlegte das Lernen ins ausgelagerte Gehirn: Taschenrechner, PC oder Internet. Dort läßt man lernen. Lernen ohne Anstrengung, Lernen als Spaß – schön war's gedacht. Schön wär's gewesen. Denn außer der Sesamstraße ist von dieser schönen neuen Welt nur die Kampagne „Schulen ans Netz" übrig geblieben. Und die ist nicht lange mehr finanzierbar.

Nun muß man im Schulalltag wieder Vokabeln büffeln, Formen abfragen, Formeln auswendig und anwenden lernen, muß mit den Kindern die Mühsal des Lernens tragen und ertragen: Mit Schweiß zum Gipfel der Wahrheit – und man ärgert sich zu Recht über die, die versprochen hatten, daß man mit dem Fahrstuhl in den Wissensolymp gelangen könnte.

Zugleich hat die Pädagogik einen Großteil ihres ererbten Kapitals aber auch dadurch verspielt, daß sie sich als unzuständig für viele jener Handlungsfelder erklärt hat, die traditionell mit der Pädagogik bestellt wurden. Gefragt nach Erziehungszielen, greifen viele Pädagogen schnell aufs Grundgesetz oder die Menschenrechte zurück, so, als ob Juristen die besseren Pädagogen wären. Die Forderung nach „Öffnung von Schule" schustert ausgerechnet dem alltäglichen Leben jene Fähigkeit zu, die man eigentlich bei Pädagogen erwarten sollte: Bei der Vorbereitung für's Leben zu helfen. Die Schulpädagogik hat sich lange Zeit auf die Erforschung von Unterricht beschränkt, aus der Sozialwissenschaften geborgte Sozialisationstheorien nocheinmal bestätigt, nicht aber die Erziehungsaufgabe wahr- und als Forschungsgebiet ernstgenommen. Sie hat vor den Medien kapituliert. Pädagogisch veredelte Sendungen sucht man im Fernsehprogramm wie eine Maus im Heuhaufen.

Und schließlich: Adornos normenkritisch gemeinte Frage „Erziehung – wozu?" mutierte in ihre Umkehrung: „Wozu Erziehung?" Die Anti-Pädagogik wässerte vergorene Ressentiments gegen den eigenen Mathematiklehrer zur gesellschaftsfähigen Theorie auf. Alice Millers Anklage, daß am Anfang allen Übels auf der Welt die Erziehung stehe, versuchte denen, die noch erzogen, ein schlechtes Gewissen zu machen.

Die Destruktion pädagogischen Denkens provozierte den kommerziellen Therapieboom ebenso wie unzählige Selbstfindungsgruppen und religiösen Sekten. Sie sind Ersatzorganisationen für diejenigen Menschen, die in pädagogischen Institutionen genau das nicht finden konnten, was man dort finden sollte: sich selbst nämlich und eine Orientierung.

Dabei liegt sowohl in den pädagogischen Allmachtsträumen wie in den Inkompetenzängsten etwas Wahres verborgen. Das Pädagogische ist – neben dem Sachlichen, Ethischen, Künstlerischen und Religiösen – „ubiquitär". Jedes Sprechen und Handeln eines Menschen läßt sich befragen, ob es wahr, moralisch, schön und gottgefällig ist – und muß sich vor ihren Ansprüchen rechtfertigen. Und jedes Sprechen und Handeln kann pädagogisch befragt werden: Alles Reden will verstanden, alles Schreiben gelesen, alles Tun beachtet werden. Aber wie schafft man es, daß man nicht über den anderen wegredet oder ihn überredet, sondern überzeugt? Wie schreibt man so, daß man nicht nur gedruckt, sondern auch beherzigt wird? Wie spricht man so, daß es nicht zum einen Ohr rein und zum anderen hinaus geht? All dies sind pädagogische Fragen – und niemand, der redet, schreibt oder handelt kann diesen Fragen ausweichen. Er kann allerdings vor ihnen Augen und Ohren verschließen.

Auch die Wissenschaften sind in ihrer Grundanlage pädagogisch befragbar. Sie suchen nicht nur Erkenntnisse, sondern auch Anerkennung. Da sie eben keine Geheimwissenschaften mehr sind, sondern ihren Wahrheitsanspruch durch Offenlegung ihrer Forschungsmethoden und deren Überprüfung bzw. Verbesserung einlösen, kommt gerade der Selbst-Darstellung lebenserhaltende Bedeutung zu. Nur dasjenige ist auch wissenschaftlich anerkannt, das sich als anerkennenswert präsentiert. Jedes hochwissenschaftliche Lehrbuch muß sich Gedanken über Auswahl und Anordnung des Wissens machen und über die Sprache, in der es den Leser zu diesem Wissen führt: Allsamt altbekannte didaktische Fragen. Die Hochschullehre noch des entlegensten Forschungsgebietes muß plausible Gründe vortragen können, warum das Ministerium diesem Fach Geld geben, warum man dieses Fach und wie man es studieren soll, damit es zur Bildung des Menschengeschlechts beiträgt: Die Pädagogik ist das Nadelöhr des Wissens.

Zugleich aber – und nur in scheinbarem Gegensatz – hat auch der Rückzug der Pädagogik aus den unterschiedlichen Geschäftsbereichen der Gesellschaft seinen fundamentalen Grund: Pädagogisches Handeln ersetzt kein Wissen, es setzt Wissen voraus. Pädagogisches Handeln setzt Wissen in Geltung. Alles kann wohl mit Pädagogik geschehen – aber nichts aus der Pädagogik. Die Pädagogik ist folglich auch kein Pflaster für die Wunden der Gesellschaft. Kein Heilmittel, wenn es in einer Gesellschaft zerrt und gärt. Sie ist keine stille Reserve gegen den Werteverfall. Sie ist kein Feuerlöscher, wenn Häuser und Heime brennen. Pädagogik bewirkt nichts – jedenfalls nicht so, wie Feuerwehrspritzen, Kopfschmerztabletten, Knüppel oder Daumenschrauben etwas bewirken. Die Pädagogik legt nicht fest – sondern setzt frei, damit sich die Menschen selbst festlegen. Die Pädagogik verfügt über keine Machtmittel. Ein Pädagoge kann – wie es in einem englischen Sprichwort heißt – das Pferd wohl zur Tränke bringen, aber nicht zum Trinken zwingen. Die Pädagogik hat – wie ihre Prototypen – nur das lebendige Wort.

Vielleicht ist es die Gleichzeitigkeit von Ubiquität und Wirkungslosigkeit, die man den Pädagogen übelnimmt. Nur indiziert man nun – statt Schierlingsbecher oder Kreuz – die Totaloperation, um das lästige Krebsgeschwür loszuwerden.

MICHAEL P. SAUTER

## „Pädagogisierung" des Pädagogikunterrichts? – Nein, danke!
Eine kritische Anfrage an den Unterricht in Erziehungswissenschaft im Anschluss an Hermann Gieseckes These zum „Ende der Erziehung"

„Meine Erwartungen an einen guten Pädagogikunterricht" möge ich kurz darstellen, so lautet die Bitte der Herausgeber für den vorliegenden Beitrag. Nicht zu lang soll er sein, aber auch nicht zu kurz – und mir schiessen tausend Gedanken dazu durch den Kopf. Aber mit welchem ich auch anfange, immer komme ich an einen Punkt, wo ich glaube, erst einmal einige grundlegende didaktische, methodische und curriculare Bedingungen (er)klären zu müssen. Dafür braucht man aber mehr Raum – und heraus käme vielleicht eine neue Fachdidaktik. Da die Herren Stiller mit der *Dialogischen Fachdidaktik Pädagogik* (Paderborn 1997) und Beyer mit dem *Handlungspropädeutischen Pädagogikunterricht* (in 3 Bänden, Baltmannsweiler 1997f.) genau dies aber erst unlängst getan haben, erspare ich der Leserin und dem Leser längere Ausführungen meinerseits dazu und empfehle ihnen stattdessen beide Fachdidaktiken zur Lektüre. Der Verweis darauf entlastet mich bei meinen nachfolgenden Ausführungen, die sich jetzt einem kleinen Ausschnitt dieser komplexen Fragestellung zuwenden können. Dabei wird mir noch einmal bewußt, dass es für jede Fachlehrerin und jeden Fachlehrer mit Blick auf die konkreten Bedingungen ihrer Lerngruppen eine gewisse Bandbreite bei der Beantwortung der Frage nach einem „guten" Pädagogikunterricht geben wird. Von daher scheint es mir ergiebiger zu sein, nach einem geeigneten Kriterium dafür zu suchen.

Was nun also könnte ein Kriterium für einen „guten" Pädagogikunterricht sein? – Die Verwendung des Adjektivs „gut" ist inzwischen in der schulpädagogischen Forschung zu einem weit verbreiteten Stereotyp geworden, wenn man an die zahlreichen empirischen Untersuchungen, Analysen, Befunde und Handlungsanweisungen im Kontext der „Gute-Schule-Forschung" [vgl. z. B. K. Aurin (Hrsg.): *Gute Schulen – Worauf beruht ihre Wirksamkeit?*. Bad Heilbrunn ²1991; K.J. Tillmann (Hrsg.): *Was ist eine gute Schule?*. Hamburg ²1994] denkt.

Ein Merkmal der „guten" Schule, das neben anderen dort häufig genannt wird, ist die positive Gestaltung der Beziehung zwischen Lehrenden und Kindern in Schule und Unterricht, insbesondere auch, „daß dabei Sorgen, Ängste und Bedürfnisse der Kinder gesehen und in die eigenen Überlegungen einbezogen werden" (Tillmann 1994, S. 8) oder, wie Fend formuliert, "'Ich bin da und die anderen wissen das' – dies ist eine wichtige Grundstimmung." und „In guten Schulen ist eine freundliche, lockere Atmosphäre spürbar, Lehrer sind gerne dort, Schüler fühlen sich wohl und Eltern haben den Eindruck, ihr Kind, Ruth oder Miriam oder Moritz ist dort gut aufgehoben. Sie werden gefordert ohne überfordert zu werden, sie gehören dazu ohne in allem besser sein zu wollen, sie wachsen und gedeihen." (H. Fend in: Tillmann 1994, S. 19). Diesem Merkmal kann sicher jeder Lehrende grundsätzlich zustimmen, und wahrscheinlich wird es im Pädagogikunterricht, der ausdrücklich dem Prinzip der Schülerorientierung verpflichtet ist (LP EW SI, S. 29 und S. 53ff.) und der Hilfen zur Entfaltung personaler Identität (vgl. LP EW SII) anbietet, oftmals in besonderem Maße rezipiert.

Dagegen ist sicher nichts einzuwenden, solange auch die übrigen Aufgaben und Ziele des Faches Erziehungswissenschaft im Unterricht in angemessener Weise wahrgenommen und angestrebt werden, wie sie z.B. im ersten Kapitel der nordrhein-westfälischen Lehrpläne Erziehungswissenschaft für die Sekundarstufe I des Gymnasiums (1997) und für die gymnasiale Oberstufe (1999) beschrieben werden. Dass dies in der täglichen Praxis jedoch nicht immer ausgewogen gelingt, ist ein offenes Geheimnis.

In diesem Zusammenhang möchte ich dem Vorwurf Hermann Gieseckes nachgehen, dass sich die „Pädagogisierung der Kinder und Jugendlichen" in der Familie wie auch in Schule und Unterricht verselbständigt habe, und ihn auf den Pädagogikunterricht spiegeln. Dazu angeregt hat mich eine Fortbildungsveranstaltung im Fach Erziehungswissenschaft zum Thema „'Ende, Grenzen oder Transformation von Erziehung?' – Inhaltliche und didaktische Folgerungen für den Unterricht in Erziehungswissenschaft" in Wuppertal im Herbst 1998, der Herman Gieseckes Buch *Das Ende der Erziehung. Neue Chancen für Familie und Schule.* (Stuttgart 1996, 1985) zugrunde lag. Auch wenn man Gieseckes These im Ganzen distanziert gegenübersteht, kann seine Argumentation den Blick auf den Unterricht im Allgemeinen und auf den Pädagogikunterricht im Besonderen doch schärfen und zu kritischen Anfragen führen.

## Gieseckes Vorwurf der „Pädagogisierung der Kinder und Jugendlichen"

Hermann Giesecke zählt zu den Initiatoren der kritisch-emanzipatorischen Pädagogik und ist vor allem durch seine Arbeit zu Fragen der politischen Bildung und zur außerschulischen Jugendarbeit bekannt geworden. In jüngster Zeit hat er sich sehr kritisch mit dem Zustand der Schule und den verschiedenen Reformbemühungen auseinandergesetzt (vgl. dazu H. Giesecke: *Wozu ist die Schule da?.* Stuttgart 1996).

Mit seinem zuerst 1985 erschienenen Buch *Das Ende der Erziehung...* greift der Autor im Anschluß an Neill Postman (*Das Verschwinden der Kindheit*, Frankfurt 1983) die Frage auf, ob die Idee von der „Kindlichkeit des Kindes" nicht aufzugeben sei, wenn unumkehrbar gewordene gesellschaftliche und kulturelle Entwicklungen die Bedingungen und Voraussetzungen dafür haben zusammenbrechen lassen. Giesecke sieht diesen Zustand für unsere Gesellschaft inzwischen vor allem dadurch erreicht, „daß der Anteil persönlich verantworteter Erziehung zurückgeht und zurückgehen muß zugunsten anonymer Sozialisationssysteme, die insbesondere über die Massenmedien und die Gleichaltrigengruppen funktionieren" (Giesekke 1996, S. 23). Mit der Aufgabe dieser Idee entfällt seiner These zufolge aber die wesentliche Legitimationsgrundlage für Erziehung, wie sie in unserer Gesellschaft verstanden wird. Deshalb hält er den Zeitpunkt für gekommen, „daß wir – abgesehen von den ersten Lebensjahren – von dieser Idee – Kindlichkeit des Kindes – Abschied nehmen müssen, damit auch vom traditionellen Begriff von 'Erziehung', und daß wir gut daran tun, Kinder wieder wie kleine, aber ständig größer werdende Erwachsene zu behandeln" (S. 22f.). „Das Kind *ist* schon ein Mensch, es muß nicht von Erwachsenen erst dazu gemacht werden. Erwachsene sind nötig als professionelle Lernhelfer (z. B. Lehrer), oder als Menschen, die rund um die Uhr mit Kindern zusammenleben und ihnen Gelegenheit geben, in die soziale Realität hineinzuwachsen. Dazu gehören Konflikte und Auseinandersetzungen wie unter Erwachsenen auch. Aber das strategische Leitmotiv muß sein, daß die Kinder *Subjekte* ihres Lebens und ihrer Lernprozesse bleiben und nicht zu *Objekten* erzieherischer Manipulation werden." (S. 16.). Der Autor glaubt jedoch ausgemacht zu haben, dass gerade dies in der Erziehungspraxis unserer Gesellschaft de facto immer weniger beachtet werde und stattdessen eine zunehmende Tendenz zur Pädagogisierung und Therapeutisierung – über das Kinder- und Jugendalter hinaus bis in das Erwachsenenalter – zu beobachten sei. Als eine wesentliche Ursache dafür macht er den Verlust der Zukunftsorientierung, die er als konstitutives Element der bürgerlichen Erziehung sieht, zugunsten einer überwiegend an der Gegenwart, d. h. an den aktuellen Stimmungen und Bedürfnissen der Kinder und Jugendlichen orientierten Erziehung aus, die diesen Namen nicht mehr verdiene. Die Forderung nach einem „Ende der Erziehung" ist für ihn die logische Konsequenz aus dieser gesellschaftlichen Entwicklung.

Die Radikalität seiner These solle – so Giesecke in seinem Vorwort zur Neuauflage 1996 – den Erziehungsbegriff in seinem überkommenen Verständnis zur Debatte stellen und dabei den Blick frei machen für einen Wechsel der Perspektive: „*Weg vom erziehenden Erzieher und hin zum lernenden Kind*, das sein Leben von Anfang an selbst entwirft, das aber dabei auch vielfältiger Hilfen vom Erwachsenen bedarf" (S. 16), die der Autor an anderer Stelle als „pädagogische Einwirkung bzw. Intervention" (S. 10) verstanden wissen möchte. Im Unterschied zu Postman sieht Giesecke das „Verschwinden der Kindheit" und das postulierte „Ende der Erziehung" allerdings positiv, weil damit auch „neue Möglichkeiten des Umgangs zwischen Erwachsenen und Kindern eröffnet" werden (S. 25).

Gieseckes These und die ihr zugrunde liegenden Annahmen sind zum Teil auf heftigen Widerstand gestoßen. So weist nicht nur Erich Weber (*Pädagogik. Eine Einführung*. Band I, Teil 1. Donauwörth ⁸1995; S. 186f.) darauf hin, dass die Preisgabe erzieherischer Verantwortlichkeit pädagogisch betrachtet äußerst bedenklich und problematisch sei. Ohne hier jedoch auf die Kritik näher eingehen zu können – dazu sei auf die Neuausgabe des Buches von 1996 verwiesen, in der sich der Autor im Vorwort mit den Argumenten seiner Kritiker auseinandersetzt, und die dort nachgewiesenen kritischen Stellungnahmen und Repliken – wird im Folgenden untersucht, was der Vorwurf der sich verselbständigenden Pädagogisierung beinhaltet und welche Fragen er für den Pädagogikunterricht aufwirft.

Mit „Pädagogisierung" bezeichnet Giesecke die pädagogische Gestaltung eines zubereiteten Erfahrungsraumes für das Kind, in dem es einerseits vor ungünstigen Einwirkungen geschützt und andererseits auf sein künftiges Leben vorbereitet werden soll. Mit dem zunehmenden Verlust der Zukunftsorientierung in der Erziehung und der Konzentration auf die Gegenwart des Kindes jedoch habe sich die Pädagogisierung des Kindes nach Auffassung des Autors radikalisiert und sei zum Selbstzweck beziehungsweise zur Legitimationsgrundlage für pädagogische und therapeutische Berufe geworden. Dabei „wird die an der Realität orientierte Lebensplanung ersetzt durch vielfältige Psychologisierungen, durch die Neigung zur Introspektion – eine Art Abhorchen der eigenen Innerlichkeit – oder durch narzißtische Selbstbespiegelung" (S. 40). Die damit einhergehende Emotionalisierung der Beziehungen und Neu-Definition der Rollen zwischen Edukand und Erzieher sei auf „eine Art von zeitloser und in sich kreisender emotionaler Beziehungsharmonie" (S. 42f.) gerichtet und verstelle so den Blick auf die Zukunft des Kindes mit der Folge, dass die mit Leistung und Mühe verbundene Entwicklung der Fähigkeiten des Kindes nicht gefördert und ihm durchaus schon leistbare Verantwortlichkeit vorenthalten werde.

Daneben sei auch eine zeitliche Ausweitung der Pädagogisierung zu beobachten, indem diese sich von der Beschränkung auf das Kind „gleichsam emanzipiert und sich zu einer allgemeinen gesellschaftlichen Tendenz entwickelt (hat), die alle Altersstufen nach pädagogischen Regeln zu beeinflussen sucht, also auf diese Weise die Unterschiede zwischen den Generationen verwischt" (S. 24). Giesecke sieht hierin eine Tendenz zur Pädagogisierung der gesamten Gesellschaft.

Beide Entwicklungen machen nach Auffassung des Autors deutlich, dass die Idee eines eigentümlichen kindlichen Lebensraumes in unserer Gesellschaft zur Fiktion geworden sei und dass seine Ausdehnung auf die älteren Kinder und die Jugendlichen deren Persönlichkeitsentwicklung nicht mehr fördere, sondern hemme. **Die ausufernde Pädagogisierung führe zu einer Infantilisierung der Kinder und Jugendlichen und verhindere damit letztlich Erziehung.**

## „Pädagogisierung" des Pädagogikunterrichts?

Zwar beziehen sich Gieseckes Ausführungen allgemein auf Schule und Unterricht, aber natürlich muss sich auch der Pädagogikunterricht die Frage gefallen lassen, ob er nicht in der konkreten Unterrichtspraxis einer „Pädagogisierung" im oben genannten Sinne Vorschub leistet und dies möglicherweise noch extensiver (oder intensiver?) als andere Fächer tut, da sein zentraler Gegenstand die Erziehung ist und die Schülerinnen und Schüler folglich zugleich Subjekte und Objekte des pädagogischen / erzieherischen Handelns und der Reflexion darüber sind. Dass dies nicht in seinem Interesse liegen kann, machen die oben erwähnten Beschreibungen der „Aufgaben und Ziele des Faches" in den Lehrplänen und die fachdidaktischen Abhandlungen deutlich.

Gleichsam als Spiegel für die eigene tägliche Unterrichtspraxis werde ich deshalb im Folgenden jene Anzeichen für eine Pädagogisierung der Kinder und der Jugendlichen aufgreifen, die am ehesten auf den Pädagogikunterricht zutreffen könnten, und in Form von drei Anfragen an uns formulieren. Ich bin mir dabei sicher, dass sie und die ihnen zugrunde liegenden Feststellungen Gieseckes zum Widerspruch herausfordern werden. Indem sie dies aber tun, können sie zugleich zum kritischen Maßstab für den eigenen Unterricht werden.

☐ *Wird mein Pädagogikunterricht dem Anspruch gerecht herauszufinden, „wie es wirklich ist", und trägt er dazu bei, Jugendliche und Welt durch „wechselseitige Erschließung" (Klafki) in einen produktiven Austausch zu verwickeln und in der massenmedialen Über- und deshalb auch Desinformiertheit kategoriale Schneisen zu schlagen, um die herum sich angemessene Weltvorstellungen aufbauen lassen? (vgl. S. 143 und S. 149)*

Diese Anfrage verweist auf drei Aspekte und Gefahren der „Pädagogisierung":

- So ist zu fragen, ob nicht der „Eigenwert" der behandelten Sachverhalte hinter ihre Verwertbarkeit beziehungsweise ihre soziale Instrumentalisierung zurückgetreten ist. Ein Unterricht, dem es nicht gelingt, die Schülerinnen und Schüler von ihrem gewohnten Denken, Reden und Meinen zu lösen, pädagogisiert sie nur und enthält ihnen einen Anspruch vor, der sie ein Stück erwachsener machen könnte. Unter dieser Voraussetzung kann Schule den Jugendlichen nicht ernsthaft weismachen, dass sie für sie und ihre Zukunft von Bedeutung sei. Oder wie Giesecke es an anderer Stelle pointiert sagt: „Sich über etwas angeregt unterhalten kann man auch anderswo." (S. 151).

- Weiterhin ist hier nach Giesecke zu fragen, ob nicht der Erziehungsauftrag den Bildungsauftrag überlagert hat. Der Autor fordert mit Nachdruck, dass der auf die Ausbildung von Fähigkeiten zielende Unterricht jeglichen „Erziehungsauftrag" zurückweisen muss, der nicht aus den Bedingungen des Unterrichts notwendigerweise erwächst: „Die Schule ist ... nicht der Ort eines allgemeinen 'sozialen Lernens' – dafür sind die Familie und die Gleichaltrigen da-, sondern der Ort, wo man lernt, gemeinsam mit anderen *geistige* Arbeit – und nicht irgend etwas – zu betreiben. Die Schule kann nur insofern erziehen, als sie die *dafür* nötigen Tugenden und Verhaltensweisen abverlangt." (S. 144f.). Diese radikale Sichtweise stösst, wie die öffentliche Debatte zeigt, auf deutlichen Widerspruch. Dennoch wird sie sicherlich graduell ein Kriterium für einen „guten" Pädagogikunterricht sein müssen.

- Schließlich sollte auch gefragt werden, ob der Pädagogikunterricht nicht durch psychologische Tricks oder Anbiedern versucht hat, die unterhalb der formellen Unterrichtssituation verlaufende „Subkultur" von Jugendlichen mit ihrem eigenen Jargon und ihren eigenen Ritualen zum Gegenstand des Unterrichts zu machen in der Hoffnung, dass dies die Schülerinnen und Schüler motivieren könne. Diese Hoffnung, so der Autor, wird sich in der Regel deshalb nicht erfüllen, weil die Schülerinnen und Schüler „von der Schule etwas anderes, irgendwie 'Wichtiges' erwarten, was sie sich gerade nicht selbst beibringen können. Die Schule nimmt die Schüler nicht zuletzt dadurch ernst, daß sie auch die kulturelle Distanz deutlich macht, die zwischen der Subkultur und ihren eigenen Ansprüchen besteht." (S. 149). Anderenfalls pädagogisiere sie nur.

Ergänzend ist hier noch anzumerken, dass der Autor für die Lehrenden in Anspruch nimmt, dass sie ihre unterrichtliche Autorität nicht nur aus ihrer fachlichen Kompetenz gewinnen, sondern auch daraus, wie sie diese regulativen Ideen geltend machen.

☐ *Kommt es in der Gestaltung meines Pädagogikunterrichts – möglicherweise unter dem Einfluss bestimmter Themen und Gegenstände – zu einer Themenverschiebung in dem Sinne, dass nicht mehr die fachspezifischen Aufgaben und Ziele des Unterrichts im Vordergrund stehen, sondern die Anwesenden selbst zum Thema werden? (vgl. S. 54f.)*

Die Gefahr der „Pädagogisierung" besteht hier nach Giesecke darin, dass z. B. die Auseinandersetzung mit den Erwartungen und Ängsten von Schülerinnen und Schülern dazu führt, das Bestreben nach allgemeinem Wohlbefinden im Unterricht in den Vordergrund zu rücken und deshalb nach Möglichkeit auch die Schwierigkeiten zu beseitigen, „die nun einmal bei jedem Lernprozeß im Prinzip unausweichlich sind, seien sie nun von der Zugänglichkeit der Sache her begründet oder durch die individuelle Lernfähigkeit" (S. 54). Dies nähre nach Ansicht des Autors die Illusion, dass etwas gelernt werden könne, „ohne dafür die nötige Anstrengung, Arbeit und auch den zeitweisen Bedürfnisverzicht leisten zu müssen" (S. 55), und behindere in Wirklichkeit die Entwicklung der kindlichen und jugendlichen Persönlichkeit.

Eng verknüpft mit der Frage nach der Themenverschiebung ist die dritte und letzte Anfrage:

☐ *Respektiere ich im Pädagogikunterricht die Grenze, dass ich nicht Mitglied der Familie meiner Schülerinnen und Schüler bin und infolgedessen weder die Pflicht noch das Recht habe, die ganze Persönlichkeit meiner Schülerinnen und Schüler „in den Griff zu nehmen"? (vgl. S. 148f.)*

Giesecke bezeichnet es als eine Verletzung von Persönlichkeitsrechten der Schülerinnen und Schüler, wenn „die methodische Phantasie unermüdlich auf die Frage gelenkt wird, wie man bei den Teilnehmern „Betroffenheit" erzeugen oder sonstwie ihre Subjektivität knacken kann" (S. 55). Im weiteren Zusammenhang weist er darauf hin, dass weder das Seelenleben des Jugendlichen noch überhaupt der Kern seiner Persönlichkeit die Lehrenden in ihrer Rolle etwas angehen und sie gestörte Kinder, die vielleicht eine Therapie brauchen, ohnehin nicht selbst therapieren können (vgl. S. 148f.).

## Was ist „guter" Pädagogikunterricht?

Auf einen kurzen Satz gebracht lautet nun meine Antwort auf diese Frage: **Ein „guter" Pädagogikunterricht ist ein Unterricht, der eine „Pädagogisierung der Kinder und Jugendlichen" und damit ihre Infantilisierung vermeidet, oder positiv formuliert, der ihnen hilft, ein Stück erwachsener zu werden.**

Ob diese Antwort völlig zufrieden stellen kann, ist eine andere Frage.

Der vorliegende Beitrag jedenfalls konnte und wollte aus gutem Grunde nicht im Sinne einer normativen Vorgabe beschreiben, was ein „guter" Pädagogikunterricht ist, wohl aber eine Perspektive eröffnen, aus der heraus in der konkreten Unterrichtspraxis ein Maßstab gefunden werden kann, um die Ziele und die didaktische und methodische Gestaltung des (eigenen) Unterrichts kritisch unter die Lupe nehmen zu können. Vielleicht regt dies ja bei einigen Leserinnen und Lesern die Phantasie an, aus der Routine auszubrechen und weitere – intersubjektiv nachvollziehbare – Kriterien aufzuspüren, die helfen können, die individuellen Vorstellungen vom „guten" Pädagogikunterricht fortzuentwickeln. Die Einführung der neuen Richtlinien und Lehrpläne für die gymnasiale Oberstufe in NRW zum Sommer 1999 und die damit verbundene Notwendigkeit, die eigenen Unterrichtsreihen zu überarbeiten, würde jedenfalls einen guten Anlass dazu bieten.

MICHAEL GEBEL

# Editionskritik als Ideologiekritik im Pädagogikunterricht der Sekundarstufe II

Jeder schulische Unterricht unterliegt seit mehr als drei Jahrzehnten im dominierenden Bildungsverständnis in Deutschland der Forderung, „wissenschaftsorientiert" sein zu sollen. Die stehende Wendung von der „Orientierung an 'der' Wissenschaft" muss unterrichtstheoretisch aber mindestens zweierlei implizieren: Zum einen geht es stets vor allem um die Orientierung an der jeweils *vorrangigen Bezugsdisziplin* eines Unterrichtsfaches. Berechtigte Interdisziplinarität darf nicht wissenschaftstheoretische und methodische Willkür nach sich ziehen und (als solche allerdings zu benennende) Setzungen in Relativierungen auflösen. Zum anderen geht es stets um eine *„Orientierung"*; eine „Orientierung" schließt aber von vornherein eine „Abbilddidaktik" im Verhältnis von Fachwissenschaft zu Fachunterricht aus.

Der Unterricht in und zur Pädagogik macht seit seiner Einführung als regelmäßig angebotenes allgemeinbildendes Unterrichtsfach hier keine Ausnahme. Insofern ist von einem „guten" Pädagogikunterricht (= PU) zu erwarten, dass im Spannungsfeld von Wissenschafts- und Handlungspropädeutik sein konzeptioneller Schwerpunkt zwar auf die zweitgenannte, idealtypische Grundausrichtung gelegt werden kann, gleichwohl aber auf die *erziehungswissenschaftliche Fundierung* nicht zugunsten erziehungskundlichen Alltagswissens verzichtet werden kann. Und: Es geht vor allem um die Orientierung an der *Erziehungswissenschaft*, weniger um die an Soziologie, Psychologie oder anderen Disziplinen.[1] Der Gefahr einer „Abbilddidaktik" wiederum wird der PU angesichts des diffusen Bilds, das die Erziehungswissenschaft nach ihrer nicht wirklich vollzogenen „sozialwissenschaftlichen Wende" abgibt, kaum unterliegen.

Zwei nicht zu vernachlässigende Aufgaben, die sich aufgrund ihrer nicht ernsthaft kritisierten zentralen Stellung in der Erziehungswissenschaft in einem „guten" PU exemplarisch wiederfinden lassen müssen, sind die Beschäftigung mit erziehungs- und bildungstheoretischen „Klassikern" einerseits und die ideologiekritische Befragung vermeintlicher pädagogischer Selbstverständlichkeiten andererseits. Um beides zu verbinden, besteht – berechtigterweise – ein übliches unterrichtliches Verfahren darin, am Beispiel aufzuweisen, wie, wann und von wem einzelne Aussagen oder Bestrebungen pädagogischer Prominenz als Gewährsleute für diese

---

[1] Damit ist natürlich nicht gesagt, dass die Blickrichtungen anderer Disziplinen die erziehungswissenschaftliche nicht sinnvoll und relativierend *ergänzten*. Bedenklich ist aber z.B. die im Schul- und Hochschulbereich nicht selten verwendete Pluralformulierung „Erziehungswissenschaften" (so auch die offizielle Bezeichnung des Unterrichtsfachs im Bundesland Brandenburg), die formallogisch die Existenz „der" Erziehungswissenschaft ausschließt.

oder jene (gesellschafts-) politischen Zwecke instrumentalisiert wurden. Glückt dieses Vorhaben im PU, so wird am Einzelfall verdeutlicht, wie eine bestimmte Zurechtschneidung und Isolierung eines Textes und seine sekundäre Hineinrückung in einen neuen Zusammenhang einer hermeneutischen Interpretation des größeren Zusammenhangs seines Ursprungsorts nicht gerecht wird.

Hierbei sind aber, zumal bei „klassischen" Texten, alle am Unterricht Beteiligten (wie auch die in der Wissenschaft Tätigen) in der Regel darauf angewiesen, den veröffentlichten Quellen, auf die sie zurückgreifen, in Bezug auf ihre Authentizität einen Vertrauensvorschuss zuzubilligen. Dass dies nicht immer berechtigt ist, sondern dass gerade mit der veröffentlichten Gestalt eines „klassischen" Textes „Politik gemacht wird", soll im Folgenden als unterrichtspraktische Anregung verdeutlicht werden. Nachdem einige sachliche Hintergründe skizziert worden sind (1), wird das gewählte Beispiel vorgeführt (2) und die an ihm zu beobachtenden Details kurz interpretiert (3). Schließlich wird vorgeschlagen, das Beispiel im PU der Sekundarstufe II zu verwenden (4).

## 1 Hintergründe des Beispiels

Friedrich Fröbel (1782–1852) gilt in der erziehungswissenschaftlichen Historiographie vor allem als der Pädagoge, der zum einen den Begriff „Kindergarten", der dann eine internationale Karriere machte, geprägt hat und der zum anderen mit dem „Kindergarten" ein bestimmtes vorschul- („spiel"-) pädagogisches Konzept verband.[2]

Dies ist nicht falsch, bezieht sich aber weitestgehend auf das praktisch-pädagogische und literarische Spätwerk Fröbels seit Mitte der dreißiger Jahre. So wird der Blick verstellt auf die bildungsphilosophische Einbindung der Kindergartenpädagogik Fröbels, der als ehemaliger Hauslehrer bis Mitte der dreißiger Jahre unter dem Einfluss Pestalozzis seinen Schwerpunkt eindeutig auf die Schulpädagogik[3] gelegt hatte.

Zu ermitteln, was Fröbel „eigentlich" wollte, unterliegt aber drei grundsätzlichen Schwierigkeiten:

---

[2] So begegnet etwa im 1996/97 erschienenen Arbeitsbuch für den PU „Phoenix" Fröbel nur als Autor eines kindergartenpädagogischen Texts, der aber sogleich in eine sozialgeschichtliche Perspektive gerückt wird; vgl. Phoenix. Der etwas andere Weg zur Pädagogik. Ein Arbeitsbuch. Bd. 1. Verfaßt v. Heinz Dorlöchter u. a. Paderborn 1996, S. 93 f.

[3] Vgl. Helmut Heiland: Die Schulpädagogik Friedrich Fröbels. Hildesheim u. a. 1993 (Beiträge zur Fröbelforschung 4), bes. S. 4 u. 152–155.

1. Fröbel hat zeitlebens *nicht* die für ihn repräsentative Darstellung seiner Pädagogik oder auch nur seiner Schul- oder Spielpädagogik vorgelegt.[4] Selbst sein Hauptwerk, die „Menschenerziehung" von 1826, bricht mit dem „ersten" Band ab. – Damit ist die Forschung (und indirekt der PU) zunächst auf eine Vielzahl veröffentlichter Quellen angewiesen.

2. Die veröffentlichten Quellen sind aber sehr verstreut und es lässt sich keine durchgängige Editionsstrategie erkennen – im Gegenteil[5]. Eine Gesamtausgabe (oder zumindest eine Teilausgabe, die ihre Auswahl, die immer eine Setzung ist, begründete) liegt nicht vor. Damit ist die Forschung auf die nachgelassenen Papiere als Quellen verwiesen.

3. Der auf vier umfangreichere und viele nur einige wenige Archivalien umfassende Teile verstreute Nachlass Fröbels ist zwar seit 1989/90 zum Großteil öffentlich zugänglich, aber offensichtlich nicht vollständig gesichtet, geschweige denn sortiert und benutzerfreundlich registriert.[6]

Diese Unübersichtlichkeit lädt aber geradezu dazu ein, in manipulativer Absicht Fröbel – je nach Intention – in eine bestimmte Ecke zu stellen oder auf ein bestimmtes Podest zu heben. Nachdem im Nationalsozialismus die Pädagogik Fröbels zu einer „völkischen" uminterpretiert worden war[7], sollte in der DDR das trotz seiner sogenannten Bürgerlichkeit als wertvoll eingestufte „Erbe" des Pädagogen Fröbel einer „produktiven Bewahrung" zugeführt und „schöpferisch" weiterentwickelt werden[8].

---

[4] Vgl. Helmut Heiland: Die Spielpädagogik Fröbels in seinen Briefen. In: ders. / Karl Neumann (Hrsg.), Friedrich Fröbel in internationaler Perspektive. Fröbelforschung in Japan und Deutschland. Weinheim 1998, S. 50–62, hier S. 50.
[5] Vgl. Michael Gebel: Methodenprobleme der Fröbelforschung – aufgewiesen an der Frage nach Fröbels Stellung zum Judentum. In: Heiland / Neumann (Hrsg.) (s. Anm.4), S. 33–49, hier S. 37: Dort findet sich eine Liste der tatsächlichen Anlässe der Publikation von Fröbeltexten - Gründe, die von der chronologischen oder repräsentativen Bedeutsamkeit der Texte unabhängig sind.
[6] Vgl. Heiland: Spielpädagogik (s. Anm. 4), S. 50. Bei Michael Gebel: Friedrich Fröbel und Gabriel Riesser: ein (nahezu) unveröffentlichter Briefwechsel. In: Rundbrief der Historischen Kommission der Deutschen Gesellschaft für Erziehungswissenschaft 6 (1997) Brief 1, S.16–19 wird auf S. 17f. auf ein Beispiel dafür hingewiesen, dass in *einem* Archiv Teile eines Dokuments irrig auf zwei völlig unterschiedliche Akteneinheiten verteilt sind.
[7] Vgl. Helmut Heiland: Fröbel im „Dritten Reich". Zum Fröbelverständnis im Nationalsozialismus. In: PÄD Forum 25/10 (1997), S. 563–576, hier bes. S. 566f.
[8] Vgl. Helmut Heiland: Fröbelforschung und Fröbelrezeption in der Deutschen Demokratischen Republik (1983). In: ders., Die Pädagogik Friedrich Fröbels. Aufsätze zur Fröbelforschung 1969–1989. Hildesheim u. a. 1989 (Beiträge zur Fröbelforschung 1), S. 60–71, hier S. 60f.

## 2 Das Beispiel

Zurückgegriffen wird hier auf die zum 100. Todestag Fröbels in der DDR veröffentlichte Gedenkschrift.[9] Wie das Impressum angibt, wurde sie zum Großteil von Gerda Mundorf bearbeitet (vgl. S. [4]), in ihrem Zentrum stehen laut Inhaltsverzeichnis „Dokumente aus Fröbels Leben und Werk" (S. [5]). Mundorf betont im Vorwort den zwar selektiven, aber nicht manipulativen Ansatz der Gedenkschrift:

> „Wenn in dieser Gedenkschrift vorwiegend das fortschrittliche Gedankengut Fröbels herausgestellt wird, so geschieht das nicht, weil Fröbel zu einem anderen Denker und Pädagogen gemacht werden soll als er in Wirklichkeit war, sondern weil die unwissenschaftlichen Theorien das Erziehungswesen und die Theorie der Erziehung nicht vorwärtsgebracht haben." (S. 7)

Die wohl auch von Mundorf stammenden, allgemeinen editorischen Anmerkungen im Anhang legen offen, dass bei „der Wiedergabe der im vorliegenden Werk auszugsweise oder vollständig abgedruckten Quellen" (S. 159) lediglich Änderungen in Orthographie und Interpunktion vorgenommen wurden, und sie informieren darüber, wie mit Hervorhebungen in den Quellen umgegangen wurde. Für „Weglassungen von Wörtern oder Sätzen" gelte dagegen, dass diese „durch Punkte gekennzeichnet" seien (S. 159). Genau das trifft wenigstens in einem Fall nicht zu!

Auf S. 103–105 findet man die erstmalige Teilpublikation eines „Fröbel-"textes. Darin heißt es:

> „Merke, Barop! ... Souveränität (oder Mündigkeit) und Erziehung sind auf das innigste verbunden, ja vereint. Frage nur, welche Könige waren echte Souveräne, doch wahrlich die am besten erzogenen?- Weil diesen Zusammenhang zwischen Erziehung und König-sein nun sehr viele Könige wissen, so haben viele Könige, die jeder Deutsche kennt, die höchste Erziehung als eine Art Monopol an die Fußschemel ihrer Throne gekettet, d.h. die Hochschulen in ihre Residenzstädte verlegt." (S. 104)

Am Ende der Teilveröffentlichung findet sich der Hinweis: „Aus einem Brief Fröbels an Barop vom Januar 1831" (S. 105). Dieser Hinweis macht Aussagen über das Textgenus (Brief), über den Autor ([Friedrich] Fröbel), über den Adressaten ([Johannes Arnold] Barop), hinzu kommen eine Datierung (Januar 1831) und ein Hinweis auf den Auswahlcharakter („Aus [...]"). Dagegen ist zweierlei einzuwenden.

*Einwand 1:* Die Datierung ist nicht nur unpräzise, sondern falsch. Die Quelle für die Edition ist zwar wirklich ein Brief Fröbels an Barop aus einem Januar, allerdings vom 17.1.1833. Das Original des Briefs ist Bestandteil des ehemaligen „Keilhauer Nachlasses" („KN").[10]

---

[9] Gedenkschrift zum 100. Todestag von Friedrich Fröbel am 21. Juni 1952. Hrsg. v. Deutschen Pädagogischen Zentralinstitut. Abteilung Theorie. Berlin 1952. Auf diese Schrift wird im folgenden Haupttext direkt mit Seitenangaben in Klammern Bezug genommen.

[10] Archivort des Briefs: Staatsbibliothek zu Berlin – Preußischer Kulturbesitz. Handschriftenabteilung, Nachlass 186 (F. Fröbel) [= „Keilhauer Nachlass"], Kasten 43, Mappe 7.

*Einwand 2:* Der Hinweis auf den Auswahlcharakter suggeriert fälschlicherweise, dass dort, wo keine Auslassungen angemerkt sind, ein durchlaufender Text ediert wird. Am Anfang des edierten Texts finden sich drei Auslassungspunkte, am Textende nicht; die letzten Sätze lassen aber inhaltlich den Schluss nicht zu, dass das Brieforiginal zu Ende sei (es sei denn, es wäre nur fragmentarisch erhalten). Außerdem finden sich im laufenden Text an drei Stellen drei Auslassungspunkte (S. 104). Man muss also meinen, man habe einen Text vor sich, in dessen Original etwas vorausgeht und nachfolgt, und der an drei Stellen um mehr oder weniger lange Passagen gekürzt wurde. Das heißt im Umkehrschluss: An allen anderen Stellen hat man es mit einem durchlaufenden Fröbeltext zu tun. – Im Autograph ist aber zu lesen:

> „Merke Barop! und durcharbeite Souverainität (oder Mündigkeit) und Erziehung sind auf das innigste verbunden[,] ja geeint. Frage nur[,] welche Könige waren echte *Souveraine*[,] doch wahrlich die am besten erzogenen? – **Sollen die morgenländischen sogenannten Könige nicht Weise gewesen seyn? – Nennt sich der von Gott, von sich selbst und durch die Geschichte und das Leben erzogene Jesus nicht auch einen König[?]** – Weil diesen Zusammenhang zwischen Erziehu[n]g und Königsseyn nun sehr viele Könige wissen, so haben viele Könige[,] die jeder Deutsche kennt[,] die höchste Erziehu[n]g als eine Art *Monopol* an die Fußschemel ihrer Throne gekettet[,] d. h. die Hochschulen in ihre Residenzstädte verlegt."[11]

## 3 Eine Interpretation der Manipulation

Zunächst zum *Einwand 1* (Datierung und archivalische Verortung): Bei der archivalischen Suche nach dem Original wird der Leser bewusst auf eine falsche Fährte geführt. Ein Wohlwollender könnte bei der Jahreszahl einen Druckfehler vermuten und gleichzeitig meinen, dass der Archivort versehentlich weggelassen wurde. Dann übersähe er aber Folgendes: Im Kontext dieser Auszugsedition, im Abschnitt über die Jahre 1831–1836 (S. 100–107), finden sich noch sieben weitere Texte, davon sechs Fröbels, auszugsweise wiedergegeben. Zwei Texten ist als Quellenhinweis die dreibändige Edition Wichard Langes beigefügt, die Textwiedergabe ist also leicht zu überprüfen. Die anderen fünf Texte (durchweg Fröbelbriefe) werden mehr oder weniger präzise mit Jahr, Monat und Jahr oder Tag(e), Monat und Jahr angegeben; sie werden aus Autographen übernommen und ihnen ist der Archivort „KN" beigefügt. Gerade dieser letzte Standortnachweis wird für den Brief vom 17.1.1833 nicht geführt, obwohl auch er Bestandteil des KN war und ist. Will man

---

[11] Zum Nachweis der Archivalie s. letzte Anmerkung, die wiedergegebene Passage findet sich dort auf der Vorderseite von Fol. 6. – Bemerkungen zur hiesigen Wiedergabe: Sie ist um Authentizität bemüht. Statt „geeint" lässt sich auch „vereint" lesen; zwischen „der" und „von" und vor „Weil diesen" ist jeweils ein von Fröbel gestrichener Wortansatz zu erkennen; die beiden hier kursiv wiedergegebenen Wörter schreibt Fröbel zur Hervorhebung in lateinischen Buchstaben; die fett wiedergegebene Passage ist nur hier hervorgehoben (s. unten Teil 3).

nicht an einen doppelten Zufall glauben (Versehen bei der Jahresangabe, Archivort entgegen der gedenkschriftimmanenten Konvention irrtümlich weggelassen), so bleibt als Schluss: Mundorf (oder ein Nachbearbeiter) will Manipulationsspuren vertuschen.

Zum *Einwand 2* (veröffentlichte Gestalt des Textes): Es seien hier alle anderen Textveränderungen[12] außer Betracht gelassen und der Blick auf die beiden oben in Teil 2 sekundär fettgedruckten Fragesätze gelenkt. Diese sind von Mundorf ausgelassen, aber ohne Auslassungspunkte, die ja in solchen Fällen angeblich stets benutzt werden! Es fragt sich: Ist das Nachlässigkeit oder lässt sich eine Motivation für diese Auslassung plausibel machen? Ich behaupte mit Blick auf den Inhalt der beiden Fragesätze Fröbels letzteres!

Beide Fragesätze haben einen theistischen Hintergrund. In der ersten Frage spielt der mit der (Luther-) Bibel sozialisierte Fröbel auf die sogenannten (und angeblichen drei) „Könige aus dem Morgenland" an, die der Verfasser des Matthäusevangeliums (er spricht von „magoi", also Sterndeutern) auf die literarische Reise nach Jerusalem schickt, um einem ihnen unbekannten Königssäugling ihre Reverenz zu erweisen (Mt 2,1f.). (Herodes wird versuchen, sie für seine Zwecke einzuspannen und schickt sie nach Bethlehem; er rechnet aber nicht mit der göttlichen Intervention, die seine List nicht aufgehen lässt.) Fröbel lässt sein Wissen darüber anklingen („die [...] *sogenannten* Könige"), dass die Königstitulatur für die Sterndeuter eher volkstümlichen Interpretationen (der Rede von „Schätzen" und der Liste von drei wertvollen Geschenken in Mt 2,11) zuzuschreiben denn textgemäß ist. Daher spricht er mit der Lutherbibel von „Weisen". Er tauscht aber nicht einfach die beiden Wörter „Könige" und „Weise" aus – er spricht im Kontext ja positiv von dafür erzogenen und daher qualifizierten Königen! –, sondern er wählt die, wie er meint, richtigere Übersetzung als positives Attribut der „Könige". Fröbels Frage: „Sollen die morgenländischen sogenannten Könige nicht Weise gewesen seyn?" heißt kontextisoliert: „Es waren keine Könige, sondern Weise". Unter Berücksichtigung des Kontexts will er aber auch sagen: „Diese Könige waren weise!" (und andere sollen es auch sein). – Noch stärker musste es im verordneten atheistischen Kontext aufstoßen, wenn Fröbel in der zweiten Frage scheinbar unvermittelt „Gott" und „Jesus", der sich selbst „König" genannt haben soll und erzogen wurde, ins Spiel bringt. Auch das kann hier nur soviel heißen wie: Monarchie ist, jedenfalls unter bestimmten Bedingungen, nicht abzulehnen. Das aber ist unrepublikanisch.

Fazit: Mundorf lässt zwei Fragesätze aus, die nicht unbedingt den religiösen, aber jedenfalls den mit religiöser Tradition vertrauten Menschen Fröbel zeigen, der diese Tradition in seine Argumentation in Bezug auf geeignete Machthaber einfließen lässt. Um diese Manipulation als solche unkenntlich zu machen, werden keine Auslassungspunkte eingefügt, bleibt ausnahmsweise der Archivort unerwähnt und

---

[12] Offenbar begründet sich die durch Punkte annotierte Auslassung von „und durcharbeite" im Text der Gedenkschrift durch die Schwierigkeit des Fröbeltextes.

wird die Jahresangabe gefälscht. Wer editionskritisch die Authentizität überprüfen will, muss zunächst lange suchen.

## 4 Unterrichtspraktische Anregung

Das Beispiel verdeutlicht nicht nur, dass ein bedeutender Pädagoge für eine bestimmte Ideologie in Anspruch genommen wird, sondern dass gegebenenfalls ein Text so zurechtgeschnitten wird, dass das zu lesen ist, was zu lesen sein soll. Es scheint mir lohnenswert zu sein, von zwei Schülergruppen der Sekundarstufe II als schriftliche Leistung im Rahmen der „sonstigen Mitarbeit" einmal beide Texte (mit und ohne Auslassung) unter der leitenden Fragestellung nach Fröbels Sicht der Monarchie im Verhältnis zur Rolle der Erziehung interpretieren zu lassen. Vielleicht entstehen so zwei nicht vermittelbare Positionen, die aber in ihrer jeweiligen Textgemäßheit bestätigt werden müssen. Dass nach der „Auflösung des Rätsels" durch Präsentation des manipulativen Sachverhalts ein sinnvoller Ansatzpunkt für punktuellen und sachzentrierten fächerübergreifenden Unterricht (in Kooperation mit Deutsch, Geschichte und Sozialwissenschaften) vorliegt, liegt auf der Hand.

UWE WYSCHKON

## Zu einigen Aspekten des Verhaltens von Lehrenden im Pädagogikunterricht

Unterrichtsstil und Verhalten von Lehrenden im Unterricht werden häufig mit den klassischen Kategorien der Führungsstile nach Lewin und Tausch / Tausch beschrieben. Diese Beschreibungen haben auf der Ebene der sozialen Wirkungen des Verhaltens von Lehrenden ihre Berechtigung, erweisen sich aber im Kontext einer didaktischen Analyse als unzureichend.

Aus diesen Überlegungen heraus wird im folgenden ein Aspektmodell von Lehrendenverhalten vorgestellt, das stärker aus der Sicht von dessen Funktionen für eine persönlichkeitsfördernde Gestaltung des Unterrichts entwickelt wurde.

Die Ursprünge dieses Ansatzes liegen in Untersuchungen von Brüggener an der damaligen Pädagogischen Hochschule in Halle.[1] Das dort entwickelte Aspektmodell war an den grundlegenden didaktischen Schritten des Unterrichts orientiert und umfaßte lediglich einen übergreifenden Aspekt der Lehrertätigkeit:

(1) zielbezogenes Orientierungsverhalten,
(2) erkenntnisstimulierendes Aktivierungsverhalten,
(3) schwerpunktorientiertes Konsolidierungsverhalten,
(4) ermutigendes Kontroll- und Bewertungsverhalten sowie
(5) kollektiverzieherisches[2] Kommunikations- und Kooperationsverhalten

waren die vom Autor verwendeten Kategorien zur Kennzeichnung der einzelnen Aspekte, die auch empirisch untersucht wurden.

Im Kontext einer lerntätigkeitsorientierten Didaktik und auf der Grundlage weiterführender Arbeiten zu Fragen der sozialen Erfahrung und Leistungsmotivation im Unterricht an der PH Potsdam wurde dieses Aspektmodell weiterentwickelt und empirischen Untersuchungen zugrundegelegt.[3] Das weiterentwickelte Modell

---
[1] Vgl. Brüggener, K.-H. / Kramer, F.: Handreichung für Fachlehrer zum didaktisch-methodischen Führungsverhalten im Unterricht. – In: Erkenntnisse und praktische Hinweise zur Führung schöpferischer Schülertätigkeiten als Bestandteil... Schriftenreihe der PH Halle, 1983, S. 21–26.
[2] Interessant ist in diesem Zusammenhang, dass der Begriff des „Kollektivs" nach einer Zeit der Abwertung und Verteufelung im Kontext der „Wende" eine Renaissance erlebt. In unterschiedlichen Zusammenhängen wird von kollektiven Prozessen, kollektiven Tätigkeiten und ähnlichem gesprochen. Die in der sozialistischen Pädagogik gebräuchliche Begriffsintention einer besonderen Qualität von Gruppe bedarf wohl auch gegenwärtig der Kennzeichnung durch eine spezifische Begrifflichkeit. Ob der „belastete" Begriff „Kollektiv" dies zu leisten vermag, wird die wissenschaftliche Diskussion zeigen müssen.
[3] Unsere damaligen Untersuchungen bezogen sich vorrangig auf das Orientierungsverhalten. Einige Untersuchungsergebnisse enthält mein Beitrag auf der II. Interdisziplinären Konferenz „Zur Gestaltung unterrichtlicher Kommunikation – theoretische und praktische Aspekte", Protokollband, Teil II, PH „Clara Zetkin, Leipzig 1989, S. 242 bis 249.

soll im folgenden vorgestellt und hinsichtlich einiger Aspekte für den Unterricht im Fach Pädagogik präzisiert werden. Damit ist keinesfalls beabsichtigt, ein allgemeingültiges Modell optimalen Lehrverhaltens zu präsentieren. Die Darstellung versucht lediglich auf einige Aspekte aufmerksam zu machen, die häufig ausserhalb der Betrachtung und Analyse von Lehrverhalten bleiben, obwohl sie – wie zu zeigen sein wird – für Unterricht gerade im Fach Pädagogik von immenser Bedeutung sein können.

**(1) zielbezogenes Orientierungsverhalten** der Lehrenden sichert
- die konkrete Orientierung auf Ziel, Gegenstand und Verfahren der Tätigkeit,
- die Ausrichtung der geistigen Aktivität auf Ziel, Wege und Motive der Tätigkeit,
- die Ausbildung von Orientierungsgrundlagen des Handelns und die Entwicklung von Handlungsstrategien

durch
- klare, für die Lernenden fassliche Zielstellungen
- Orientierung auf Sinn und Bedeutung der Tätigkeit, um wertvolle Motive zu mobilisieren
- Verdeutlichung der auszuführenden Tätigkeit, der wesentlichen Denk- und Arbeitsschritte
- Sicherung eines angemessenen Anteils selbständiger und schöpferischer Schülertätigkeit
- zielgerichtetes Auslösen von geistigen, geistig-praktischen und sprachlich-kommunikativen Lernhandlungen
- Einbeziehen der Lernenden in Zielfindung, Motivierung und Wegfestlegung
- Bezüge zu individuellen Interessen, Neigungen, Perspektiven und Erfahrungen
- ...

Mit allen diesen Maßnahmen soll die **Einheit von Lerninhalts- und Lernsubjektorientiertheit** im Unterricht gesichert werden.

**(2) aneignungsstimulierendes**[4] **Aktivierungsverhalten** der Lehrenden sichert
- die geistige Aktivität aller Lernenden,
- die Stimulierung einer vielseitigen Lerntätigkeit
- das bewußte Auslösen, Orientieren und Motivieren der Lerntätigkeit

---

[4] Ich verweise an dieser Stelle darauf, dass ich hier bewußt „erkenntnisstimulierend" durch „aneignungsstimulierend" ersetzt habe, um eine einseitige kognitive Orientierung auszuschließen. Es geht mir um die Stimulierung der dem Aneignungsgegenstand gemäßen Aneignungsweise.

durch

- eindeutige, präzise und fassliche Fragen (Fragetechnik)
- Bewußtmachen von Problemsituationen und Sichern des Problemerfassens durch alle Lernenden
- widerspruchsetzende Aussagen zur Verdeutlichung einer Problemsituation und zum Finden des Problems
- Herausfordern der Lernenden zum Fragen, Vermuten und zum Äußern von Vorschlägen
- Aufgreifen von Fragen und Problemstellungen der Lernenden
- Aufstellen extremer Behauptungen, Konfrontation von Aussagen zur Förderung der Auseinandersetzung
- ...

Auf diese Weise soll eine **intensive geistige und praktische Auseinandersetzung mit den Lerninhalten** erreicht und unterstützt werden.

(3)    **schwerpunktorientiertes Konsolidierungsverhalten** der Lehrenden sichert
- dauerhafte und anwendungsbereite Kenntnisse,
- die Ausbildung erforderlicher Fähigkeiten und Fertigkeiten,
- die Entwicklung der für eine produktive Unterrichtsatmosphäre notwendigen Bewusstseins- und Verhaltensqualitäten

durch

- systematisches Wiederholen von Grundkenntnissen,
- vielfältige Verknüpfung von Bekanntem und neu Gelerntem,
- konsequentes und systematisches Üben von Handlungen, Handlungsfolgen und Verhaltensweisen,
- gründliche, auf das Wesentliche orientierte Sicherung des Ausgangsniveaus,
- Bewusstmachen von Wiederholungs- und Übungserfolgen,
- Vermittlung und Anwendung von Lerntechniken des Einprägens und Übens,
- Befähigung zur bewussten Planung und Gestaltung der eigenen Lerntätigkeit.

Damit zielt dieser Aspekt des Lehrverhaltens auf die **Sicherung der Lernergebnisse als dauerhaften Persönlichkeitszuwachs der Lernenden**.

(4)    **ermutigendes Kontroll- und Bewertungsverhalten** der Lehrenden gewährleistet
- die aneignungsprozessbegleitende Kontrolle, Bewertung und Stimulierung der Leistungen,
- das Unterstreichen besonders wertvoller und schöpferischer Leistungen und Verhaltensweisen,

- die Befähigung der Schüler zu Kritik und Selbstkritik, zum Stellungnehmen, zur Selbstkontrolle,
- die Entwicklung von Werten, Wertmaßstäben, Wertorientierungen

durch

- Kontrolle und Bewertung von Leistungen und Verhalten auf der Grundlage bekannter Maßstäbe und Normen,
- Einheit ansporenender <u>und</u> hemmender Momente beim Bewerten,
- Einbeziehen der Schüler in Kontrolle und Bewertung unter Vorgabe konkreter inhaltlicher Maßstäbe,
- bewusstes Fordern und Fördern gegenseitiger Kontrolle und Bewertung,
- Bewusstmachen von Erfolgen, wenn auch nur teilweisen,
- Anregen von Selbstkontrolle und Selbsteinschätzung,
- Nutzung der Lerngruppe als „Verstärker" für die Kontroll- und Bewertungstätigkeit der Lehrenden,
- Konkretheit und individuellen „Zuschnitt" der Bewertungen.

Die genannten Maßnahmen zielen auf eine **die Persönlichkeitsentwicklung fördernde Wirkung der Kontroll- und Bewertungstätigkeit** der Lehrenden.

(5) **soziales Lernen förderndes Kommunikations- und Kooperationsverhalten** der Lehrenden sichert

- einen einer humanistischen Schule gemäßen Führungsstil,
- entwicklungsfördernde Lehrer-Schüler- und Schüler-Schüler-Beziehungen,
- eine erziehungswirksame Gestaltung des pädagogischen Prozesses als eines kollektiven, kommunikativ-kooperativen Prozesses konstruktiven Miteinanders,
- die bewusste Nutzung der Potenzen der jeweiligen Schülergruppe(n) für die Erziehung

durch

- Forderung und Förderung der Kommunikation der Lernenden untereinander,
- Entwicklung des Meinungsstreits in Rede und Gegenrede,
- Beziehen von Anregungen, Forderungen und Bewertungen auf das Voranschreiten der Lerngruppe,
- zielgerichteten Einsatz kooperativer Lerntätigkeit in verschiedenen Varianten,
- bewusste Einbeziehung der Selbstverwaltungsorgane der jeweiligen Lerngruppen in die pädagogische Tätigkeit,
- Vermittlung und bewusste Anwendung von Kommunikationsverfahren und Orientierungsgrundlagen für kooperatives Arbeiten.

Mit diesen Maßnahmen kann ein **Unterrichtsklima** gesichert werden, in dem gegenseitiges Geben und Nehmen, Hilfe und Unterstützung, tätige Solidarität ihre Wurzeln haben.

Für das Unterrichtsfach Pädagogik sind hiermit besondere Anforderungen verbunden, da die durchzusetzenden Qualitäten zugleich als Unterrichtsgegenstände oder Lerninhalte in Erscheinung treten. Damit gewinnt dieser Aspekt des Lehrverhaltens in gewissem Sinne Mustercharakter. Jugendliche dieser Altersstufe nehmen die „Brüche" und Widersprüche zwischen theoretischer Darstellung zum Lehrverhalten und praktischem Verhalten der Lehrenden selbst besonders sensibel wahr. Damit besteht die Möglichkeit, dass das Lehrverhalten der Lehrenden im Unterrichtsfach Pädagogik selbst thematisiert wird. Diese sind in besonderem Maße gefordert, ihr pädagogisches Handeln und Verhalten auf dem Hintergrund der im Unterrichtsfach Pädagogik zu vermittelnden fachlichen Inhalte zu legitimieren. Sich dem damit verbundenen Anspruch permanent stellen zu müssen, ist eine besondere Herausforderung an die Lehrenden.

Noch deutlicher wird dieser Anspruch, wenn auf dem Hintergrund der fachlichen Auseinandersetzung mit Kommunikationstheorien und -modellen das entsprechende Verhalten der Lehrenden selbst, gewollt oder ungewollt, zum Analysegegenstand wird.

(6) **koordiniertes Forderungsverhalten** der Lehrenden unterstützt
- die Ausbildung fachübergreifend bedeutsamer Persönlichkeitsqualitäten (Können, Haltungen),
- das Vermeiden von Über- und Unterforderungen,
- die Entwicklung eines reflektierten Lernverhaltens und eines produktiven Lern- und Arbeitsklimas an der Schule,
- die Beachtung der Ganzheitlichkeit der Persönlichkeitsentwicklung und deren ganzheitliche Gestaltung

durch

- fachübergreifende Abstimmung von Grundanforderungen (an Schülervorträge, formale Gestaltung, Orthographie und Grammatik bei Klassenarbeiten, Klausuren, Tests usw.),
- fachübergreifende Koordinierung von Kontrollmaßnahmen (insbesondere Klausuren),
- einheitlichen Normen und Regeln für das Regime der Schule und des Unterrichts,
- fachübergreifende Abstimmung von Fördermaßnahmen für Lernende, sowohl hinsichtlich der Förderung von Begabungen und Talenten als auch hinsichtlich des Umganges mit zeitweiligen Lernstörungen,
- koordinierte Hausaufgabengestaltung,

- Abstimmung bei spezifischen Aktivitäten einzelner Lernender wie Facharbeiten,[5]
- Vereinbarung von Grundrichtungen pädagogischen Handelns zwischen Lehrenden, Eltern, AG-Leitern usw.,
- abgestimmte Denk- und Arbeitsschritte für wesentliche Lernhandlungen,
- ...

Die angeführten Maßnahmen dienen der **Abstimmung von Grundanforderungen zur Sicherung eines erfolgreichen Unterrichts**, womit zugleich die Gefahr des Gegeneinander-Ausspielens von Lehrenden vermindert werden kann. Darüber hinaus hat dieser Aspekt des Lehrverhaltens in der gymnasialen Oberstufe eine besondere Bedeutung im Kontext der Entwicklung der Studierfähigkeit, da durch die Abstimmung der Anforderungen bei fachübergreifend bedeutsamen Lernhandlungen ein wesentlicher Beitrag zur Ausbildung der Fähigkeiten zum Lernen und Studieren geleistet werden kann. Die Abstimmung der Anforderungen im Kollegium einer Schule sorgt nicht nur für mehr Transparenz bei der Notengebung, sondern fördert auch die Selbstkontrolle und Selbstbewertung der Lernenden.

Dieser Zusammenhang hat für die Unterrichtenden im Fach Pädagogik insofern wieder eine besondere Bedeutsamkeit, als Lernen selbst Unterrichtsgegenstand ist. Damit besteht die Möglichkeit, die Optimierung des eigenen Lernverhaltens der Schülerinnen und Schüler zu thematisieren. Auf diese Weise kann durch die Reflexion des eigenen Lernens auf der Grundlage der Auseinandersetzung mit theoretischen Erklärungsmustern, durch Meta-Lernen, ein Beitrag zur Entwicklung der Studierfähigkeit geleistet werden, wie er möglicherweise sonst nur noch im Unterrichtsfach Psychologie vorstellbar ist. Die beiden genannten Unterrichtsfächer könnten für die Entwicklung reflektierten Lernens in der gymnasialen Oberstufe eine Leitfunktion übernehmen.

7. **differenzierendes Förderungsverhalten** der Lehrenden gewährleistet

- die differenzierte Anleitung und Hilfe bei allen Lernhandlungen bzw. Aneignungstätigkeiten,
- das Ausschöpfen und Weiterentwickeln der individuellen Potenzen der einzelnen Lernenden,
- die Forderung und Förderung aller Lernenden auf der Grundlage der Kenntnis ihrer Stärken und Schwächen,

durch

- das Berücksichtigen der unterschiedlichen Leistungs- und Verhaltensdispositionen bei der Anforderungsgestaltung,

---

[5] Vgl. dazu den Beitrag zu Facharbeiten im Unterrichtsfach Pädagogik von Heinz Dorlöchter in: Dialogische Fachdidaktik Pädagogik, Band 2, Paderborn 1999, Schönigh-Verlag.

- das Einräumen von Zeit zum Nachdenken, das Auffordern mehrerer Lernender,
- individuelle Hilfe durch Lehrende oder beauftragte Lernende (als Assistenten / Konsultanten),
- differenzierte Aufgaben, Denk- und Lösungshilfen für einzelne Lernende oder Lerngruppen,
- das Sichern der Möglichkeit, dass sich jeder zum eigenen Nutzen und zum Nutzen der Lerngruppe einbringen kann,
- das Sichern individuellen Handlungsspielraumes durch Wahlaufgaben, Aufträge usw.
- ...

Im Zentrum steht hier die **Unterstützung der Individualitätsentfaltung und Identitätsbildung** der Jugendlichen.

Im Zusammenhang mit den Inhalten des Unterrichtsfaches Pädagogik gewinnt dieser Aspekt des Lehrverhaltens dadurch besondere Bedeutung, dass Entwicklungs- und Sozialisationsprozesse auf allen Altersstufen zum Thema gemacht werden. Biografische Bezüge, Reflexion über die eigene Sozialisation und Entwicklung sind bei den Lernenden damit nahezu unvermeidlich. Die diesbezüglichen Lernprozesse müssen durch den Anschein des Bedrohlichen[6] für die Lernenden mit besonderem Takt und Einfühlungsvermögen gestaltet werden. Auch hier ergibt sich ein besonderer Anspruch an die Lehrenden des Unterrichtsfaches Pädagogik, der in allen Publikationen die sich mit biografischem und subjektorientiertem Lernen befassen, nachdrücklich unterstrichen wird.

Die Prozesse der Identitätsbildung und Identitätsentwicklung im Jugendalter sind häufig mit Verwerfungen und Konflikten verbunden, die sich erschwerend und nachteilig auf das Lernen auswirken. Hier sind Lehrende des Faches nicht nur als fachliche Experten, sondern mitunter auch als Berater und Konfliktvermittler gefragt. Es bedarf grosser Sachkenntnis und eines differenzierten Einfühlungsvermögens, dabei die Grenze zwischen Beratung und Therapie nicht zu überschreiten.

---

[6] Vgl. dazu die „Thesen zur Lernförderung" bei Rogers, C.: Lernen in Freiheit, Fischer-Taschenbuchverlag, 1978, S. 171 ff.).

ECKEHARDT KNÖPFEL

# Zum Problem der Fachlichkeit im Unterrichtsfach Erziehungswissenschaft (EW) / Pädagogik[1]

Anmerkungen zur Pädagogiklehrerausbildung[2]

## 1. Der EW-Lehrer und sein EW-Studium

Ich beginne mit einer These:

> Das Ausbildungsproblem im Bereich des Unterrichtsfaches Pädagogik ist unter anderem eine Folge der systematischen Unentschiedenheit der Erziehungswissenschaft.

Wer sich dazu entschließt PädagogiklehrerIn zu werden, muss in NRW den Anforderungen des Lehrerausbildungsgesetzes (LABG) nachkommen. In der Anlage 18 zu 54 werden die besonderen Vorschriften für das Unterrichtsfach Pädagogik benannt. Diese gliedern sich in in die Bereiche A bis E.[3] Es sind dies:

A) Theorie und Geschichte der Pädagogik
B) Entwicklung und Lernen
C) Gesellschaftliche Voraussetzungen der Erziehung
D) Schulisches und außerschulisches Bildungs- und Erziehungswesen
E) Didaktik des Unterrichtsfaches Pädagogik (Erziehungswissenschaft)[4]

Unter den fünf Bereichen finden sich nicht nur pädagogische, sondern auch psychologische, philosophische und soziologische Gegenstände. Peter Menck bemerkt dazu in seinem Aufsatz „Anmerkungen zur Ausbildung von Lehrern für Erziehungswissenschaft an einer kleinen Universität"[5]: „Unsere Studenten müssen sich das, was die LPO von ihnen fordert ... in unterschiedlichen Fächern abholen, und dort konkurrieren sie mit den Interessen von allerlei anderen Fachstudenten".[6]

---

[1] Meinem Kollegen Dr. Christoph Storck habe ich für Hinweise zu diesem MS zu danken.
[2] Leichte geänderte Fassung eines Vortrags, den ich auf der Professionspolitischen Konferenz der DGfE am 11.Februar 1999 in Dortmund gehalten habe.
[3] Ministerium für Wissenschaft und Forschung NRW (Hrsg.): Lehrerausbildung in NRW. Düsseldorf 1992, S. 158–160.
[4] Es bleibt zu fragen, ob die Bereiche des LABG die „Gegenstände" des Faches Pädagogik wirklich sinnvoll zusammenfassen.
[5] Menck: In: Anstöße zum Pädagogikunterricht Band 3, S. 16–22.
[6] a.a.O., S. 19.

Dabei ist es nicht grundsätzlich schädlich, dass künftige PädagogiklehrerInnen mit Diplomern dieselbe Vorlesung besuchen. Das Problem besteht darin, dass den jeweiligen Teilgruppen die unterschiedliche Relevanz bezüglich ihres Studienziels klar gemacht werden muss. Meistens geschieht dies jedoch nicht, so dass diese Studienteile funktionslos bleiben.

Daher beklagt Klaus Beyer in seinem Aufsatz „Die universitäre Ausbildung der künftigen Pädagogiklehrer"[7] zu Recht die mangelhafte Ausbildungssituation und konstatiert erhebliche Defizite.[8] Neben der unzureichenden Beratung und Begleitung der Lehramtsstudenten Pädagogik durch die Hochschulen wird die „fehlende Beschäftigung mit dem Fach in der Gesellschaft für Erziehungswissenschaft" ausdrücklich erwähnt.[9] Ich habe 10 Semester EW für das Lehramt am Gymnasium an der Universität Bonn fleißig studiert und als ich am Studienseminar Duisburg mit den Referendariat begann, musste ich, was die Fachlichkeit betraf, auf vielen Feldern von Neuem beginnen. Das ist kein Einzelfall. Vielen jungen KollegInnen geht es bis heute so. Woran liegt das? Neben den bereits erwähnten universitären Strukturen, möchte ich einen weiteren Grund nennen.

Künftige Religionslehrer haben die großen, fachintern unbestrittenen Teildisziplinen der Theologie partiell absolviert. Die Lehramtsstudenten haben sich mit unterschiedlicher Intensität mit AT und NT, KG, Systematik und Ethik beschäftigt. Die Konstruktion und die interne Zuordnung der Teildisziplinen sollten den meisten Kandidaten nach dem Studium klar sein. In EW ist dies oftmals nicht der Fall. Auch die guten unter meinen ReferendarInn/e/n sind oft um Antworten verlegen, geht um die Bestimmung, Gewichtung und Zuordnung von Schulpädagogik, Heilpädagogik, Sozialpädagogik. Vgl. EW, historischer- und systematischer oder allgemeiner Pädagogik. Das Unterrichtsfach Pädagogik legt ein Grundproblem der universitären Erziehungswissenschaft offen: deren systematische Schwäche; zumindest aber die unzureichende Zuordnung der Teildisziplinen zum Ganzen an einzelnen Hochschulen. Die systematische Untergliederung erfolgt an den Hochschulen unterschiedlich. Durch eine Synopse der Vorlesungsverzeichnisse pädagogischer Fachbereiche wäre dies im Detail nachweisbar. Es gibt zwar wissenschaftlicherseits mittlerweile gelungene Versuche deren Teilbereiche zu entfalten und einander zuzuordnen, ich nenne hier nur Benners „Systematische Gliederung der Pädagogik nach Dimensionen pädagogischen Handelns"[10], aber im Bewußtsein der Studenten gewinnen solche Ansätze wenig Raum. Vielleicht weil an Hochschulen derartige Vorlesungen und Seminare nicht häufig angeboten oder von den StudentInn/en gemieden werden. Hier wäre curriculare Obligatorik angezeigt.

---

[7] Beyer: In: Anstöße zum Pädagogikunterricht Band 3, S. 3–15.
[8] a.a.O., S. 3.
[9] Beyer: In: Anstöße zum Pädagogikunterrichts Band 3, S. 3.
[10] Benner, in Leo Roth Pädagogik, S. 14.

Abhilfe kann durch eine gute Beratungsarbeit im Rahmen der erziehungswissenschaftlichen Fachbereiche erfolgen. Die Studentinnen müssen die Kernbereiche der EW, insbesondere die Erziehung- und Bildungstheorien und die Geschichte der Pädagogik abdecken. StudentInnen müssen mit Fragen konfrontiert werden wie: Ist EW heute wirklich nur Sozialwissenschaft? Die Frage nach der Verhältnisbestimmung von Erziehungs- und Sozialisationsbegriff stehen hier zur Klärung an. Welche Aufgaben kann das spekulativ-geisteswissenschtliche Nachdenken über Erziehen behalten? Was sind wirklich „Kernprobleme" der EW? Wie verhalten sich die Pädagogik zur Soziologie und vor allem zur Psychologie? Warum gibt es pädagogische Psychologie und nicht psychologische Pädagogik? Man bedenke: ein junger Pädagogiklehrer soll am Gymnasium die inhaltliche Verantwortung für die ganze Erziehungswissenschaft übernehmen. Dafür muss er vorbereitet werden.

> Die Frage nach der PädagogiklehrerInnenausbildung offenbart ein grundsätzliches Problem der EW: es geht um die Lehrbarkeit, die Vermittelbarkeit der Pädagogik insgesamt.

Das didaktische Problem des PU an Gymnasien, Gesamtschulen, etc. ist zugleich auch das didaktische Problem des EWU an den Hochschulen, es beinhaltet die Frage nach einer konsistenten Systematik des Faches, von der man sagen kann: die Erziehungswissenschaftler können dem zustimmen. Was gilt als gesichert? Worauf kann man sich berufen? Was hat Kompendiencharakter?

## 2. Die Lehrpläne Erziehungswissenschaft und ihre Anforderungen

> StudienreferendarInn/e/n des Unterrichtsfachs Pädagogik stehen anfänglich manchmal vor der Schwierigkeiten, Erziehungswirklichkeit beschreiben, analysieren und bewerten zu müssen, ohne im Besitz der erziehungswissenschaftlichen Kenntnisse zu sein.

Wenn ein examinierter Student an das Studienseminar kommt, erlebt er in Unterrichtsfach Pädagogik bisweilen eine Überraschung. Bei vielen naturwissenschaftlichen Fächern wie Biologie oder Physik werden die zentralen Topoi der Mutterwissenschaft zu Kursbezeichnungen der gymnasialen Oberstufe. Werden auf der Universität in der Biologie über Genetik oder Ökologie Seminare angeboten werden, so finden sich im Bereich der Oberstufen ähnliche Kursthemen. Anders im Fach Pädagogik. Das hat etwas mit der Konstruktion des Lehrplans zu tun:

> „Gegenstand des erziehungswissenschaftlichen Unterrichts sind nicht wissenschaftliche Aussagesysteme im Sinne der Universitätsdisziplin Erziehungswissenschaft, sondern die Lebenswirklichkeit unter dem Aspekt erzieherischen Geschehens, Handelns und Denkens."

Die methodologische, erkenntnistheoretische und didaktische Schwierigkeit besteht darin, dass die Erziehungswirklichkeit von der Erziehungswissenschaft nie ganz eingeholt werden kann. Andererseits sind die Pädagogiklehrer dringend auf die elementare wissenschaftliche Durchdringung des Handlungsfeldes Erziehung angewiesen.

Den einheitliche Bezugspunkt und die didaktische Mitte des Faches bildet die Erziehungswirklichkeit und nicht die Erziehungswissenschaft. Eine abbilddidaktische Analogie Universitätsdisziplin Erziehungswissenschaft – Schulfach Erziehungswissenschaft verbietet sich strengstens.

Die gelegentlichen bis häufigen Fluchtversuche von PädagogiklehrerInnen in die vermeintliche Sicherheit der psychologischen Lern- und Entwicklungstheorien lassen deutlich werden, dass man/frau nicht mehr eigentlich bei der Sache ist, sondern aus dem PU einen Psychologie-, Philosophie, – Biologie oder einen Sozialkundenunterricht gemacht haben.

Um dem zu entgehen, wäre eine positivstische gefärbte „Betonpädagogik" sicher keine Lösung. Zuschreibungen nach dem Muster richtig / falsch entsprechen nicht dem fachlichen Anspruch der Erziehungswissenschaft. Diese hat verschiedene Erkenntniswege, verschiedene Zugänge zur Erziehungswirklichkeit, die sie modellhaft, theoriebildend erklären will, sei es z. B. geisteswissenschaftlich-spekulativ oder empirisch. Dass Erziehung als kultureller Prozess immer im Fluss ist, dass Sozialisationsvorgaben nicht konstant bleiben, dass Rollen und die damit verbundenen Erwartungen sich verändern, ist evident. Aber es muss bei aller Veränderung deutlich werden, welches Wissen und welche Instumentarien die Erziehungswissenschaft ihrem Schulfach bietet, um die damit verbundenen Phäomene unterrichtlich bearbeitbar zu machen.

Pädagogikunterricht in der Schule könnte – angesichts der um sich greifenden Spezialisierung der EW – für die universitäre EW wichtige Informationen darüber erbringen, inwiefern eine pädagogische Bildung im nicht-professionellen Sinn durch sie eher unterstützt oder verhindert wird.

## 3. Das Fach EW an der Schule, seine Reputation und seine Zukunft

> PädagogiklehrerInnen bearbeiten im Rahmen der gymansialen Oberstufe im PU ein gesellschaftlich zentrales und für SchülerInnen immer wichtiger werdendes Feld, oftmals ohne die kollegiale Deckung durch die anderen Fachschaften zu besitzen.

Wer als Fachlehrer EW an einem Gymnasium oder einer Gesamtschule zu vertritt, hat neben Zustimmung auch mit Vorurteilen zu kämpfen: Laberfach, inhaltslos, man bekommt schnell gute Noten. Solche Urteile kommen oftmals aus der Richtung der sogenannten harten Fächer, der Naturwissenschaften, die streng abbilddidaktisch konstruiert sind, bei denen man zu wissen glaubt, was richtig und was falsch ist. Was sind die Gründe dafür?:

Oftmals übertragen KollegInn/en die schlechten Erfahrungen an der Hochschule mit der EW als Begleitfach auf das Schulfach Pädagogik.

Viele LehrerInnen anderer Fächer empfanden das eigene EW-Studium als lästig, wenig ergiebig, viele meinen sogar es sei unnötig. Es herrscht das Vorurteil, man/frau könne die professionelle Lehrerrolle eher rückwärtig über die selbst erlebten Lehrerfiguren als über erziehungswissenschaftliche Reflexion an Hochschule und Studienseminar lernen. Das Ansehen des Faches Pädagogik an den Schulen hat etwas zu tun mit den Erfahrungen der LehrerInnen aller Fächer mit ihrer Mitterwissenschaft. Was den Praxiswert der EW betrifft, so hielt Vieles von dem, was im Studium gelernt wurde, den Anforderungen des Schulalltag nicht stand. Schule organisiert sich dann in der Regel nach den Schemata von gestern, nämlich mittels subjektiver Theorien, die sich die Lehrerinnen aufgrund ihrer Lebenserfahrung zusammengebastelt haben. Die Forschungen von Schlee / Wahl zeigen, dass diese Theorien sehr konsistent sein können[11]. Das daraus erwachsende Handeln muss nicht zwangsläufig unsachgemäss sein, ist aber keinesfalls hinreichend, um eine professionelle Lehrerrolle zu begründen.

---

[11] Schlee / Wahl: Veränderung subjektiver Theorien von Lehrern, Oldenburg 1987, S. 5ff.

## 4. Wünsche und Erwartungen an die unversitäre EW

> Wünschenswert wäre von Erziehungswissenschaftlern an der Hochschule ein höherer Grad an Problembewusstsein und graduell auch mehr Engagement für das eigene Fach an der Schule.

4.1 Hochschullehrer sollten sich mit ihrer Klientel genauer befassen. D. h. sie sollten das Berufsbild künftiger PädagogiklehrerInnen kennen. Das schliesst z. B. die Kenntnis der und die kritische Auseinandersetzung mit den Richtlinien EW für die SII und SI ein.

4.2 Hochschullehrer sollten in der Lage sein, ihre LehramtsstudentInn/en Pädagogik effektiv zu beraten hinsichtlich des stofflich Notwendigen.

4.3 Hochschullehrer sollten sich aktiver an der fachdidaktischen Diskussion beteiligen, denn hinter der Fachdidaktik für das Unterrichtsfach EW verbirgt sich die Frage nach der Lehrbar von Pädagogik überhaupt.

4.4 Hochschullehrer sollten dafür sorgen, dass die verfügbaren fachdidaktischen Werke wie z. B. die Reihe Didactica Nova sowie die Schulbücher in den Universitätsbibliotheken vorrätig sind.

4.5 Erziehungswissenschaftler sollten initiativ werden hinsichtlich einiger Bundesländer wie Bremen, Niedersachsen oder Hamburg. Dort wird Pädagogik bis zum Abitur unterrichtet, ohne dass die LehrerInnen eine fachspezifische Hochschulausbildung erworben hätten. Das stabilisiert das Vorurteil, Pädagogik lehren könne man auch ohne fachlichen Hintergrund.

Pädagogikunterricht ohne fachwissenschaftliches Fundament steht kontinuierlich in der Gefahr, Lebenskundeunterricht unter willkürlichen Prämissen werden. Die LER-Diskussion sowie die neueren Untersuchungen von Leschinsky belegen dies nachhaltig.

4.6 Erziehung gehört neben Wirtschaft, Recht oder Politik zu den großen gesellschaftlichen Handlungsfeldern. Damit ist ein schulischer Allgemeinbildungsanspruch verbunden. Alle Menschen stehen täglich vor pädagogischen Herausforderungen. Daher ist es wichtig, dass Menschen Wissen über Pädagogik haben, um Pädagogisches sachgerecht reflektieren und Erkanntes handelnd umsetzen zu können. Gemessen daran, muss das Fach Pädagogik die in es gesetzten hohen Erwartungen auch einlösen. Das Fach selbst wird von den SchülerInnen häufig angewählt. Es geht darum, dass unsere SchülerInnen auf gut ausgebildete PädagogiklehrerInnen treffen, die das Fach EW in seiner ganzen Breite kompetent an Schulen vertreten können.

## Literaturverzeichnis

Benner, D.: Systematische Pädagogik – die Pädagogik und ihre wissenschaftliche Begründung. In: Roth, L. (Hrsg.): *Pädagogik. Handbuch für Studium und Praxis.* München 1991, S. 5–18.

Knöpfel, E. / Eller, A. (Hrsg.): *Anmerkungen zur Ausbildungssituation von PädagogiklehrerInne/n.* Dokumentation einer Tagung von Hochschullehrern und Fachleitern an der Ruhr-Universität Buchum (Anstöße für den Pädagogikunterricht Band 3). Wesel 1998.

Knöpfel, E.: Pädagogikunterricht ein vernachlässigter Forschungsbereich der Erziehungswissenschaft. In: *Pädagogikunterricht.* 18. Jg. H.2/3 (Juli 1998), 95–98.

Ministerium für Wissenschaft und Bildung NRW (Hrsg.): *Lehrerausbildung in Nordrhein-Westfalen. Studium und Erste Staatsprüfungen für Lehrämter an Schulen.* Düsseldorf 1992.

Schlee, G. / Wahl, D.: *Grundriß des Forschungsprogramms „Subjektive Theorien".* In: Schlee, G. / Wahl, D. (Hrsg.): Veränderung subjektiver Theorien von Lehrern. Oldenburg 1987, S. 5–18.

## Autorinnen und Autoren

**Christel Adick**, Dipl.-Päd., Dr. phil habil., seit 1993 Professorin für Vergleichende Erziehungswissenschaft an der Ruhr-Universität Bochum.
Forschungs- und Lehrtätigkeiten an der Universität Münster, Universität-Gesamthochschule Siegen, Gastprofessuren an der Humboldt-Universität zu Berlin und an der University of the West Indies / Cave Hill Campus in Barbados.
Hauptarbeitsgebiete: Vergleichende Erziehungswissenschaft, Interkulturelle Pädagogik, Curriculumforschung.

**Karl Heinz Basten**, ist Lehrer für Pädagogik, Sozialwissenschaften und Deutsch an einem Gymnasium, er ist psychologisch ausgebildeter Beratungslehrer, NLP-Master, Lehrbeauftragter an der Universität Bochum und Dozent in der Lehrerfortbildung.

**Klaus Beyer**, Jahrgang 1941, Studium: Griechisch, Latein, Pädagogik, Promotion zum Dr. phil. mit einer Dissertation über Thukydides, Unterricht am Gymnasium, Fachleiter für Pädagogik am Studienseminar Duisburg, Wechsel an das Pädagogische Seminar der Universität zu Köln, Lehr- und Forschungstätigkeit mit den Schwerpunkten Allgemeine Didaktik und Fachdidaktik Pädagogik, zahlreiche Publikationen zur Fachdidaktik Pädagogik, zuletzt: Handlungspropädeutischer Pädagogikunterricht. Eine Fachdidaktik auf allgemeindidaktischer Grundlage. 3 Bände. Baltmannsweiler 1997/98

**Günter Böhm**, geb. 1932 in Gleiwitz/Oberschlesien. Studium der Germanistik, Ev. Theologie und Pädagogik in Münster, Tübingen, Bonn und Chicago. Gymnasiallehrer, Schulleiter und Dezernent in der Schulaufsicht (bis 1997). Lehrtätigkeit an der Universität Münster seit 1967 über Themen im Grenzbereich von Theologie und Erziehungswissenschaft, seit 1986 als Honorarprofessor an der Ev. Theol. Fakultät der Westf. Wilhelmsuniversität Münster. Schulbuchautor. Zahlreiche Veröffentlichungen zu schulpädagogischen Themen, zur Didaktik der Fächer Ev. Religionslehre und Erziehungswissenschaft sowie zu Fragen der Weiterentwicklung von Schulen über das Konzept des Schulprogramms.

**Georg Bubolz**, Dr., Jahrgang 1951, Studium der Theologie, Philosophie und Erziehungswissenschaft, Promotion in Erziehungswissenschaften („Umwelterziehung im Pädagogikunterricht"), Diplom-Theologe. Tätig als Lehrer am Gymnasium Korschenbroich, Fachleiter für Katholische Religionslehre am Studienseminar für die S II in Krefeld; (Mit-)Herausgeber der Reihen „Arbeitshefte für Erziehungswissenschaft" (Cornelsen), „Kursthemen: Erziehungswissenschaft" (Cornelsen), „Religionslexikon" (Scriptor), „Arbeitshefte Religion – Sekundarstufe II" (Cornelsen), „Akzente Religion" (Patmos) und „Religion im Kontext" (Patmos).

# Autorinnen und Autoren

**Heinz Dorlöchter**, Jahrgang 1951, zwei Kinder, Wohnsitz in Dorsten. Studium der Mathematik und der Erziehungswissenschaft in Bochum (1971–1976).
Im Schuldienst seit 1978 (an der Gesamtschule Wulfen der Stadt Dorsten). Durchführung mehrerer Lehrerfortbildungsmaßnahmen, unter anderem für das Pädagogische Landesinstitut Brandenburg und für die Universität Potsdam. Ausbildung und Tätigkeit als ISP-Moderator (ISP = Institutioneller Schulentwicklungsprozess).
Seit Februar 1997 im Hauptseminar am Studienseminar in Gelsenkirchen tätig, seit 1999 auch als Fachleiter für das Fach Erziehungswissenschaft.
Mitautor der Schulbuchreihe Phoenix.

**Annegret Eickhorst**, geb. 1950. Nach dem Lehramtsstudium an der Pädagogischen Hochschule Oldenburg (1970–1973) Abschluss als Diplom-Pädagogin (1975). Seit der Promotion an der Universität Bremen (1980) Tätigkeiten als wissenschaftliche Hilfskraft und Lehraufträge zu den Bereichen 'wissenschaftstheoretische Positionen in der Erziehungswissenschaft' und 'Freie Schulen'. 1994 wurde das Habilitationsverfahren („Unterricht als Gegenstand empirischer Forschung") an der Universität Bremen abgeschlossen. Im SS 1997 und WS 1997/98 Vertretung einer Professur für Schulpädagogik / Allgemeine Didaktik an der Universität-Gesamthochschule Duisburg; dort u. a. mit der Ausbildung von Pädagogiklehrerinnen und -lehrern befasst. Seit Oktober 1998 in gleicher Funktion an der PH Heidelberg tätig. Veröffentlichungen u. a. zur Montessori- und Waldorfpädagogik, „Selbsttätigkeit im Unterricht" (1998).

**Maria-Anna Feydt**, geb. 1965, studierte von 1985 bis 1992 kath. Theologie und Sozialpädagogik in Münster/Westf. Zur Zeit ist sie als Sozialpädagogin angestellt am Evangelischen Schulzentrum in Leipzig. Neben der beratenden Sozialarbeit erteilt sie Unterricht im Fach Sozial-Diakonie und hat mitgewirkt an der Erstellung des Lehrplanes und der Weiterentwicklung des Faches.

**Michael Gebel**, geb. am 20.8.1961; Studium der Sozialwissenschaften, Katholischen Theologie und Erziehungswissenschaft / Pädagogik (Unterrichtsfach) an den Universitäten in Duisburg, Bochum und Essen; seit 1991 Wissenschaftlicher Mitarbeiter im Fachbereich 2 / Fröbel-Forschungsstelle der Gerhard-Mercator-Universität Gesamthochschule Duisburg; Arbeitsschwerpunkte: Fröbelforschung; Pädagogische Sozialgeschichte; Schulgeschichte; Didaktik des Pädagogikunterrichts; Erziehungswissenschaftliche Methodenlehre; 1999 erscheint im Olms-Verlag (Hildesheim u. a.) als Band 6 der Duisburger „Beiträge zur Fröbelforschung" die 1998 fertiggestellte Dissertation „Friedrich Fröbel und die Juden".
Anschriften:
– dienstlich: Gerhard-Mercator-Universität Gesamthochschule Duisburg, FB2, Fröbel-Forschungsstelle, 47048 Duisburg; Tel.: 0203-379-2328
– privat: Buchenstr. 11, 46519 Alpen; Tel.: 02802-704491

**Gunter Gesper**, Jahrgang 1961, im Schuldienst seit 1985
Studium Diplomlehrer Ma/Ph an der Humboldt-Universität zu Berlin
Lehrer für Ma, Ph, EW am Städtischen Gymnasium „Friedrich Stoy" Falkenberg

**Ingrid Gogolin**, Prof. Dr., Professorin am Institut für Schulpädagogik der Universität Hamburg, Vorsitzende der Deutschen Gesellschaft für Erziehungswissenschaft (1998–2000).
**Publikation** (Auswahl):
1994: Der monolinguale Habitus der multilingualen Schule. Münster: Waxmann-Verlag
1997: (Hrsg., mit Ursula Neumann): Großstadt-Grundschule. Eine Fallstudie über Pluralität als Bedingung der Grundschularbeit. Münster: Waxmann-Verlag
1998: (Hrsg.) mit M. Krüger-Portratz und M. A. Meyer): Pluralität und Bildung. Opladen: Leske & Budrich
1998: (Hrsg., mit S. Graap und G. List): Über Mehrsprachigkeit. Tübingen, Stauffenburg-Verlag

**Engelbert Groß**, Studium der Philosophie, Theologie und Erziehungswissenschaft in Bonn, Freiburg i. B., Köln und Graz, 4 Jahre im kirchlichen Seelsorgsdienst in Aldenhoven (Kreis Düren), 1968–1987 Fachlehrer für Erziehungswissenschaft und Religionslehre am Ricarda-Huch Gymnasium in Krefeld; Mag. theol.; Dr. theol.; 1978–1987 Lehrbeauftragter in der Erziehungswissenschaftlich-Heilpädagogischen Fakultät der Universität Köln; 1984–1987 Mitglied der Fachgruppe Religion beim Regierungspräsidenten in Düsseldorf; Herausgeber und Mitautor der Unterrichtswerke „Dimensionen der Pädagogik" und „Konzepte der Pädagogik"; seit 1987 Ordinarius für Religionspädagogik und Didaktik der Religionslehre in der Theologischen Fakultät der Katholischen Universität Eichstätt; 1990–1994 Vorsitzender der „Gesellschaft für Jenaplan-Pädagogik in Deutschland" und als solcher Herausgeber von „Freies Arbeiten in weiterführenden Schulen" (1992) und „Unsere Schule ist für die Zukunft da" (1996).

**Andreas Gruschka**, geb. 1950, studierte Erziehungswissenschaften, Psychologie, Philosophie und Soziologie in Münster. Von 1975 an war er Mitarbeiter und von 1989 an Leiter der Wissenschaftlichen Begleitung des Kollegschulversuchs NRW an der Universität Münster. Seine Dissertation und seine Habilitation (»Wie Schüler Erzieher werden«, Wetzlar 1985) entstanden im Kontext des Kollegschulversuchs. Seit 1991 lehrt er als Professor für Erziehungswissenschaften an der Universität Münster. Er ist Vorsitzender des 1986 gegründeten Münsteraner Instituts für Pädagogik und Gesellschaft. Seit 1994 lehrt er an der Universität GH Essen.

**Georg Gutheil**, geboren 1948 in Bochum. Studium der Pädagogik, Germanistik und Geographie von 1968 bis 1974 an der Ruhr-Universität Bochum. Lehrer für Deutsch und Pädagogik am Leibniz-Gymnasium in Gelsenkirchen seit 1978. Schon längere Zeit für das LSW in Soest als Gutachter für Softwareprodukte tätig. Mit-

glied im Vostand des VdP und dort verantwortlich für die Präsenz des Verbandes im Internet.
Anschrift: Buer-Gladbecker Str. 65, 45894 Gelsenkirchen
Fon: 0209/377240. E-Mail: georg@georgs.ruhr.de

**Helmut Heiland**, Dr. phil., geb. 8.5.1937; Studium der Pädagogik, Philosophie und Geschichtswissenschaft an den Universitäten Tübingen und München (1960–1965); Doz. bzw. Prof. für Allgemeine Pädagogik an den Pädagogischen Hochschulen Dortmund und Ludwigsburg (1969–1974); seit 1974 o. Prof. für Schulpädagogik / Allgemeine Didaktik an der Gerhard-Mercator-Universität Duisburg. Leiter der Duisburger „Fröbel-Forschungsstelle" und Herausgeber der Reihe „Beiträge der Fröbelforschung" im Verlag Olms (Hildesheim). Arbeitsschwerpunkte: Schulische Sozialisation, Modelle der Allgemeinen Didaktik, Fröbelforschung (Grundlagenforschung: Nachlaßerschließung und Vorbereitung einer Fröbelbriefgesamtausgabe). Veröffentlichungen: ca. 150 Monographien und Aufsätze. Zuletzt erschien 1998 die Monographie „Die Spielpädagogik Friedrich Fröbels" (Beiträge zur Fröbelforschung Band 5).
Anschriften:
– dienstlich: Gerhard-Mercator-Universität Gesamthochschule Duisburg, FB 2, Fröbel-Forschungsstelle, 47048 Duisburg; Tel.: 0203-379-2420
– privat: Insterburger Str. 4, 41516 Grevenbroich; Tel.: 02182-9520

**Ulrike Hilski**, Jahrgang 1950
Studium: Kunst / Textiles Gestalten, Arbeitslehre Hauswirtschaft Sek. I am Staatlich pädagogischen Fachinstitut Ostwestfalen Lippe
1970–1971: Referendariat an der Kuhlo – Realschule und der Realschule Jöllenbeck, Bielefeld
1971–1989: Anstellung an der Hauptschule: Gutenbergschule, Bielefeld
1989–1990: Teilnahme am Fortbildungsangebot der Universität Bielefeld: Stärkung von kooperativen Ansätzen der Gesundheitsförderung
1991: Wechsel zur Städt. Hauptschule Jöllenbeck, Bielefeld. Sie unterrichtet dort die Fächer Soziales Lernen, Kunst / Textiles Gestalten, Hauswirtschaft und ist verantwortlich für die Durchführung des „Streitschlichterprogramms".

**Alfred Holzbrecher**, Dr., Lehrer am Gymnasium, 1995–1999 Studienrat im Hochschuldienst am Fachbereich Pädagogik an der Universität GH Essen, Habilitation („Wahrnehmung des Anderen. Zur Didaktik Interkulturellen Lernens") an der Universität Mainz, Arbeitsschwerpunkte: Interkulturelle Perspektiven von Schulpädagogik und Didaktik, Fachdidaktik des Unterrichtsfachs Pädagogik, Methoden des Forschenden Lehrens und Subjektorientierte Didaktik.

**Johannes Kaiser**, z. Zt. als Leitender Regierungsschuldirektor, u. a. Fachdezernent für das Fach Erziehungswissenschaft in den Regierungsbezirken Münster und Detmold.

**Udo W. Kliebisch**, Dr. phil., ist Lehrer für Pädagogik, Ev. Religion, Philosophie und Deutsch an einem Gymnasium, er ist psychologisch ausgebildeter Beratungslehrer, Ausbildungskoordinator und Dozent in der Lehrerfortbildung.

**Eckehardt Knöpfel**, Mag. theol., (1946), Studiendirektor, als Fachleiter am Studienseminsr SII in der 2. Phase der Lehrerausbildung tätig, Fachberater bei der Bezirksregierung Düsseldorf, Lehrauftrag für Didaktik an der Universität GH Essen, Vorsitzender des Verbandes der Pädagogiklehrerinnen und Pädagogiklehrer, zahlreiche Schulbuch- und didaktisch-methodische Veröffentlichungen

**Gerlinde Koumides**, Dr. phil.; seit 1979 im Schuldienst; tätig an der „Integrierten Gesamtschule Köln-Holweide"; Fächer: Pädagogik, Englisch, Sekundarstufen I/II; fachfremder Unterricht u. a. in: Philosophie, Deutsch, Gesellschaftslehre, Kunst, Musik, Sport; Mitarbeit u. a. im Schulausschuß „Schulprofil und Schulprogramm"; Lehraufträge an der Westfälischen Wilhelms-Universität Münster; Arbeitsschwerpunkte: Kreativitätsforschung, -erziehung, -therapien, Schultheorie, Gesamtschulpädagogik, Didaktik, Lehren / Lernen, Gruppenpädagogik, Teamarbeit, Professionalität der Lehrperson; Veröffentlichungen zum Kreativitätskonzept.

**Norbert Kühne**, geb. 1941, Dipl.-Psych. / Studiendirektor am Hans-Böckler-Berufskolleg in Marl (NRW); Leiter der Abt. Beratung; ca. 25 Bücher publiziert in Dänemark, Japan, Österreich, der Schweiz und Deutschland auf den Gebieten Philologie, Pädagogik, Psychologie, Sozialpädagogik, Belletristik; weitere Veröffentlichungen in div. Zeitschriften, in Rundfunk und TV (WDR, RB, ZDF usw.)

**Volker Ladenthin**, Prof. Dr., 1953 in Münster/Westf. geboren;
1973–1979 Studium der Fächer Germanistik, Geschichte, Philosophie und Pädagogik.
1979 Staatsexamen für das Lehramt an Gymnasien
1979–1981 Referendariat und Zweite Staatsprüfung für das Lehramt an Gymnasien
1986 Wiss. Mitarbeiter am Inst. f. Theorie der Schule / Universität Münster
1990 Promotion zum Dr. phil. über das Thema „Moderne Literatur und Bildung"
1994 Habilitation mit einer Arbeit „Aspekte sprachkritischer Pädagogik"
Vertretung einer C3-Professur (Schulpädagogik) an der Universität Siegen
Seit Oktober 1994 an der Universität Bonn (einschl. Vertretung)
am 5. Juni 1995 Ernennung zum C4-Professor für Historische oder Systematische Erziehungswissenschaft mit dem Schwerpunkt Schulpädagogik (Nachfolge Prof. Geißler).
Veröffentlichungen (Bücher):
– Erziehung durch Literatur, 1989
– Sprachkritische Pädagogik, 1996
– Ethik als pädagogisches Projekt, 1999

**Jürgen Langefeld**, geb. 6.8.1941, Studium von Latein, Romanistik, Pädagogik und Philosophie in Köln, Düsseldorf, Nancy, Barcelona
1./ 2. Staatsexamen, Promotion, Studienrat
Dozent am Institut für Lehrerfortbildung in Essen – Werden
OStR und Studienprofessor an der Universität Düsseldorf
Professor für Pädagogik an der Gesamthochschule Wuppertal, Gründungsmitglied der Arbeitsgemeinschaft für Fachlehrer und Fachleiter für Erziehungswissenschaft
Langjähriger 1. Vorsitzender des Verbandes der Pädagogiklehrer
70 Veröffentlichungen, darunter zahlreiche Beiträge für den Pädagogikunterricht, u. a.:
(Hrsg.): Methoden des Unterrichts. Düsseldorf 1978
Unterrichtsplanung im Fach Pädagogik. Düsseldorf 1982
mit Dück, S.: Auf dem Wege zum Selbst. 4 Bände. VdP. Bochum 1989

**Peter Laska**, Oppspring 12, 45470 Mülheim, Fon & Fax: 0208/374238, Geb. 24. 05.46 in Essen.
1967–1973 Studium der Germanistik und Erziehungswissenschaft an der Ruhr-Uni in Bochum
1973–1974 Referendar am Studienseminar Essen I
1974 Fachlehrer an der Luisenschule Mülheim
1977 Fachleiter für EW und dann auch Hauptseminarleiter am Studienseminar Essen I
1985 Fachberater für EW bei der Bez.-Reg. Düsseldorf

**Rudolf Nottebaum**, geb. 1946, Studium 1968–1973 (Höheres Lehramt, Fächerkombination Erziehungswissenschaft, Germanistik, Biologie); Schuldienst am Gymnasium 1975–1991 (u. a. Teilnahme am Schulversuch 'Pädagogik in der differenzierten Mittelstufe des Gymnasiums'; Initiator der Einführung und Organisator des Schülerpraktikums für die gymnasiale Oberstufe); Schulleiter der Bischöflichen Clara-Fey-Schule (Fachschule für Sozialpädagogik) in Aachen seit 1991 (u. a. Einführung der Fortbildungsreihe 'Kooperation von Schule und Praxis' in Form von zwei ganztägigen Veranstaltungen im Frühjahr und im Herbst; Neukonzipierung der ErzieherInnenausbildung).

Veröffentlichungen:
– Erzieherverhalten in Literatur und Realität. Berlin 1994
  ErzieherInnen in der Euregio Maas-Rhein. Eine grenzüberschreitende Herausforderung zwischen Belgien, Nordrhein-Westfalen, Niederlande. Berlin 1997
– Betreuungsmöglichkeiten von Kindern und Jugendlichen in der Euregio Maas-Rhein. Berufliche Einsatzfelder für ErzieherInnen. Berlin 1997
– Zahlreiche Zeitschriftenbeiträge zu Fragen des Unterrichtsfaches Erziehungswissenschaft am Gymnasium sowie zur Ausbildung von ErzieherInnen, besonders im nationalen und inneneuropäischen Vergleich

– Medienarbeit, u. a. 'Verflixtes Wochenende'. Planung und Aufnahme eines Spielfilms. Erstsendung in WDR III, 06.03.91. Verschiedene Wiederholungen. Erstellung eines Schulporträts- Erstsendung 28.10.92 im Lokalfunk.

Promotion: 1994 RWTH Aachen

**Peter Opora**, geb. 1947. Studium der Fächer Pädagogik, Deutsch und Geschichte für das Lehramt an Gymnasien an der Westfälischen Wilhelms-Universität in Münster (1968–1974). Referendariat (1975/76). Unterrichtstätigkeit in den Fächern Pädagogik und Deutsch (ab 1976). Stellvertretender Schulleiter am Leibniz-Gymnasium in Gelsenkirchen-Buer (seit 1985). Moderator in der Lehrerfortbildung (Erziehungswissenschaft). Fachberater bei der Bezirksregierung Münster (Erziehungswissenschaft). Vorstandsmitglied im Verband der Pädagogiklehrer und Pädagogiklehrerinnen (VdP). Redaktionsmitglied der Verbandszeitschrift Pädagogik-Unterricht (zeitweilig).
Veröffentlichungen: Georg Gutheil / Peter Opera (Hrsg.): „Das Richtige tun – auch ungewissen Ausgangs" – 8 didaktisch-methodische Skizzen zum Pädagogikunterricht – Festschrift zum 65. Geburtstag von Prof. G. Böhm. Wesel 1997. (Anstöße für den Pädagogikunterricht, Band 1). Verschiedene methodisch-didaktische Aufsätze in der Zeitschrift PädagogikUnterricht.

**Gernod Röken**, geb. 1951, Leitender Gesamtschuldirektor an der Gesamtschule Waltrop;
Fächer: Erziehungswissenschaft, Sozialwissenschaften, evangelische Religionslehre; Mitglied der Richtlinienkommission für den Politikunterricht; im Schuldienst seit 1980, von 1980–1985 Annette-von-Droste-Hülshoff-Gymnasium Gelsenkirchen-Buer, 1985–1988 Gesamtschule Berger Feld in Gelsenkirchen, 1988–1991 Leiter der Oberstufe an der Gesamtschule Gelsenkirchen-Ückendorf, seit 1991 Schulleiter der Gesamtschule Waltrop
Veröffentlichungen: Röken, Gernod (Hrsg.): Gesamtschule in Nordrhein-Westfalen. Die Reform geht weiter. Essen 1996;
Röken, Gernod / Waterkamp, Ulrike: Profilfach Pädagogik, in: Stiller / Edwin (Hrsg.): Dialogische Fachdidaktik, Band 2. Paderborn 1999
Röken, Gernod: Annäherungen an Möglichkeiten zu einem gesamtschulgemäßen Unterricht, in: GGG-fesch-Info IV/97, S. 11–28;
Zahlreiche Aufsätze in „Der Pädagogikunterricht" (siehe: Beyer, Klaus: Handlungspropädeutischer Pädagogikunterricht, Band III, Hohengehren 1998, S. 290).

**Manfred Rotermund**, geboren 1953
1972/73 Studium an der PH Ruhr, Abt. Dortmund
1973–77 Studium an der Ruhr-Universität Bochum (Erziehungswissenschaft und Sozialwissenschaften)
1977–79 Referendarszeit
1979–94 Lehrer (Gymnasium und Gesamtschule)

seit 1989 Durchführung fachdidaktischer Lehrveranstaltungen für das Unterrichtsfach Erziehungswissenschaften an der Ruhr-Universität Bochum
seit 1994 Leiter des Praktikumsbüros für Lehramtsstudiengänge der Ruhr-Universität Bochum
Veröffentlichungen: Aufsätze zu fachdidaktischen Themen.

**Heike Rudolph**, Jahrgang 1960
Studium: Deutsch / Pädagogik Sek. II und I an der Universität Bielefeld
1987–1989: Referendariat am Immanuel-Kant-Gymnasium, Bad Oeynhausen Studienseminar Minden;
1989–1990: Angestellte der Benedict-Sprachenschule; Arbeitsschwerpunkt Deutsch als Fremdsprache
1991–1993: Vorstandsmitglied und Angestellte des Fördervereins zur Übernahme der Trägerschaft für den Unterricht spätausgesiedelter Schülerinnen und Schüler e. V.; Herford: Arbeitsschwerpunkt: Förderunterricht / Deutsch als Fremdsprache
1993–1997 Unterricht der Fächer Deutsch und Pädagogik im Ersatzschuldienst an einem Privaten Evangelischen Gymnasium; Arbeitsschwerpunkt: Oberstufe
1997: Wechsel in den Öffentlichen Dienst an die Städt. Hauptschule Jöllenbeck, Bielefeld. Sie unterrichtet dort die Fächer Deutsch, Pädagogik, Geschichte / Politik, Sozialkunde / Ethik und Soziales Lernen.

**Beate Sander**, arbeitet seit gut 40 Dienstjahren an einer bayerischen Realschule, (Sozialwesen, Erziehungskunde, Wirtschafts- und Rechtslehre, Ethik und Textverarbeitung am Computer). Zwei Kinder. Führende Autorin in Sozialwesen (15 Schulbücher und Lehrerhandbücher) Bayern („Zusammenleben heute") und für Thüringen („Wer bin ich und wer bist du?"), das Pädagogik-Handbuch „Schwierige Schüler – schwierige Lehrer – Neue Wege des Konfliktmanagements im Schulalltag", alle im Winklers Verlag, Darmstadt, erschienen.

**Michael P. Sauter**, Jahrgang 1952,
Studium der Anglistik und der Erziehungswissenschaft an der Heinrich-Heine-Universität Düsseldorf.
Seit 1981 Unterricht am Gymnasium August-Dicke-Schule in Solingen.
Seit 1991 Beauftragung mit Lehrveranstaltungen zum Erziehungswissenschaftlichen Orientierungs-praktikum (EOP) für Lehramtsstudierende an der Heinrich-Heine-Universität in Düsseldorf.
Seit 1992 Moderator in der Fortbildung für Lehrerinnen und Lehrer im Fach Erziehungswissenschaft.
Von 1994–1998 abgeordnet als Studienrat im Hochschuldienst an die Universität zu Köln und Studium der Soziologie. Danach Rückkehr in den Schuldienst.
Mitglied im Vorstand des VdP von 1993–1995.
Arbeitsschwerpunkte: Allgemeindidaktische, fachdidaktische (EW) und schulpädagogische Fragestellungen; Förderung der langfristigen Lernbereitschaft (Attributions- und Selbstkonzepte)

Veröffentlichungen: Beiträge in PÄDAGOGIKUNTERRICHT; zuletzt: Sauter, M. P. (1998): Kurs 13/I: 'Die Schule neu denken' – Zu Hartmut von Hentigs Neukonzeption der Schule als polis und ihrer Umsetzung am Beispiel der Laborschule Bielefeld. In: PÄDAGOGIKUNTERRICHT, 18, (H. 2/3) S. 71–91. Dazu auch die Materialmappe 29 der Mediensammlung des VdP (Wesel 1998).

**Edwin Stiller**, Jahrgang 1952, verheiratet, ein Sohn, Wohnsitz in Dorsten.
Studium der Sozialwissenschaften, Erziehungswissenschaft und Publizistik in Bochum und Münster (1972–1977).
Im Schuldienst seit 1977 (einschließlich Referendariat).
Studiendirektor am Freiherr-vom-Stein-Gymnasium in Recklinghausen.
Seit 1993 Fachleiter für Pädagogik am Studienseminar in Recklinghausen, seit 1998 dort auch im Hauptseminar tätig.
Seit vielen Jahren für die Bezirksregierung Münster sowie das Landesinstitut für Schule und Weiterbildung Soest in der Lehrerfortbildung tätig.
Autor der Dialogischen Fachdidaktik Pädagogik, Mitautor von „Phoenix" (s. o.)

**Christoph Storck**, Dr. phil., unterrichtet die Fächer Pädagogik, Deutsch und Katholische Religionslehre an einem Gymnasium in Mönchengladbach. Er ist Herausgeber des Lehrwerkes „Menschen – Kinder – Menschenskinder. Pädagogik/Erziehungswissenschaft in der Sekundarstufe I, Hohengehren, Bd. 1 1998; Bd. 2, 1999. Weitere Veröffentlichungen zur Allgemeinen Pädagogik, zur Alternativschulpädagogik, zur Fachdidaktik Pädagogik und zur Religionspädagogik.

**Ewald Terhart**, 1952, Studium in Münster, 1976 Diplom in Erziehungswissenschaft, 1976 bis 1988 Assistent und Professor auf Zeit an der Universität Osnabrück, Promotion 1978, Habilitation 1982, 1988 Professor für Schulpädagogik an der Universität Lüneburg, seit 1993 o. Professor für Schulpädagogik an der Ruhr-Universität Bochum. Arbeitsbereiche: Didaktik und Unterrichtsforschung, Schulforschung und Schulentwicklung, Lehrerberuf und Lehrerausbildung.
Forschungsprojekte, Monographien, Editionen sowie Zeitschriften- und Handbuchbeiträge zu diesen Themen.
1992–1999 Fachgutachter der DFG, seit 1997 Mitherausgeber der Zeitschrift für Pädagogik.

**Wolfgang Thiem**, Jahrgang 1937. Lehrer für Chemie und Biologie. Wissenschaftliche Entwicklung im Bereich der Allgemeinen Didaktik (z. B. didaktische Prinzipien, Kontrolle im Unterricht, Komponenten des unterrichtlichen Aneignungsprozesses). Seit 1981 in der Lehrerbildung tätig – vier Jahre in der Ausbildung von Lehrerbildnern für Primarstufenlehrer in Maputo/Mocambique, seit 1984 an der damaligen Pädagogischen Hochschule Potsdam. Mitwirkung an der Profilierung der Lehrerbildung an der Universität Potsdam. Professor für Schulpädagogik mit dem Schwerpunkt Didaktik des Unterrichtsfaches Pädagogik und Didaktik der Sekundarstufen.

Publikationen zu obigen didaktischen Schwerpunkten und zur Lehrerbildung, Verfasser des Bandes 1 der Reihe Didactica Nova „Einführung in das Studium der Pädagogik als Unterrichtsfach".

**Heidi Unbehaun**, Jahrgang 1949, Studium an der Pädagogischen Hochschule Erfurt, Diplomlehrerin, Lehrerin an der Schiller-Schule in Rudolstadt, Landesfachberaterin für das Fach Sozialwesen in Thüringen. Mitglied der Lehrplankommission, Lehrerfortbildung / Veröffentlichungen im Fach Sozialwesen.

**Bernd Werdich**, geb. 1938 in Kempten/Allgäu, Realschullehrer in Mainz. 1973–88 Fachleiter für Sozialkunde am Studienseminar; langjährig Mitglied in Lehrplankommissionen, freier Mitarbeiter bei der Bundeszentrale für politische Bildung, Bonn (Zeitlupe, Schülerwettbewerb zur politischen Bildung)
Veröffentlichungen: Sozialkunde in Rheinland/Pfalz (Lehrbuch, Klett-Verlag 1985), Unterrichtsmodelle für die Fächer Sozialpädagogik, Sozialkunde und Geschichte beim Pädagogischen Zentrum Rheinland-Pfalz in Bad Kreuznach.

**Uwe Wyschkon**, Jahrgang 1948, seit 1995 Universitätsprofessor für Erziehungswissenschaft mit dem Schwerpunkt Allgemeine Didaktik an der Universität / Gesamthochschule Essen, Fachbereich 2. Fachlehrer für Chemie und Mathematik, Promotion und Habilitation an der Pädagogischen Hochschule Potsdam in Allgemeiner Didaktik.
Arbeitsschwerpunkte:
* Unterrichtsgestaltung in der gymnasialen Oberstufe,
* Lehrerbildung im internationalen Vergleich,
* tätigkeits- und handlungspsychologische Aspekte der didaktisch-methodischen Gestaltung der Lerntätigkeit

# Didactica Nova
Arbeiten zur Didaktik und Methodik des Pädagogikunterrichts

## Band 1
Wolfgang Thiem

## Einführung in das Studium der Pädagogik als Unterrichtsfach
1997. VI, 193 Seiten. Kt. 3896760017. FPr. DM 29,80

Das allgemeinbildende Unterrichtsfach **Erziehungswissenschaft/ Pädagogik** erscheint im Kursangebot der beiden Sekundarstufen in verschiedenen Bundesländern mit unterschiedlichen Namen (**Erziehungskunde/Sozialpädagogik/Sozialwesen**), aber durchgängig mit dem spezifischen Anliegen, die Schüler zu befähigen, Erziehungswirklichkeit zunehmend wissenschaftlich begründet zu analysieren und zu verstehen, begründet zu beurteilen und zukünftig pädagogisch zu handeln. Dabei soll zugleich die eigene Identitätsbildung unterstützt und die Fähigkeit zu interpersonaler Kommunikation gefördert werden. Es sollen Berufsmotive in breiten Handlungs feldern erschlossen werden.

Diese Einführung in das Studium der Pädagogik als Unterrichtsfach vermittelt einen Überblick über die **Geschichte des Faches** in seinem Allgemeinbildungsanspruch, stellt fachdidaktische Ansätze im Überblick dar. Die **Legitimation dieses Faches** und seine Bedeutung in unterschiedlichen Schulstufen werden herausgearbeitet. Am Beispiel unterschiedlicher Bundesländer wird das Anliegen des Faches in den beiden Sekundarstufen verglichen.

In vier Schritten wird das **Inhaltskonzept des Faches** entfaltet und ein Überblick möglicher wissenschaftlicher Erklärungsmuster und Theorien als Grundlage der Inhaltsplanung gegeben.

Durch die Betrachtung von Anforderungen an die inhaltliche und methodische Gestaltung des erziehungswissenschaftlichen Unterrichts werden die inhaltliche und psychologische Begründung für ein **handlungsorientiertes Unterrichtskonzept** abgeleitet.

Schließlich werden Konsequenzen für die Unterrichtsmethodik abgeleitet, indem Ansprüche an im Unterricht zu nutzende Methoden und Medien formuliert werden.

Wesentliches Anliegen ist es, durch Hinweis auf weiterführende Literatur das vertiefende Studium zu orientieren und anzuregen.

**Schneider Verlag Hohengehren**
**Wilhelmstr. 13; D-73666 Baltmannsweiler**

# Didactica Nova

## Band 2

Klaus Beyer

### Handlungspropädeutischer Pädagogikunterricht
Eine Fachdidaktik auf allgemeindidaktischer Grundlage
**Teil I:** Aufgaben, Prinzipien und Lernziele
1997. IX, 283 Seiten. Kt. 3896760025. FPr. DM 36,—

* Der Pädagogikunterricht kann als Fach des allgemeinbildenden Schulwesens nur legitimiert werden, wenn er nachweist, daß er einen bedeutsamen Beitrag zur Erfüllung des allgemeinen Auftrags des Unterrichts leisten kann.
Deshalb wird in der vorliegenden dreibändigen Didaktik eine fachdidaktische Konzeption auf allgemeindidaktischer Grundlage entwickelt, die die Leistungsfähigkeit des Pädagogikunterrichts bei der Erfüllung der allgemeinen Aufgaben des Unterrichts erkennen läßt.

* Dabei wird besonderer Wert darauf gelegt, die spezifischen Leistungen herauszuarbeiten, durch die sich der Pädagogikunterricht von anderen gesellschaftswissenschaftlichen Fächern unterscheidet und durch die er eine eigenständige und unverwechselbare Funktion innerhalb des Aufgabenfeldes gewinnt.

* In der Fachdidaktik Pädagogik ist der handlungspropädeutische Auftrag des Faches weithin akzeptiert. Erhebliche Probleme bestehen dagegen offensichtlich in der Umsetzung dieses Auftrags im Unterricht. Deshalb wird mit der vorliegenden Fachdidaktik versucht, die handlungspropädeutische Aufgabe so weit wie möglich zu konkretisieren:
  – Es werden Prinzipien des handlungspropädeutischen Unterrichts vorgestellt und auf ihre Konsequenzen für den Unterricht hin erörtert.
  – Es erfolgt eine differenzierte Bestimmung der Lernziele des handlungspropädeutischen Pädagogikunterrichts.
  – Aus der spezifischen Perspektive des Pädagogikunterrichts werden dessen obligatorische Inhalte gewonnen.
  – Detailliert werden solche Arbeitsformen vorgestellt, die besonders geeignet sind, den handlungspropädeutischen Auftrag des Faches zu erfüllen.
  – Spezifische Probleme, die sich im Rahmen des handlungspropädeutischen Unterrichts ergeben können, werden erörtert, Möglichkeiten der Problemlösung vorgeschlagen.

* Indem alle Elemente (Prinzipien, Lernziele, Inhalte, Arbeitsformen) an die übergreifende handlungspropädeutische Zielsetzung rückgebunden werden, entsteht eine integrierte fachdidaktische Konzeption, die einen in sich konsistenten Pädagogikunterricht ermöglicht.

**Schneider Verlag Hohengehren**
**Wilhelmstr. 13; D-73666 Baltmannsweiler**

# Didactica Nova
Arbeiten zur Didaktik und Methodik des Pädagogikunterrichts

## Band 3
Klaus Beyer

## Handlungspropädeutischer Pädagogikunterricht
Eine Fachdidaktik auf allgemeindidaktischer Grundlage
**Teil II:** Inhalte – Arbeitsformen – Sozialformen
1997. IX, 313 Seiten. Kt. 3896760033. FPr. DM 36,—

In diesem 2. Teil steht die Frage im Zentrum, wie das in Teil 1 entfaltete didaktische Konzept inhaltlich und methodisch umgesetzt werden kann:

* Aus der Zielsetzung des Faches werden Inhaltsbereiche gewonnen, die in jedem Pädagogikunterricht behandelt werden müssen, der seinen handlungspropädeutischen Auftrag nicht von vornherein verkürzen will.
* Detailliert werden unterrichtliche Arbeitsformen vorgestellt, die für die Erfüllung der handlungspropädeutischen Aufgabe des Pädagogikunterrichts besonders leistungsfähig sind.
* Ausführlich werden ferner solche Unterrichtsverfahren erörtert, denen innerhalb der zuvor behandelten Arbeitsformen bedeutsame Funktionen zukommen.

Besonderer Wert wird auf die Beantwortung der Frage gelegt,

* welche spezifischen Leistungen die einzelnen Unterrichtsverfahren für den Pädagogikunterricht erbringen können
* unter welchen spezifischen Bedingungen sie im Pädagogikunterricht einsetzbar sind
* welche spezifischen Probleme mit ihrem Einsatz verbunden sein können.

Auf diese Weise erhält der Pädagogiklehrer ein differenziertes Angebot zur methodischen Realisation der handlungspropädeutischen Konzeption des Pädagogikunterrichts.

 **Schneider Verlag Hohengehren**
Wilhelmstr. 13; D-73666 Baltmannsweiler

# Didactica Nova

Arbeiten zur Didaktik und Methodik des Pädagogikunterrichts

## Band 4

Klaus Beyer

## Handlungspropädeutischer Pädagogikunterricht

Eine Fachdidaktik auf allgemeindidaktischer Grundlage
**Teil III:** Unterrichtsgespräche – Hausaufgaben – Überprüfung des Lernerfolgs – PU auf der SI – PU-spezifische Probleme – (Anhang: Bibliographie)
1998. X, 310 Seiten. Kt. ISBN 3896760440. FPr. DM 36,—

In diesem III. Teil werden die Überlegungen zum methodischen Arrangement auf folgende Aspekte ausgeweitet:

* Gestaltung von Unterrichtsgesprächen im Pädagogikunterricht
* Anlage und Kontrolle von Hausaufgaben
* Arrangement der Lernbedingungen und der Lernerfolgsüberprüfungen
* Einsatz von für den Pädagogikunterricht geeigneten Medien.

Besonderer Wert wird auf die Beantwortung der Frage gelegt,

* welche spezifischen Funktionen Unterrichtsgespräche, Hausaufgaben, Lernerfolgsüberprüfungen und Medien im Pädagogikunterricht übernehmen können
* welche spezifischen Probleme mit ihrem Einsatz verbunden sind.

Auf diese Weise wird das dem Pädagogiklehrer in Teil II unterbreitete Angebot zur methodischen Realisation der handlungspropädeutischen Konzeption des Pädagogikunterrichts um wesentliche Komponenten ergänzt.

Abgerundet wird der Band durch

* eine vom Auftrag des Faches her begründete Konzeption für den erfreulicherweise stark expandierenden Pädagogikunterricvht auf der Sekundarstufe I
* konstruktive Hinweise zum Umgang mit für den Pädagogikunterricht spezifischen didaktischen Problemen.

**Schneider Verlag Hohengehren**
**Wilhelmstr. 13; D-73666 Baltmannsweiler**

# Didactica Nova

## Band 5

Stefan Rogal

## Schul-Spuren

Möglichkeiten Biographischen Lernens im Pädagogikunterricht
1999. XI, 223 Seiten. Kt. ISBN 3896761412. FPr. DM 32,—
**erscheint Herbst/Winter 1999!**

Durchgängig praxisnah und beispielorientiert werden konkrete Möglichkeiten und Schwierigkeiten Biographischen Lernens im Pädagogikunterricht beleuchtet.

Biographisches Lernen gehört zu den großen Herausforderungen für die Fundierung ganzheitlicher Bildung im 21. Jahrhundert.

Die der Lebenswirklichkeit junger Menschen verwandten pädagogischen Schlüsselprobleme legen ein fachdidaktisches Konzept nahe, das „Subjektorientierung" als konsequente Würdigung der Lebensgeschichte der einzelnen Schülerin und des einzelnen Schülers umsetzt. Die Synthese von themenbezogener Biographischer Selbstreflexion und fachlicher (wissenschaftsorientierter/-propädeutischer) Reflexion kann zu einem erfahrungsgesättigten, sinnvollen und existentiell bedeutsamen Verständnis unterrichtlicher Lerninhalte führen.

Auf dem aktuellen Stand von Fachdidaktik und Fachmethodik werden erprobte Praxisbeispiele, konkrete Impulse und vielfältige Materialien angeboten, die für den eigenen Unterricht genutzt werden können:

- ein differenziertes Modell zur Planung biographisch orientierter Unterrichtsreihen
- Anregungen für die **„Biographische Selbstreflexion von Schulerfahrungen"**; dieser Unterrichtsbaustein kann in den verschiedensten Themenbereichen – nicht nur des Faches Pädagogik – verortet werden
- ausformulierte Impulse und einsatzfähige Kopiervorlagen
- eine Fülle von Materialien zum Thema „Schulerfahrungen 1900 – Schulerfahrungen 2000"
- Verweise auf anspruchsvolle literarische Texte, die die Lernenden zu einer Reflexion eigener Schulerfahrungen motivieren können (Möglichkeiten der Kooperation mit anderen Unterrichtsfächern)
- die Dokumentation von Erfahrungen mit Biographischem Lernen, auch aus Sicht der Schülerinnen und Schüler

Die offene und übertragbare Darstellung möchte für die faszinierenden Möglichkeiten Biographischen Lernens sensibilisieren.

Eine wirkliche Innovation für alle Fächer, in denen persönliche Erfahrungen nicht nur oberflächlich thematisiert werden sollen.

**Schneider Verlag Hohengehren**
Wilhelmstr. 13; D-73666 Baltmannsweiler

## PädPsych
Das pädagogische Lexikon für Schule und Studium. Von **René Gymnich**.
1999. V, 136 Seiten. Kt. ISBN 3896761366. FPr. DM 19,80

Wer ein Lexikon in die Hand nimmt, will vor allem zwei Dinge: zum einen prägnante, auf den Punkt gebrachte und unmittelbar verständliche Information, zum anderen eine Zusammenstellung, die den eigenen Wissensdurst befriedigt sowie die Anforderungen von Schule und Studium erfüllt.

Die vorliegende Auswahl von 300 Begriffen und über 1000 *Querverweisen* beschränkt sich auf das, was nach über zwanzig Jahren Unterricht in Pädagogik bzw. Erziehungswissenschaft als notwendiger Grundstock erscheint. Zu hoffen ist, daß in dieser Beschränkung auch eine Stärke liegt, nämlich die, daß der Leser und die Leserin all das finden, was sie brauchen, aber nichts von dem, was sie nicht brauchen.

## Menschen – Kinder – Menschenskinder
Pädagogik / Erziehungswissenschaft in der Sekundarstufe I
Band 1. Von Christoph Storck, Dagmar Paland und Hans-Josef Löhnenbach
1998. VII, 179 Seiten mit zahlr. Abb. Kt. ISBN 3896760912. FPr. DM 24,—
**Prüfungspreis für Lehrerinnen und Lehrer DM 20,— (incl. Versand!)**

Das Buch **Menschen – Kinder – Menschenskinder** will Schülerinnen und Schüler auch schon in der Sekundarstufe I für pädagogisches Fragen und Nachdenken begeistern. Das Buch will mit dazu beitragen, dass Pädagogikunterricht auf sinnvolle Weise in Differenzierungskursen der Klassen 9 und 10 unterrichtet werden kann.

Das Schulbuch ist thematisch wie methodisch so konzipiert, dass es die Forderungen des Lehrplans für das Fach Erziehungswissenschaft für die Sekundarstufe I in Nordrhein-Westfalen erfüllt.

## Altersgemischtes Lernen in der Schule
Hrsg. von Ralf Laging.
1999. VII, 274 Seiten. Kt. ISBN 3896761285. FPr. DM 36,—

Die Selbstverständlichkeit der Jahrgangsklasse wird im Rahmen einer reformpädagogischen Orientierung von Schule zunehmend in Frage gestellt. So arbeiten „klassische" und „neue" Reformschulen selbstverständlich vollständig oder teilweise mit altersgemischten Lerngruppen oder ermöglichen neben den Jahrgangsklassen altersgemischte Lern- und Arbeitszusammenhänge.

Darüber hinaus gibt es derzeit auch für das Regelschulwesen verschiedene Anlässe, über die Aufhebung oder zumindest „Auflockerung" der Jahrgangsklassen nachzudenken (z.B. Schuleingangsphase, Kleine Schulen, Geburtenrückgang in den neuen Bundesländern). In neuen Schulgesetzen der Bundesländer wird die Einrichtung von altersgemischten Lerngruppen ermöglicht, ja sogar angeregt.

In diesem Buch wird die altersgemischte Lerngruppe als innovativer Beitrag zur Schulreform vorgestellt. Dabei gilt die über das Alter zusätzlich herbeigeführte Differenz als Chance für neue Ansätze des schulischen Lernens.

## Schneider Verlag Hohengehren
Wilhelmstr. 13; D-73666 Baltmannsweiler